Nadia Dörflinger-Khashman

Nachhaltige Gewinne aus der Mediation
für Individuum und Organisation

: Haupt

Nadia Dörflinger-Khashman

Nachhaltige Gewinne aus der Mediation für Individuum und Organisation

Theorie und Praxis
eines Transfer-orientierten Prozesses

Haupt Verlag
Bern · Stuttgart · Wien

Nadia Dörflinger-Khashman, Betriebsökonomin, MAS in Mediation, Supervisorin, ist Inhaberin und Geschäftsführerin der Konfliktkultur GmbH, Mörigen, Dozentin für Mediation an verschiedenen Fachhochschulen und Leiterin der Praxis-Plattform für Mediatoren.

1. Auflage: 2010

Bibliografische Information der *Deutschen Nationalbibliothek:*
Die Deutsche Nationalbibliothek verzeichnet diese Publikation in der Deutschen Nationalbibliografie; detaillierte bibliografische Daten sind im Internet über http://dnb.d-nb.de abrufbar.

ISBN 978-3-258-07566-2

Alle Rechte vorbehalten.
Copyright © 2010 by Haupt Berne
Jede Art der Vervielfältigung ohne Genehmigung des Verlages ist unzulässig.
Gestaltung Umschlag und Inhalt: René Tschirren
Printed in Germany

www.haupt.ch

Inhaltsverzeichnis

Danksagung	15
Vorwort	17
Einleitung	23
Teil A	
Die Theorie der Transfer-orientierten Mediation	25
Nachhaltige Gewinne aus der Mediation für Individuum und Organisation	27
Die Bedeutung der Kooperations- und Konfliktkultur	27
Potenzial und Nutzung der Mediation	27
Neue Leadership-Aufgaben	28
Chancen für die Mediation	28
Zukunftsfähiges Mediationsmodell	28
Professionelle Praxis bedeutet reflektierte Praxis	30
Vielfältige Mediationspraxis	30
Klarheit gibt Entlastung	30
Die eigene Mediationspraxis ausloten	31
Selbstreflexion und reflexiver Austausch	33
Das «Mediation Meta-Model»	33
Expert Advisory Mediation	35
Settlement Mediation	35
Wise Counsel Mediation	35
Facilitative Mediation	35
Tradition-based Mediation	35
Transformative Mediation	36
Entwicklung vom Angebots- zum Nachfragemarkt	37
Erwünschte Nebenwirkungen der Mediation	38
Erkenntnis und Entwicklung im Fokus	38
Transformative Mediation	38
Empowerment und Recognition	38
«Upstream Effects»: Transfer-Effekte aus der Mediation	40
Der Mediationsprozess als Entwicklungsförderung	40

Reflexion der entwicklungsorientierten Ansätze 41
Weiterführende Zielsetzungen 42
    Transfer-Orientierung: Von der Zufälligkeit zur Methode 42
    Den Wirkungsradius der Mediation erweitern 43
    Neue Fragestellungen 44
Zwischenfazit für einen Transfer-orientierten Mediationsprozess 45

Mediation als «Jackpot» 46
Persönliche Entwicklungsgewinne 46
Entwicklungsgewinne für die organisationale Konfliktkultur 47
Vom Nutzen nachhaltiger Entwicklungsgewinne 48
    Nutzen für die Medianden 48
    Nutzen für die Organisation 48
    Nutzen für das Verständnis von Mediation 48

Relevante Hintergrundtheorien für einen Transfer-orientierten Mediationsprozess 50
Individuallernen 51
    Single-Loop-Lernen 51
    Double-Loop-Lernen 52
    Prozesslernen («Deutero Lernen») 52
    Mentale Modelle 53
    Implizites und explizites Wissen 53
    Erfahrungswissen und Erfahrungslernen 54
    Der Wissensentwicklungsprozess 54
    Transfer-Strategien 56
    Geschichten und Bilder als Wissensspeicher 56
Organisationales Lernen 57
    Individuelle Lernprozesse als Ausgangspunkt 58
    Teams als Bindeglied zwischen Individuum und Organisation 58
Zwischenfazit für einen Transfer-orientierten Mediationsprozess 59

Veränderung und Nachhaltigkeit 60
    Neuronale Plastizität 60
    Spiegelneuronen 60
    Psychoemotionale Grundbedürfnisse 61
    Das Resonanz-Bedürfnis 61
    Joint attention 61
    Wissensschatz «Emotionales Erfahrungsgedächtnis» 62
    Emotionen verändern 63

Intrinsische Motivation	63
Auswirkungen von Angst und Stress	64
Das Kohärenz«gefühl»	64
Priming	65
Seeding	66
Zwischenfazit für einen Transfer-orientierten Mediationsprozess	66
Zwischenfrage: Sind Lernen und Transfer überhaupt Aufgaben der Mediation?	66
Zwischenfrage: Wie unterscheidet sich die Transfer-orientierte Mediation von einem Konflikttraining?	67

Der Transfer-orientierte Mediationsprozess

Der Transfer-orientierte Mediationsprozess	68
Einführung des InSyst-Modells	68
Die Arbeitsprinzipien	68
Die Prozessziele	70
Die Meta-Ziele	72
Die 3-2-1-Prozessarchitektur	73
3 Phasen	73
2 Ebenen	73
1 Zwischenraum	74
Der Prozessfluss	75
Schlüsselfaktoren der InSyst-Mediation	76
Die Haltung des Mediators	76
Die Haltung zum Thema Vergangenheit	79
Die Haltung zum Thema Emotionen	79
Die Haltung zum Thema Vor- und Einzelgespräche mit den Medianden	81
Der Mediator – nun doch als Experte?	81
Die Haltung der Führung	82
Die passive Flankierung von Lernen und Transfer	82
Die aktive Unterstützung von Lernen und Transfer	82
Fehlende Flankierung oder Unterstützung von Lernen und Transfer	83
Das Vorgespräch mit dem De-iure-Auftraggeber (In-Take)	84
Die Wahrung der Arbeitsprinzipien	84
Akzeptable Einschränkungen für den Mediationsprozess	85
Die Prozessdramaturgie der InSyst-Mediation	86
Vorphase: In-Take	86
Auftrags- und Indikationsklärung	86
Symmetrische Beziehungen	86
Klärung der Prozessdimensionen	87
Transparenz	87
Der De-iure-Auftraggeber als Mediand	87

Phase 1: Check-in & Boarding 88
    Annäherung an den Mediationsprozess 88
    Exemplarischer Phasenverlauf 90
Phase 2: Expedition & Discovery 90
    Selbstklärung und -artikulation 91
    Entlastung und Plausibilisierung 91
    Externalisieren der Bilder 92
    Kompetenzaktivierung 92
    Ko-Kreatives Lernen 93
    Exemplarischer Phasenverlauf 94
Phase 3: Integration & Transfer 95
    Transfer und Vertraulichkeit 96
    Exemplarischer Phasenverlauf 97
Gesamtbetrachtung: Phasenziele und Gewinne für Individuum und Organisation . 97
Vernetzung der Gewinne in die Organisation 98
    Der Bottom-up-Transfer- und Lernprozess 99
    Etablierte Lernkultur und Transfer in das Heimatsystem 100
        Dialog-Nester 100
        Fishbowl-Interview 100
        Lern-Café 101
        Lernlandkarte 101
        Knowledge-Share-Retraite 102
        «Bean Suppers» 102
        Erkenntnis- / Aphorismenbaum 102
        Lerngeschichten / Metaphern-Geschichtsbuch 102
    Junge Lernkultur und Transfer in das Heimatsystem 102
    Transfer in die Gesamtorganisation 103
    Kontinuierlicher Zyklus 103

Zur Bedeutung der Transfer-orientierten Mediation 104
    Mentor-Medianden 104
    Die Einordnung des Transfer-orientierten Mediationsmodells 104
    Zum Marktpotenzial der Transfer-orientierten Mediation 105
    Zum Einsatzspektrum der Transfer-orientierten Mediation 105
    Zur Vision in der Transfer-orientierten Mediation 106

Zukunftsmusik?! 107
    Idee 1: Zur Neu-Definition von Mediation 107
    Idee 2: Mediation als budgetiertes Bildungsangebot 107
    Idee 3: Good Conflict Management Practice (GCMP) 107

Idee 4: Einführung einer Konfliktbilanz 108
Idee 5: Entwicklung einer Mediationsertragsrechnung 108
Idee 6: Implikationen für Aus- und Weiterbildungsinstitute. 108

Anhang zu Teil A
Tabellarische Übersicht der Mediationsmodelle 109

Teil B
Die Haltung des Transfer-orientierten Mediators 115

Reflexion, Achtsamkeit und Haltung 117
Reflexion und Selbst-Bewusst-Sein. 117
Selbst- und Fremdbild. 117
    Selbstreflexion 118
        Persönliche Landkarte (Lebensweg). 118
        Persönliches Konfliktskript. 118
        Bewusstheit über eigene Empfindlichkeiten 119
        Projektionen und Ähnlichkeiten «mit dem Feind» 119
Die mediative Haltung «trainieren» 120
Achtsamkeitsübungen. 121
    Übung 1: Sinnliche Präsenz mit geschlossenen Augen. 122
    Übung 2: Entdeckendes Betrachten. 122
    Übung 3: Achtsames Gehen. 122
    Übung 4: Sich «erden» und in das Hier und Jetzt bringen 123
    Übung 5: Achtsame Präsenz erleben und geben 123
Erfahrungen mit Somatischen Markern. 124
Achtsame Sprache 127
    Differenzierter Gefühlswortschatz 127
    Verbales Pacing der Sprache der Medianden. 127
    Die Empfangs- und Erlebnisfrequenz ermitteln 128
        VAKOG-Analyse 129
        Übung: Gegenseitiges Ausloten der bevorzugten Kanäle 130
    Öffnende Formulierungen 130
    «Vielleicht» und beabsichtigte Vagheit. 131
    Pausen 131
Offenheit und Neugier. 131
Rituale 132
    Seeding für eine mediative Haltung. 132

Ritual für das eigene Wohlbefinden 132
Plädoyer für die Selbsterfahrung 133
    Ich als Mediandin 133
    Geständnisse und (Selbst-)Erkenntnisse 133
    Stolpersteine und Störungen 134

Teil C
Ausgewählte Interventionen aus der Transfer-orientierten Mediation 137

Ausgewählte Interventionen 139
Präsenz und Resonanz 139
    Aktives Zuhören 139
    Compliments 140
    Reframing 140
Umgang mit starken Emotionen und Reaktanz 140
    Die Perspektive der Transfer-orientierten Mediation 140
        Anstelle des Arbeitens mit Zensur 140
        ... erfolgt das Arbeiten mit Emotionen 141
        Basisarbeit beim Mediator: Das Kohärenzgefühl 141
    Haltung: Bedeutsamkeit der Emotionen 142
    Hintergrundwissen: Verstehbarkeit der Dynamik 143
    Interventionen: Bewältigbarkeit der Situation 143
        «Sofortmassnahmen» 143
            1. Entschleunigen, Resonanz geben und empathisches Spiegeln 143
            2. Wertschätzendes, achtsames Konkretisieren 143
            3. Reframing und Entlastung 144
        Differenziertes Weiterarbeiten 144
Doppeln 145
    Korrektes Doppeln 145
Die Gewaltfreie Kommunikation 146
    1. Beobachtungen und Bewertungen / Interpretationen trennen 146
    2. Gefühle ausdrücken 146
    3. Bedürfnisse nennen 147
    4. Wunsch oder Bitte äußern 147
    Gefühls- und Bedürfniswortschatz 147
Systemische Fragetechniken 150
    Unterscheidung nach Absicht der Frage 150
    Unterscheidung nach der Frageform 150
    Lösungsfokussierte Fragen 151

Verhalten	152
Unterschiede und Ausnahmen (Ressourcen)	152
Skalierungen	152
Exemplarische Fragestellungen für das In-Take-Gespräch mit dem Vorgesetzten (De-iure-Auftraggeber)	153
Kontakt	153
Fragen	153
Beispiele für Interventionen in der Phase 1 – Check-in & Boarding	154
Selbstklärung bezüglich Motivation und Ziele	154
Unerwünschtes (Nicht-Ziele) aussprechen	154
Soziometrien	154
Das Vorgehen beim Arbeiten mit «Extrempolen»	155
Intrinsische Motivation entdecken	157
Die Wunderfrage	157
Beispiele für Interventionen in der Phase 2 – Expedition & Discovery	159
Unterschiedsbasierte und Lösungsfokussierte Fragen	159
Auslegeordnung, Muster, Zirkularitäten, Ziele formulieren	159
Zielzustands- und Lösungsexplorationen	160
Organisationale Perspektive – Gestaltungsräume	160
ABC-Themencluster	161
Beispiele für die Aufstellungsarbeit im Prozess	161
Selbstklärung und Perspektiven erweitern	161
Die Arbeit mit Wahrnehmungspositionen	161
Ressourcen und Handlungsfähigkeit	163
Arbeit mit dem Ressourcen-Anker	163
Erweiterung der Perspektiven und Möglichkeitsräume	164
Verdeckte Tetralemma-Arbeit	164
Grundprinzipien der Aufstellungsarbeit	165
Der Rollentausch	166
«Hausaufgaben»	167
Beispiele für Interventionen in der Phase 3 – Integration & Transfer	168
Ankern über den Dialog und die Somatischen Marker	168
Beispielfragen	168
Ankern über die Aufstellung	169
Gestaltungsebenen	169
Metaphern	170
Symbole und Rituale	171
Ritualisierte Gesten	172

Teil D
Die Praxis der Transfer-orientierten Mediation ... 173

Exemplarische Praxisanwendungen der
Transfer-orientierten Mediation ... 175
Prozess-Sequenzen und Ausschnitte ... 175
    Skizze 1 – Konflikte bei der Co-Leitung eines Teams, CH-Privatunternehmen,
    400 Mitarbeitende ... 176
        Ausgangslage ... 176
        Präsentierter Konflikt ... 176
        Entlastungsangebot zu Beginn ... 176
        Sensibilisierung für und Aufgaben zum Reflexions- und Lernprozess ... 177
        Explizierung Lernen und Ideen für den Transfer ... 178
    Skizze 2 – Neuer Vorgesetzter und langjähriger Mitarbeiter mit Spezialwissen
    im Konflikt, CH-Privatunternehmen, 2000 Mitarbeitende ... 179
        Ausgangslage ... 179
        Präsentierter Konflikt ... 179
        Anstoßen von Reflexionen / Selbstklärung ... 179
        Gestaltung des Transfers ... 180
    Skizze 3 – Langjähriges und neues Geschäftsleitungsmitglied im Konflikt,
    CH-Nonprofit-Organisation, 80 Mitarbeitende ... 182
        Ausgangslage ... 182
        Präsentierter Konflikt ... 182
        Würdigen des Leids ... 182
        Externalisieren der gegenseitigen Bilder und Fantasien ... 183
        Plausibilisierung von Unterschiedlichkeit ... 184
    Ergebnisse aus weiteren Mediationsprozessen ... 184
Exemplarische Formulierungen für den Ebenenwechsel ... 186
    Check-in & Boarding ... 186
        Einleitung ... 186
        Allgemeine Entlastung («Entpathologisierung») ... 187
        Compliments ... 188
        Intrinsische Motivation ... 188
        Gesten der Anerkennung ... 188
        Sensibilisieren für die Lern- und Transfermöglichkeiten ... 188
    Expedition & Discovery ... 189
        Selbstklärung ... 189
        Selbstwahrnehmung, Somatische Marker ... 190
        Resonanz geben ... 190
        Umgang mit Reaktanz ... 191

Umgang mit starken Emotionen	191
Räume öffnen	191
Hintergrundmodelle und Plausibilisierungen anbieten	191
Gesten der Verbindung	192
Reflexive Hausaufgaben	192
Integration der reflexiven Hausaufgaben in den Prozess	193
Interaktionelle Hausaufgaben	193
Integration der interaktionellen Hausaufgaben in den Prozess	193
Entwicklungsgewinne sichern	194
Optionen lancieren	194
Integration & Transfer	194
Gesamtrückschau und Transfer für das Individuum	194
Metaphern / Aphorismen / Analogien	195
Priming	195
Rituale anregen	195
Seeding	195
Transfer-Vorauswahl für das Kollektiv	196

Teil E
Anhang 197

Nachbemerkung 199

Eine Metaphern-Geschichte zur Transfer-orientierten Mediation 200

Lesetipps 203

Verzeichnis der Abbildungen 205

Quellenverzeichnis 206

Danksagung

Das Buch basiert auf Inspirationen, Reflexionen, Diskussionen und Erfahrungen aus den verschiedensten Quellen, Disziplinen und Begegnungen – und ich empfinde große Dankbarkeit für diese Geschenke.

Ganz herzlich danke ich Prof. Dr. Leo Montada (Universität Trier) für die impulsreichen Begegnungen und die stets ressourcenorientierte Kommunikation, unter anderem im Rahmen der Erarbeitung meiner Master Thesis, deren Inhalte einen Baustein des theoretischen Teils dieses Buches darstellen.

Aus tiefstem Herzen danke ich auch Prof. Dr. Matthias Varga von Kibéd (SySt-Institut, München) für alles, was ich über Haltung, Wertschätzung, Empathie, Systemvertrauen und Ressourcenorientierung beobachten, erfahren, besprechen und internalisieren konnte.

Wertvolle Denkraum-Erweiterungen habe ich erfahren im direkten intensiven Austausch in den Aus- und Weiterbildungen mit Dr. Godehard Stadtmüller (Adula Klinik, Oberstdorf), Dr. Stephen Gilligan (Kalifornien), Prof. Dr. Gerald Hüther (Universität Göttingen), Prof. Dr. Peter Heintel (Alpen-Adria-Universität, Klagenfurt), Dr. Willem Lammers (Institut für Angewandte Sozialwissenschaften, Bad Ragaz), Univ.-Doz. Dr. Friedrich Glasl (Trigon, Graz), Dr. Wilfried Kerntke und Bernd Fechler (Inmedio, Frankfurt) sowie Sepp Habermacher (IMS, Luzern).

Die Teilnahme an Veranstaltungen und die Lektüre von Publikationen von Prof. Dr. Joachim Bauer, Dr. Maja Storch, Dr. Gunther Schmidt, Dr. Robert Dilts und Marshall Rosenberg haben intensive Reflexionen und regen Austausch mit Fachkollegen ausgelöst – vielen Dank! Und natürlich hat mich jeder im Literaturverzeichnis aufgeführte Autor weitergebracht – ich spreche hier einen kollektiven und sehr herzlichen Dank aus.

Ich danke Prof. Yvonne Hofstetter Rogger (Kompetenzzentrum Mediation und Konfliktmanagement, Berner Fachhochschule) für die reichen Diskussionen und das Vertrauen, mir schon früh Dozententätigkeiten und komplexe Mediationen zu überantworten.

Ich danke meinen Klienten, sowohl Medianden als auch Supervisanden, für das Vertrauen, all die Erfahrungen und das Feedback; und ich danke den Mediatoren, die mich – als Mediandin – um Selbsterkenntnisse und Meta-Beobachtungen bereichert haben.

Meiner «Münchner Intervisionsgruppe», namentlich Francine de Reynier, Yvonne Herzog Huber und Patrick Mayor, danke ich für das gemeinsame Querdenken über unsere verschiedenen Disziplinen, für die Offenheit und die achtsamen, tiefen Berührungen im gemeinsamen Reflektieren unseres Tuns, insbesondere unserer Haltungen. Wunderbar, dass wir zusammen auf dieser Reise sind.

Der Anstoß zu diesem Buch kam aus meiner langjährigen Intervisionsgruppe «BK18plus», die aus der gemeinsamen Mediationsausbildung hervorgegangen ist. Die angeregten Diskussionen, der gegenseitige Fachinput und die kritischen Prozess-Reflexionen haben wesentlich zur Ankurbelung meiner Denkprozesse beigetragen. Ich danke meinen Fachkollegen: Peter Bernasconi, Barbara Borner, Eva Brunisholz, Marianne Dubey, Erich Eicher, Irène Hämmerli, Corinne Schoch, Béatrice Schweizer, Karin Spiess, und Annette Wisler. Besonders hervorheben möchte ich die wertvolle Unterstützung von Peter Lehmann, Sandro Strasser und Petra Schmäh, die mit ihren kritischen und wertschätzenden Fragen und Resonanzen zu früheren Fassungen des Manuskripts meine Perspektiven immer wieder geweitet haben. Ich freue mich auf das Weiterdenken.

In tiefer Liebe danke ich meiner Familie. Ich danke meinem Mann und Fachkollegen, Marc Dörflinger, für die Unterstützung, die Zuwendung, das Interesse und die intensive Verfügbarkeit, um meine Ideen zu besprechen, zu hinterfragen und anzureichern. Ich danke meiner kleinen Tochter, Alyssa Dörflinger, für die unzähligen, wunderbaren gemalten Bilder, die mir die vielen Stunden vor dem Computer erhellt haben. Ich bin gerührt über die immer neuen kleinen Aufmerksamkeiten, die ich an meinem Arbeitsplatz entdecken durfte.

Vorwort

Verwirrung. Faszination. Begeisterung. Das ist im Wesentlichen die Chronologie der Entstehung des Buches.

Was mich zu Beginn meiner Praxistätigkeit sehr verwirrte, war, dass Mediation als Angebot der selbstbestimmten Konfliktbeilegung zwar existiert, aber «niemand hingeht». Stattdessen ähnelt Mediation derzeit eher noch einem modernen Aschenputtel, dessen Kutsche auf dem Weg zum Ball aufgehalten wird.

Was mich weiter verwirrte, war der Umstand, dass das predominante Qualitätslabel, mit dem Mediation heute im Markt profiliert wird, ist, dass sie ein schnelles und kostengünstiges Verfahren ist, das in den meisten Fällen zu einer Vereinbarung zwischen den Konfliktparteien führt.

Einerseits wurde ich in innerbetrieblichen Mediationen trotz gelungener Konfliktbeilegung und schriftlicher Vereinbarung sehr häufig mit «prophylaktischem Frust» oder Ohnmachtsgefühlen in Bezug auf die Halbwertzeit der erzielten Ergebnisse konfrontiert. Befürchtungen, dass es im Team oder mit anderen «wieder so weit kommen könnte», weil die Umstände oder Abläufe in der Organisation unverändert seien, begegneten mir immer wieder und beschäftigten mich sehr. Gleichzeitig faszinierten mich diese ganz besonderen Momente in der Mediation, wenn sich die Perspektiven und das Verständnis weiten, wenn die Veränderung im Raum für alle spürbar wird, bevor sie ausgesprochen wird. In diesen magischen Momenten ist es den Medianden anzusehen, dass sie tief innen berührt sind, und mit sich selbst und mit den anderen eine befreiende Verbindung fühlen.

Ich fragte mich, ob das Spektrum der Gewinne aus einer Mediation auch andere oder weitere Facetten als die einer Vereinbarung haben könnte. Aus meinen eigenen Praxiserfahrungen, den vielen Prozessbesprechungen in den Intervisionen, verschiedenen kritischen Diskursen mit Experten und Reflexionen über das eigene Tun, entstand die tiefe Überzeugung, dass Mediation ein überaus kraftvoller Prozess von Wachstumsimpulsen für die Medianden selbst und ihr System, insbesondere der Konfliktkultur des Systems, sein kann.

Parallel zu meinem Master-Studium Mediation recherchierte ich in der internationalen Literatur und in Publikationen zu den verschiedenen Modellen der Mediation. Insbesondere suchte ich nach Ansätzen, in denen es (auch) um persönliche Entwicklungsgewinne für die Medianden ging – und den Transfer dieser Gewinne in den Ursprungskontext. Einen ersten, für mich wegweisenden Ansatz fand ich «praktisch vor der Haustür». Es waren die Ausführungen von Prof. Dr. Leo Montada zur Entwicklungsförderung durch Mediation (2007) und die entsprechend klare Haltung, dass die Emotionen der Medianden im Fokus der Prozessführung stehen.

Der zweite auf meiner Entdeckungsreise entscheidende Zugang zur Mediation wird durch Prof. Robert A. Baruch Bush und Prof. Joseph P. Folger (1994, 2005) mit der

Transformativen Mediation vertreten. Mich faszinierte besonders, dass hier die Konfliktbeilegung durch die Beziehungstransformation zwischen den Medianden fokussiert wird, und die Wirksamkeit dieses Ansatzes über den Mediationsprozess hinaus in einer Studie nachgewiesen werden konnte (Bingham 2003):

Im Rahmen des REDRESS Programms des United States Postal Service wurde 1999 landesweit ein Konfliktmanagementsystem implementiert, das die Transformative Mediation als Verfahren zur Konfliktbeilegung in den Mittelpunkt stellte. In einer Langzeitevaluation dieses bis dahin weltweit größten Programms für den konstruktiven Umgang mit Konflikten am Arbeitsplatz wurden unter anderem sogenannte «upstream effects» (Bush & Folger 2005, S.80) beschrieben.

Diese Transfer-Effekte bezogen sich auf neu erworbene Kompetenzen, die die Medianden aus dem Erleben einer Mediation mitgebracht hatten. Diese Kompetenzen brachten sie anschließend in ihr Ursprungssystem ein. Zum Beispiel fanden mehr informelle «Pre-Mediations» statt. Das heisst, die «internen, erfahrenen Medianden» führten unaufgefordert Erstgespräche zwischen Konfliktparteien durch, die de-eskalierend wirkten. Diese Transfer-Effekte variierten in der Intensität: Je mehr Personen an Mediationen teilgenommen hatten und je öfter die gleiche Person an verschiedenen Mediationen teilgenommen hatte, desto mehr «upstream effects» waren beobachtbar. Aus der Transformativen Mediation fließen also Erfahrungs- und Entwicklungsgewinne, die auf persönlicher und kollektiver Ebene nutzbringend sein können.

Es setzte die Begeisterung ein, diese bereits nachgewiesenen Transfer-Effekten weiterzuentwickeln. Meine Überlegungen gingen dorthin, die Stärkung der Konfliktkompetenzen der Medianden und den Transfer von Erkenntnissen und Wissen hierzu schon im Mediationsprozess zu ermöglichen, mitzudenken und mitzugestalten. Die Fragen, mit denen ich in die Konzeption eines «Transfer-orientierten Mediationsprozesses» startete, lauten zum Beispiel:

- Wie müsste ein Mediationsprozess aussehen, der die Wahrscheinlichkeit des Auftretens von Transfer-Effekten nach jeder (!) Mediation stark erhöht?
- Was muss im Prozess konkret passieren, damit die Transformation nachhaltig ist und Transfer gelingen kann?
- Und wie kann der Wirkungsradius der Mediation vergrößert werden, also wie können diese Entwicklungsgewinne mit anderen Mitgliedern des Systems geteilt und für die Organisation nutzbar gemacht werden?
- Wie kann der Mediator diesen Prozess begleiten, ohne eine Expertenrolle einzunehmen?

Zusammenfassend ging es also um die Fragestellung, wie tendenziell zufällig auftretende und von der Häufigkeit der erlebten Mediationen abhängige vorteilhafte Nebenwirkungen (upstream effects) für Mediand und System zu aktiv gestalteten und geplanten Langzeitwirkungen für Individuum und Organisation werden können.

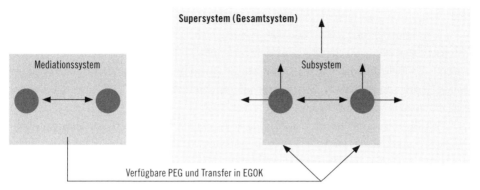

PEG: Persönliche Entwicklungsgewinne – EGOK: Entwicklungsgewinne für die organisationale Konfliktkultur

Abbildung 1: **Fragestellung zur Konzeption eines Transfer-orientierten Mediationsprozesses**
Wie können persönliche Entwicklungsgewinne aus dem Mediationsprozess verfügbar gehalten und in Entwicklungsgewinne für die organisationale Konfliktkultur transformiert werden?

Der Mediationsprozess sollte so konzipiert werden, dass jede Mediation ein Jackpot an bewussten Wachstumsmöglichkeiten, eine Quelle der Erkenntnisse, eine Schatzkiste für die Entfaltung von Vielfalt, eine Begegnungsmöglichkeit der Medianden und des Mediators mit sich selbst und mit den anderen Beteiligten sein könnte.

Aus dieser Begeisterung entstand der Transfer-orientierte Mediationsprozess. In diesem Prozess werden Räume für Lernen, Reflektieren, Probehandeln und Transfergestaltung angeboten und können in der von den Medianden bestimmten Intensität genutzt werden, um aus der Mediation neben der Konfliktbeilegung weitere Gewinne für sich selbst und ihre Organisation «davonzutragen».

Diese Gewinne sind zum Beispiel explizites Wissen
- zu Möglichkeiten der Selbstklärung;
- zu Verhaltens- und Kommunikationsmöglichkeiten in künftigen Konfliktsituationen;
- zum Umgang mit Widersprüchen und Limitationen;
- zum Verständnis für systemische Wechselwirkungen;
- zu anderen relevanten Erkenntnissen zur Stärkung der Konfliktkompetenz der Medianden über den Prozess hinaus.

Die Konzeption der Transfer-orientierten Mediation erfolgte unter eklektischem Einbezug verschiedener Hintergrundtheorien und Schulen aus verwandten Bereichen. Die Integration von ausgewählten Erkenntnissen aus der Hirnforschung bildet einen wesentlichen Baustein dieses neuen Mediations-Modells. Gleichzeitig werden bestehende wissenschaftliche Spannungsfelder zwischen der Hirnforschung und anderen Theorien, aus denen sich die Mediation bedient, (wie zum Beispiel zwischen der Hirnforschung und dem systemisch-konstruktivistischen Ansatz) hier nicht explizit vertieft.

Die Transfer-orientierte Mediation wird bisher erfolgreich im organisationalen Kontext eingesetzt. Gleichzeitig lässt sich der ganze Prozess oder die Haltung in diesem Ansatz, die Ziele und die Prozess-Dramaturgie auf all diejenigen Bereiche übertragen, in denen Beziehungen fortbestehen müssen oder sollen und die Konfliktkultur des Systems eine entsprechende Relevanz hat.

Im Bestreben, alle diese Überlegungen möglichst strukturiert und klar nachvollziehbar zu machen und gleichzeitig ein «handfestes», lebendiges Praxis-Buch zu erstellen, das den Einsatz der Transfer-orientierten Mediation illustriert, ist der folgende Buchaufbau entstanden:

Teil A umfasst die Herleitung der Konzeption und skizziert die relevanten Hintergrundtheorien. Dabei werden jedoch keine Grundlagen oder kritische Diskurse zwischen den Disziplinen beleuchtet, sondern die Leitgedanken ausgewählt, die meiner Meinung nach eine besondere Relevanz für die Mediation im Allgemeinen und für den Transfer-orientierten Prozess im Speziellen haben. Teil A gibt zudem eine detaillierte Beschreibung des Phasenmodells der Transfer-orientierten Mediation. Mein Blick in die (von mir erwünschte) Zukunft der Mediation und meine persönlichen Fantasien und Ideen hierzu bilden den Abschluss von Teil A.

Teil B widmet sich der Haltung des Transfer-orientierten Mediators. Dabei stehen für mich die (Selbst-)Reflexion, die Achtsamkeit und eine wertschätzende Annäherung im Vordergrund. Hier finden sich verschiedene Übungen, die der interessierte Mediator allein oder mit Fachkollegen als Anregung mitnehmen kann.

Teil C beinhaltet eine kleine Auswahl an Interventionen, die mir häufig die gewünschte Unterstützung im Prozess der Medianden im Sinne der Selbstklärung, des Perspektivenwechsels etc. gebracht haben. Zum Teil sind es Interventionen aus meinen Aus- und Weiterbildungen in Systemischen Strukturaufstellungen, Logosynthese und Hypnosystemik, die ich für meinen Mediationskontext adaptiert habe. Viel Herzblut steckt in den erfahrungsbasierten Ausführungen zum (praktischen) Umgang mit Emotionen und Reaktanz.

Teil D skizziert anonymisierte Sequenzen (!) aus drei Praxisaufträgen der Transfer-orientierten Mediation. Um diese Praxis vertieft zu illustrieren und die Haltung des Mediators in diesem Ansatz greifbar zu machen, gebe ich zusätzlich meine aus verschiedenen Mediationen zusammengestellten Formulierungen zu den verschiedenen Prozessschritten exemplarisch wieder.

Noch zwei Bemerkungen, die mir wichtig sind: Erstens verzichte ich bewusst auf die Tilgung der für die Mediation typischen Anglizismen. Sie geben gemeinsame Orientierungspunkte (Beispiel: Pacing) im sonst sehr volatilen Mediationskontext mit all unseren verschiedenen Herkunftsberufen. Zweitens betrachte ich das Maskulinum als neutrale, beide Geschlechter umfassende Ausdrucksform und dokumentiere mit dieser willkürlichen Betrachtungsweise die Selbstverständlichkeit der Gleichstellung von Frauen und Männern.

Ich wünsche Ihnen viel Freude bei der Lektüre dieses Buches.

Nadia Dörflinger-Khashman

Einleitung

In den bisherigen Ansätzen (Bush & Folger 2005; Montada 2007) werden das Erleben der Mediation und das Beobachten des Mediators als Grundlage für die Erweiterung der Konfliktkompetenzen der Medianden und daraus entsprechend resultierenden Transfer-Effekten für Individuum und Organisation angeführt.

Die Transfer-orientierte Mediation baut einerseits auf diesen Überlegungen auf und integriert zusätzliche Konzepte, um das durch Beobachtung und Erleben eher unbewusst erfolgte Lernen in bewusstes Lernen umzuwandeln, denn gemachte Erfahrungen liegen meist als implizites Erfahrungswissen vor. Dieses Wissen muss für eine Wiederverwendung, für die nachhaltige Verfügbarkeit und für den Transfer an andere durch Reflexionsprozesse und Plausibilisierung bewusst gemacht und gespeichert werden.

Durch die konsequent auf Lernen und Transfer ausgerichtete Prozessarchitektur und die systematische und zielgerichtete Gestaltung der verschiedenen Teilprozesse erhöht sich im Transfer-orientierten Mediationsprozess die Wahrscheinlichkeit für neues, auf persönlicher und kollektiver Ebene transferierbares Wissen. Die Wertschöpfung aus der Mediation für die Medianden und die Organisation, in die sie eingebunden sind, vergrößert sich durch einen Transfer-orientierten Prozess wie folgt:
- durch die nachhaltige Konfliktbeilegung,
- durch die Selbstermächtigung und Selbstverantwortung der Medianden über den Prozess hinaus,
- durch den stabilisierten Zugang der Medianden zu ihren Ressourcen und
- durch die Erweiterung der Konfliktkompetenzen der Medianden, sodass neben der individuellen Stärkung auch die Stärkung des Ursprungssystems erfolgen kann.

In Organisationssprache heißt das, dass auf Nachhaltigkeit ausgelegte Mediation somit einen wesentlichen Beitrag leistet für:
- die Stärkung und Entwicklung der organisationalen Konflikt- und Kooperationskultur,
- die Personal- und Organisationsentwicklung,
- die Krisenfestigkeit und die Wettbewerbsfähigkeit der Organisation,
- die Steigerung der betrieblichen Gesundheit und
- die Reduktion der Konfliktkosten.

Die Mediation bewegt sich damit weg von der punktuellen und isolierten Einzelintervention, hin zu einem in die Organisation integrierten Klärungs- und Lernprozess. In einem solchen Kontext bedeutet Mediation: Wachstum. Wachstum für das Individuum und für die Organisation.

Teil A
Die Theorie der Transfer-orientierten Mediation

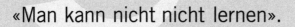

«Man kann nicht nicht lernen».

Fritz B. Simon

Nachhaltige Gewinne aus der Mediation für Individuum und Organisation

Die Bedeutung der Kooperations- und Konfliktkultur

Krisenfestigkeit, Entwicklungs- und Zukunftsfähigkeit von Organisationen sind so bedeutsam wie kaum zuvor. Es ist heutzutage abgesichert, dass dies überlebenswichtige Wettbewerbsfaktoren sind und nur durch eine entsprechende Organisationskultur getragen werden können. «Wenn wir Unternehmen und Organisationen zu mehr Effizienz und Effektivität verhelfen wollen, müssen wir begreifen, welche Rolle die Kultur in Unternehmen spielt.» (Schein 2003, S. 30) Auch Weber (2002) unterstreicht: «Organisationen treten von ihrer sozialen und kulturellen Seite zunehmend ins Rampenlicht. Es wird wahrgenommen, dass der «Geist des Hauses» die Energie und Leistungsfähigkeit der Mitarbeiter entscheidend beeinflusst». (S. 9)

Eine entsprechende Kooperations- und Konfliktkultur bildet also die Basis von Anpassungs-, Veränderungs- und Entwicklungsfähigkeit von Organisationen und sichert somit die Zukunftsfähigkeit derselben (Bergmann & Daub 2006).

Potenzial und Nutzung der Mediation

Die Möglichkeiten einer auf Nachhaltigkeit ausgelegten Mediation und die Bedürfnisse der Organisationen und ihrer Mitglieder sind kompatibler denn je. Mediation verfügt grundsätzlich über eine große Transformationskraft und birgt somit entsprechendes Entwicklungspotenzial für die Medianden und die auftraggebende Organisation, was insbesondere in der aktuellen Wirtschaftssituation zu einer intensiveren Nutzung von Mediation führen müsste. Gleichzeitig handelt es sich beim Mediationsmarkt noch immer um einen Angebot-gesteuerten Markt, das heißt, im Moment gibt es deutlich mehr Anbieter – und es treten immer mehr in den Markt ein – als Aufträge (Duss-von Werdt 2005). Mediation wird also von Organisationen noch sehr verhalten nachgefragt – und wenn doch, dann sehr häufig erst «fünf nach zwölf».

Das erstaunt umso mehr, als Mitarbeitende als wichtige Quelle von Stabilität und Wachstum identifiziert sind und es zunehmende Evidenz gibt, dass ein betrieblicher Mangel an Wohlbefinden und Wertschätzung zu Krankheit führen kann, wohingegen Wertschätzung und Partizipation der Mitarbeitenden entscheidende Beiträge zur Produktivität der Organisation leisten können:

Verluste durch vernachlässigte Konflikt- und Kooperationskultur	Gewinne durch wertschätzende Konflikt- und Kooperationskultur
■ Stressverursachte Arbeits- und Qualitätseinschränkungen	■ Hohe Qualität von Arbeitsprozessen und Projektarbeit
■ Wachsende psychosoziale Belastung	■ Innovationskraft durch Dialog
■ Burn-out, Fehlzeiten und Fluktuation	■ Gesundheit, Motivation, Loyalität und Image
■ Präsentismus (physische Anwesenheit bei gleichzeitiger stressbedingter Lähmung)	■ Konstruktive und belastbare Arbeitsbeziehungen – Stärkung des Immunsystems der Organisation

Selbst ohne eine exakte Quantifizierung der Kosten versus Gewinne werden die Wechselwirkungen zwischen der Konflikt- und Kooperationskultur einer Organisation und Auswirkungen auf ihr Human- und Sozialkapital rasch deutlich.

Neue Leadership-Aufgaben

Nachdem Themen der «Corporate Social Responsibility», also wie und unter welchen Bedingungen Güter und Dienstleistungen hergestellt und gehandelt werden, von der Public Relations-Abteilung in die Geschäftsleitungsebene aufgestiegen sind, wird jetzt auch zusehends die Gesundheit am Arbeitsplatz als Leadership-Verantwortung gesehen und promoviert. Es steht zu erwarten, dass die Entdeckung der «Konfliktkultur als Leadership-Aufgabe» nur noch wenige Denkanstöße entfernt ist.

Chancen für die Mediation

Aus dieser Ausgangslage ergeben sich enorme Chancen für die Mitarbeitenden, ihre Organisation und die Mediatoren. Die Mediatoren sind gefordert, ihrerseits einen Beitrag zu leisten, um dieses Zusammenwachsen der Themen zu intensivieren. Dies wird dann möglich, wenn jede Mediation zu einem Ausgangspunkt für Bottom-up-Impulse zur Verbesserung von Konfliktkultur, Kooperationskultur und Gesundheit wird. Dafür ist jedoch ein Mediationsprozess erforderlich, der auf Entwicklung und Nachhaltigkeit ausgerichtet ist und als dynamischer, kraftvoller Wertschöpfungsprozess auf individueller und kollektiver Ebene erlebt werden kann.

Zukunftsfähiges Mediationsmodell

Die Transfer-orientierte Mediation trägt diesen Anforderungen insofern Rechnung, als sie neben der Konfliktklärung vor allem die Erweiterung der Konfliktkompetenzen der Medianden im Umgang mit und bei der Vermittlung in Konflikten fokussiert – und damit eine Nachhaltigkeit des Prozesses und die Stärkung von Individuum und Organisation erreicht.

Da es die Mediatoren sind, die diesen Prozess führen und halten, spielt ihre Professionalität eine entscheidende Rolle.

Professionelle Praxis bedeutet reflektierte Praxis

Vielfältige Mediationspraxis

Heute wird häufig noch in einer Art und Weise über Mediation geschrieben und gesprochen, als ob es «die Mediation» gäbe. Als gäbe es «den Prozess», mit nur einigen kleineren Unterschieden, je nach Institution, an der die Ausbildung absolviert wurde. Von Sinner schreibt: «DEN Prozess gibt es nicht, hingegen ist Mediation als Arbeitsdefinition zu verstehen, die Unschärfen toleriert.» (2005, S. 42) Es sind jedoch weitaus mehr als nur Unschärfen, die die verschiedenen Mediationsmodelle – die nicht mit persönlichen Arbeitsstilen zu verwechseln sind – voneinander unterscheiden. Es geht um Verschiedenheit oder gar Widersprüchlichkeiten der verschiedenen Mediationsmodelle in Bezug auf Prozessziele, Erfolgsdimensionen und die Haltung der Mediatoren (Breidenbach 1995, Alexander 2008). Zweifelsohne hat dabei jedes – reflektierte – Mediationsmodell seine Berechtigung im entsprechenden Kontext.

Im deutschsprachigen Raum ist derzeit häufig noch die schriftliche Vereinbarung zwischen den Medianden am Ende des Prozesses das dominante Messkriterium für den Erfolg einer Mediation. Dazu wird auf Basis von Positionen (settlement mediation) oder von Interessen und Bedürfnissen (interest-based mediation) verhandelt. Wird eine Vereinbarung erreicht, gilt die Mediation als erfolgreich, wenn nicht, so das Verständnis, gilt die Mediation als gescheitert.

Es steht zu erwarten, dass sich dieses Mediationsmodell weiter etabliert, je näher die Mediation an die Gerichte rückt, und entsprechend eingeengt ist dieses Bild von Mediation bei potenziellen Auftraggebern und den Medianden.

Doch die Mediation ist deutlich vielfältiger als das Modell, das im Moment großen Platz in den Köpfen und auf dem Markt einnimmt. Je nachdem, welches die angestrebten Ziele in einer Mediation sind, folgen die verschiedenen Mediationsmodelle sowohl bezüglich Vorgehen, Haltung und Interventionen des Mediators als auch bezüglich seiner Interaktionen mit den Medianden zum Teil völlig konträren Logiken.

Bezüglich eines reflektierten Verständnisses von Mediation gibt es tendenziell noch Raum für mehr Transparenz und vertiefte Information über die verschiedenen Mediationsmodelle. Doch wozu mehr Komplexität und Differenzierung?

Klarheit gibt Entlastung

Die einzige Sicherheit, die der Mediator vor einer Mediation in Bezug auf den Prozessverlauf hat, ist, dass er jedes Mal wieder gefordert ist, in weitestgehend unbekannten Dynamiken zu navigieren. Mischen sich noch Anteile eigener Orientierungslosigkeit dazu, entsteht im gesamten Mediationssystem (Mediator und Medianden) unnötiger Stress.

Mediatoren können besser mit der Reichweite ihrer Verantwortung und der Begegnung von Attributionen und Erwartungen seitens der Medianden umgehen, wenn sie wissen, welchen Prozesszielsetzungen sie folgen. Mediatoren können ihre Prozesse besser reflektieren, dazulernen und ihre eigene Arbeit besser wertschätzen, wenn sie ein differenziertes Verständnis haben, welche Ziel- und Erfolgsdimensionen sie zur Bewertung ihrer Arbeit heranziehen.

Die Einordnung und das Verständnis der eigenen Mediationspraxis gibt dem Mediator somit Entlastung, Orientierung, Sicherheit, Klarheit in der Haltung und der Prozessführung respektive den Zielsetzung(en) des Prozesses. Diese Klarheit hilft auch bei der Auswahl von und der Abstimmung mit einem Co-Mediator.

Die eigene Mediationspraxis ausloten

Der Mediationsprozess definiert sich grundsätzlich und selbstverständlich aus Auftrag und Kontext des Klienten. Gleichzeitig hat jeder Mediator unweigerlich seine Prägungen, Logiken und Werte, die seinen Stil und die Präferenz für bestimmte Mediationsmodelle beeinflussen. Kennt er diese Einflüsse auf sein Handeln nicht, ist die Wahrscheinlichkeit groß, das zwischen dem, was er annimmt, in Mediationen zu tun und dem, was tatsächlich praktiziert wird, ein großer Graben klafft. Das kann die Interaktion mit den Medianden, den Prozesserfolg und die Wertschätzung für die eigene Arbeit stark beeinträchtigen.

Damit also die verkündete Praxis (espoused theory) auch mit der tatsächlich handlungsleitenden Praxis (theory-in-use) übereinstimmt (Argyris 1999), und der Mediator, der selbst eine der wichtigsten Interventionen im Prozess ist, weitestgehend kongruent und authentisch unterwegs sein kann, bedarf es der Reflexion über:

- *die eigene Sozialisation*
  Wie wurde in der Familie mit Konflikten umgegangen, welches Menschenbild wurde vermittelt und welche Werte wurden gepflegt? Wie wurde in der Familie umgegangen mit Abschied, Erfolg, Vergangenheit, Gegenwart, Zukunft, … ? Welche Leitsätze (Motto, Glaubenssatz) kursierten in der Familie? Welche Mentalen Modelle wurden dadurch genährt? Welche Lebenserfahrungen waren besonders prägend? Welche persönliche Definition besteht in Bezug auf Erfolg und wie wird Erfolg sichtbar? Wann erlebt man sich selbst als professionell, wann nicht?
- *das eigene Konfliktverhalten*
  Wie sieht das eigene Konfliktskript aus? Welche Stressoren, Empfindlichkeiten, Ängste und Intoleranzen gegenüber bestimmten Verhaltensweisen resultieren daraus? Was ist die eigene Einstellung zu Konflikten und welche Strategien zur Konfliktlösung sind – wirklich – im Einsatz? Welches sind wiederkehrende Stolpersteine in

Konfliktsituationen, was betrifft, berührt oder kränkt am meisten? Welches sind die eigenen typischen Verhaltens- und Kommunikationsmuster in Konflikten?
- *die Logik des erworbenen Quellenberufs*
Welcher Logik folgt der gewählte (und prägende) Quellenberuf? Welche Diskrepanzen, Widersprüchlichkeiten und Übereinstimmungen bestehen im Vergleich zu den Logiken der Mediation? Was bedeutet das für das eigene Mediationsverständnis, die Zielorientierung und die Gestaltung der Arbeitsbeziehung mit den Medianden? Was davon bedarf einer bewussten Veränderung? Einige Beispiele zur Illustration:
    - Ein juristischer Quellenberuf mit handlungsleitenden Orientierungen bezüglich vergangenheitsbezogener Sachverhaltserarbeitung, Recht/Unrecht, Schuld/Unschuld, Opfer/Täter und Expertenposition gegenüber den Klienten, steht den Logiken der Mediation bezüglich systemischen und zirkulären Bezügen, Zukunftsorientierung, Selbstbestimmung und Partizipation gegenüber.
    - Ein pädagogischer Quellenberuf mit handlungsleitenden Orientierungen bezüglich Defizitorientierung (was muss noch, was ist noch nicht), Bewertungen und Wissensvorsprung, steht den Logiken der Mediation bezüglich Ressourcenorientierung, Kontextorientierung und der Haltung des Nichtwissens gegenüber.
    - Ein betriebsökonomischer Quellenberuf mit handlungsleitenden Orientierungen bezüglich Leistungs- und Ergebnisorientierung in den «hard facts», Quantifizierbarkeit des Tuns und Arbeitsgeschwindigkeit, steht den Logiken der Mediation bezüglich Entschleunigung und nur bedingt methodisch messbaren Ergebnissen und qualitativer Transformation gegenüber.
- *die Logik der eigenen Organisation*
Welche Ziel- und Wertorientierung bestimmen die Organisation? Wie wird Erfolg definiert und woran ist dieser erkennbar? Welche Kultur besteht in der Organisation bezüglich Konflikten und Umgang damit, und mit Fehlern, Lernen, Emotionalität?
- *das eigene mediative Kompetenzspektrum*
Welche Wissenstiefe und -breite ist in Bezug auf z.B. sozialpsychologische Hintergrundtheorien, aus denen sich die Mediation bedient, und in Bezug auf die daraus abgeleiteten Interventionstechniken vorhanden? Welche bewussten Grenzen werden gesteckt? Welche Kompetenzen gilt es noch zu vertiefen oder zu erwerben und mit welchem angestrebten Nutzen für sich selbst und die Medianden?

Da Mediation eine Zusatzausbildung ist und zu sehr unterschiedlichen Graden entweder als eigenständige Profession praktiziert oder als «add-on» in den Grundberuf integriert wird, ist die Bewusstheit der unterschiedlichen Logiken von zentraler Bedeutung für die mediative Prozesssteuerung.

Abbildung 2: **Mediative Kompetenzen oder Mediator?**

Selbstreflexion und reflexiver Austausch

Mediieren heisst, in Komplexitäten, auf unbekanntem Terrain mit unbekannten Dynamiken und Herausforderungen, unter Erwartungsdruck der Medianden und Erfolgsdruck von sich selbst zu handeln. Diese Spannungen und dieses Vakuum sind einerseits hochinteressant und andererseits führen sie auch immer wieder zu Stress und dazu, dass auf vertrautes Handeln aus dem Quellenberuf zurückgegriffen wird, das nicht den Logiken der Mediation entspricht und doch die Wahrnehmungen, die Handlungen und die Haltung bestimmt. Dieser Rückgriff auf Vertrautes geschieht unbewusst und muss daher mit Reflexion bewusst gemacht werden, um für die Momente von Unsicherheit und Stress andere Optionen als den Rückgriff zu lernen und zur Verfügung zu haben.

Diese Reflexionsprozesse sind dynamisch zu verstehen, das heisst, es gibt immer nur vorläufige Antworten. Es ist wichtig, diese Prozesse durch Selbstreflexion, Austausch in einem interdisziplinären Kollegenkreis, Arbeit in Co-Mediation, die Vor – und Nachbereitung der Mediationen mit einem Fachkollegen und Selbsterfahrung lebendig zu behalten.

Das «Mediation Meta-Model»

Das «Mediation Meta-Model» (Alexander 2008) stellt einen systematischen Orientierungsraster für Mediatoren dar, um die eigene Praxis zu verorten. Alexander unterscheidet die Modelle grundsätzlich nach der Intensität, in der der Mediator
1. eher inhaltlich oder eher prozessual engagiert ist («Intervention Dimension»).
2. eher passiv oder eher aktiv interveniert («Interaction Dimension»).

Gemeinsamkeiten zwischen den unterschiedlichen Mediationsmodellen sieht Alexander bei den handlungsleitenden Prozessstrategien, um zum gewünschten Prozessergebnis zu kommen:

- «Positional Bargaining»: Verteilungsverhandlung auf der Basis von Positionen durch gegenseitige Konzessionen. Resultat ist der schriftlich festgehaltene Kompromiss.
- «Interest-Based Negotiation»: Verhandeln aufgrund von Interessen und Bedürfnissen in einem zukunftsorientierten Prozess. Resultat ist die Konfliktlösung durch den (oft schriftlich festgehaltenen) Konsens.
- «Dialogue»: Förderung eines transformativen Dialogs, der über die wechselseitige Anerkennung der Anliegen zur Veränderung der Kommunikation und Interaktion zwischen den Medianden und somit zur Konfliktbeilegung führt. Resultat ist die Konflikttransformation.

Aus den verschiedenen Mediationsmodellen ergeben sich die prozess- und interventionsleitenden Mediationsziele und unterschiedliche Erfolgsverständnisse von Mediationsergebnissen.

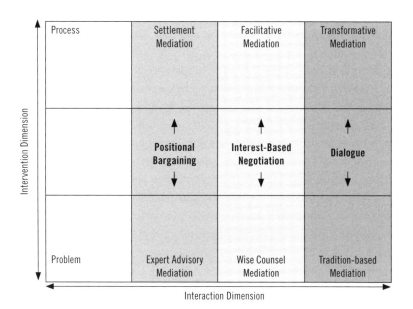

Abbildung 3: **Das Mediation Meta-Model** (Alexander 2008)

Alle Modelle sind im Anhang zu Teil A detailliert beschrieben. Nachfolgend werden diese Mediationsmodelle nur summarisch und pointiert charakterisiert:

Konfliktbeilegung durch Verhandlung auf der Ebene der Positionen der Konfliktparteien («positional bargaining»):

Expert Advisory Mediation

Experten, Expertisen oder «technische» Gutachten werden als Grundlage für die Verhandlung um die stärkere Position herangezogen. Es geht tendenziell um einen Sieg nach Punkten. Der Mediator hat die eher passive Rolle des präsenten «Neutralen».

Settlement Mediation

Diese Art der Mediation ist vergleichbar mit einer rechtlichen Vergleichsverhandlung. Es werden mithilfe des Mediators, der den Prozess steuert, Sachthemen oder Materielles verhandelt. Der Mediator fasst zusammen, strukturiert und ordnet.

Konfliktbeilegung durch Verhandeln auf Basis der Interessen und Bedürfnisse der Medianden («interest-based negotiation»):

Wise Counsel Mediation

Die Wichtigkeit der Verhandlung wird durch die Anwesenheit oder das Interesse von wichtigen Persönlichkeiten markiert. Zusammen mit dem Mediator redet diese Persönlichkeit den Konfliktparteien ins Gewissen und appelliert an das größere Ganze. Die Verhandlung findet aufgrund von Interessen und Bedürfnissen, meist einer Gemeinschaft, statt.

Facilitative Mediation

Der Prozess des interessenbasierten Verhandelns wird durch den Mediator aktiv moderiert und durch Interventionen, die weg von den Positionen und hin zu den Interessen und Bedürfnissen führen, unterstützt. Der Mediator enthält sich der inhaltlichen Mitarbeit und vermittelt allparteilich und empathisch.

Konfliktbeilegung durch Beziehungs- und Interaktionstransformation («dialogue»):

Tradition-based Mediation

Hier spielt zum Beispiel das Prinzip der Seniorität; der Dorfälteste oder eine für das System relevante Seniorität vermittelt im aktiven Dialog mit den Medianden im spezifischen Konfliktfall und bringt sich auch inhaltlich, appellierend oder wertend ein.

Transformative Mediation

Im Mittelpunkt dieser Mediationspraxis steht die Beziehungstransformation zwischen den Medianden. Fokussiert werden die Selbstklärung und Selbststärkung und von da aus die gegenseitige Anerkennung der jeweilgen Interessen und Bedürfnisse. Der Mediator ist – prozessual – sehr aktiv und fördert den Dialog zwischen den Medianden. Eine Vereinbarung kann, muss aber nicht zustande kommen.

Es ist wichtig festzuhalten, dass Mediatoren sich in mehr als einem Modell sehen können, meistens jedoch eine dominante Tendenz für ein Modell haben, die sich wandeln oder in der Abgrenzung zu den anderen Modellen verflüssigen kann (Alexander 2008) Dies jedoch nicht im Sinne von Beliebigkeit, sondern als – vorläufiges – Resultat von Reflexion und Praxis.

Aus Sicht des Mediators sind dies wichtige Determinanten für das von ihm präferierte Mediationsmodell:

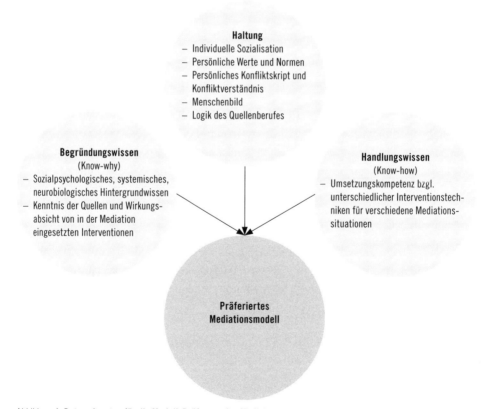

Abbildung 4: **Determinanten für die Modell-Präferenz des Mediators**

Natürlich wird das praktizierte Mediationsmodell nicht nur vom Mediator bestimmt, sondern durch den Auftrag und die im Prozessfluß auftauchenden Thematiken und Dynamiken zwischen den Medianden. Je nachdem wird eine Adaption oder Veränderung der Zielsetzungen und Prozessgestaltung erforderlich.

Es ist jedoch eher unwahrscheinlich, dass der Mediator seine Praxis spontan, chamäleonhaft und gleichzeitig kongruent nach jedem Mediationsmodell ausrichten kann. Die Limitationen liegen in den unbewussten Mentalen Modellen und den Neigungen, die dem Mediator in seinem komplexen Handeln ein Arbeiten in oder nahe der Komfortzone ermöglichen. Diese Komfortzone kann mit Praxiserfahrung, Weiterbildung und Reflexion wachsen und sich verändern.

Der Mediator kann durch das reflektierte und bewusste Tun Entlastung erfahren, lernen, weiteren Lernbedarf ableiten, sich besser mit Co-Mediatoren abstimmen und seine mediative Haltung stärken. Welche Relevanz hat dies jedoch für den Mediationsmarkt?

Entwicklung vom Angebots- zum Nachfragemarkt

Die Zielsetzung vieler De-iure-Auftraggeber von Mediation lautet auch heute noch oft: «Der Konflikt stört und soll weg (gemacht werden).» Die Bewusstheit über Chancen, Impulse, Lernen, Entwicklung, Systemstärkung aus Konflikten ist in vielen Organisationen noch am Entstehen.

Einen großen Beitrag hierzu könnten die Mediatoren selbst leisten, indem sie aktiver, klarer und differenzierter über die nachhaltigen Gewinne aus der Mediation für Individuum und Organisation kommunizieren. Eine Vielzahl von Websites von selbstständigen Mediatoren, aber auch von Verbänden und Vereinen, reduziert die Mediation zu einem «quick & cheap»-Verfahren im Vergleich zu gerichtlichen Auseinandersetzungen. In den wenigsten Fällen finden sich Hinweise für potenzielle Auftraggeber, dass Mediation ein eigenständiger Prozess mit verschiedenen möglichen Zielsetzungen und entsprechenden Gewinnen ist.

Gelingt es den Mediatoren, die Gesamtheit der möglichen Wertschöpfungen aus der Mediation aufzuzeigen, könnte dies einen bedeutenden Antrieb erzeugen, um den Mediationsmarkt auszuweiten. Aus dem Angebotsmarkt Mediation (es gibt mehr Mediatoren als Aufträge) kann der Nachfragemarkt Mediation (viele Aufträge für viele Mediatoren) evolvieren.

Erwünschte Nebenwirkungen der Mediation

Erkenntnis und Entwicklung im Fokus

Es gibt insbesondere für die Kontexte, in denen Beziehungen fortbestehen und wieder stabilisiert werden müssen, verschiedene Ansätze, die entsprechende Gewinne aus der Mediation für Medianden und System beschreiben.

Zum einen ist dies der Ansatz der Transformativen Mediation von Bush & Folger (1994, 2005), die einen auf Dialog und Interaktion fokussierenden Mediationsprozess postulieren. Zum anderen umfasst das Mediationsverständnis von Montada (2006) den Aspekt der Entwicklungsförderung in der Mediation.

Beide Ansätze werden im Folgenden näher dargestellt.

Transformative Mediation

Empowerment und Recognition

Neben der vereinbarungsorientierten Mediation gibt es vor allem in den USA seit über 15 Jahren auch eine ganz andere Strömung in der Mediation: die Transformative Mediation.

Der Transformationsansatz wurde von Bush und Folger in ihrem Buch «The Promise of Mediation» 1994 erstmalig ausführlich beschrieben und rund 10 Jahre später überarbeitet, differenziert und vertieft.

In der Transformativen Mediation stehen die prozessuale Intervention sowie die Förderung der Interaktion zwischen den Medianden im Sinne des Dialogs im Vordergrund und sind handlungsleitend für die Prozessführung durch den Mediator.

Bush und Folger verstehen Konflikt in erster Linie als Krise in der Beziehung zwischen Menschen, und sie sehen Mediation als sozialen Lernprozess, in dem die Konfliktbeilegung durch die Transformation der Beziehung zwischen den Parteien möglich wird.

Der Transformationsansatz fokussiert dabei zwei übergeordnete Prozessziele:
- «Empowerment» bedeutet, einen Menschen im Konflikt zu (noch) mehr Selbstreflexion, Selbsterkenntnis, Selbstklarheit, Selbstbewusstsein, Selbstvertrauen, Selbstausdruck und Ich-Stabilität zu verhelfen.
- Von da aus ist auch «Recognition» möglich: Recognition bedeutet, dass der eigene Anteil am Konflikt erkannt werden kann, was eine Öffnung gegenüber Andersdenkenden sowie ihrer Motivation, Situation und Sichtweise ermöglicht.

Die transformative Mediation ist von Erkenntnissen der Psychologie und praktischen Erfahrungen aus der Therapie beeinflusst. Ziel ist demnach nicht vorrangig die konkrete Regelung eines Konfliktes durch eine sachliche oder materielle Lösung; das Mediationsverfahren soll vielmehr den Rahmen für soziale Lernprozesse bieten. Der Mediator unterstützt die Parteien darin, sich über ihre Wirklichkeitskonstrukte auszutauschen und zu einer geteilten Interpretation zu gelangen. So kann das gegenseitige Vertrauen entstehen, das für die gemeinsame Suche nach einer Lösung notwendig ist.

Bush und Folger verstehen Konflikt also als «interaktionelle Krise» und sind der Auffassung, dass nicht das (vordergründige) Konfliktthema den Stress auslöst, sondern die destruktive Abwärtsspirale, die das Verhalten von Konfliktparteien sich selbst und anderen gegenüber bestimmt:

> *«According to transformative theory, what people find most significant about conflict is not that it frustrates their satisfaction of some right, interest or pursuit, no matter how important, but that it leads and even forces them to behave toward themselves and others in ways that they find uncomfortable and even repellent. More specifically, it alienates them from their sense of their own strength and their sense of connection to others, thereby disrupting and undermining the interaction between them as human beings. (...) ... that interactional crisis is what conflict means to people.» (Bush & Folger 2005, S. 45f)*

Eine erfolgreiche Mediation sehen sie primär nicht im Zustandekommen einer Vereinbarung, sondern in den Bewegungen und Entwicklungen, die im sozialen Lernprozess «Mediation» stattfinden – und die ein Mediator erkennen muss.

Sie unterstreichen ausdrücklich, dass eine Fokussierung auf Vereinbarungen in der Mediation die breite Palette von Wertschöpfungsmöglichkeiten aus dem Prozess erodieren kann:

> *«In sum, across the mediation field – whether in court, community, family or organizational settings – significant concerns have been raised about the prevailing, settlement-oriented approach to mediation practice. (...) the core of these concerns is that the focus on settlement has put at risk a set of values and benefits, private and public, that are even more important and that are now being more widely identified as the core benefits of the mediation process.» (ebd. S. 95) The ultimate consequence is the erosion of the unique benefits that mediation can provide.» (ebd. S. 87)*
>
> *«(...) focusing on settlement usually results in ignoring empowerment and recognition» (Bush & Folger 2005, S. 23). «(...) even a «poor outcome» produced by the party's own process of reflection and choice strengthens the self more than a «good outcome".» (ebd. S. 71)*

«Upstream Effects»: Transfer-Effekte aus der Mediation

Bush und Folger differenzieren zwischen kurzfristigem Nutzen aus der Mediation und möglichen Nebenwirkungen über den Prozess hinaus («upstream effects»). Das Erleben einer Mediation und die hierin gewonnenen Erkenntnisse über Konflikte und Konfliktbeilegung können so kraftvoll sein, dass sie mit in die Zukunft genommen werden können.

In den Auswertungen des REDRESS Mediation Program des U.S. Postal Service konnte dieser Effekt nachgewiesen werden: Je häufiger Personen an Mediationen teilgenommen hatten, desto konstruktiver konnten sie nach eigener Einschätzung mit neuen Konflikten umgehen und desto häufiger intervenierten sie in Konflikten zwischen Kollegen mit sogenannten «pre-mediations» (Bingham 2003).

Der Mediationsprozess als Entwicklungsförderung

Transformative Überlegungen sowie eine Betrachtung der Gewinne aus der Mediation über den Prozess hinaus finden sich vor allem in den folgenden Ausführungen von Montada (2006b, S. 19):

«Wenn in einer Mediation nur ein aktueller Konflikt so beigelegt wird, dass gegenseitige Blockaden aufgegeben und gegenseitige Feindseligkeiten reduziert werden, die Vergeltungswünsche motivieren und zu konfliktprovozierenden Deutungen des Verhaltens der anderen Seite disponieren, ist das schon ein Erfolg. Mediation hat aber weitergehende Möglichkeiten der Entwicklungsförderung im Sinne der Förderung von Einsichten, Haltungen und Kompetenzen, die zu einer selbständigen produktiven Gestaltung der sozialen Beziehungen wie auch der eigenen persönlichen Identität beitragen.»

Zum Lernprozess, der in der Mediation stattfinden sollte, spezifiziert Montada (2006b, S. 19–21) eine Reihe von Zieldimensionen und definiert die Rolle des Mediators innerhalb dieses Lernprozesses:

- «Jede gute Mediation trägt zur Selbsterkenntnis der Beteiligten bei. Sie lernen einiges über sich selbst, ihre wichtigen Anliegen, über ihre Ansprüche und normativen Überzeugungen, über ihre Vorurteile und Empfindlichkeiten. Und sie lernen, dass dies konflikträchtig sein kann.
- (…)
- Sie sollten lernen, dass ein besseres Verstehen anderer und ein besseres Verstandenwerden von anderen, Konflikte vermeiden hilft.
- Mediatoren demonstrieren die hierfür hilfreichen Kommunikationsformen und -haltungen und üben sie ein. Kompetenzen zur Verständigung werden vermittelt. Z.B. werden empörte Vorwürfe nicht mit Gegenvorwürfen beantwortet, sondern mit Fragen, um die Gründe und Anlässe der Empörung besser zu verstehen.

- Kompetente Mediatoren vermitteln Einsichten in kontraproduktive Strategien der Durchsetzung eigener Interessen, in Konflikt-generierende kognitive Schemata, in Voreingenommenheit und Irrtümer, die Konflikte nähren können und faire, produktive Lösungen verhindern.
- (…)»

Montada verweist mit Nachdruck auf die zusätzliche Wirkungsdimension, die neben der Konfliktbeilegung in der Mediation enthalten ist: «Die Mediation als Erfahrungsmöglichkeit kann wesentlich wichtiger sein als das Ergebnis bezüglich des konkreten Konflikts.» (2007, S. 292) und stellt die Fragen: «Welche Entwicklungsgewinne sind in Mediationen möglich, sind anzustreben und sollten den Medianten bewusst gemacht werden?». (ebd. S. 292).

Folger und Jones (1994, zit. nach Montada 2007) haben einige dieser Entwicklungschancen zusammengestellt. Sie werden hier allgemein wiedergegeben:
- Gewinn an Selbsterkenntnis
- Gewinn an Wissen
- Fähigkeit zur Perspektivenübernahme
- Gewinn an neuen Kompetenzen
- Gewinn an Weisheit

Diese Überlegungen zur Nachhaltigkeit der Gewinne stellen auch Pruitt et al. (1993, zit. nach Montada 2007, S. 294) an: «Was Nachhaltigkeit der Effekte einer Mediation betrifft, sind die bei der Bearbeitung des konkreten Konflikts erworbenen Einsichten und Kompetenzen nicht weniger wichtig als dessen Lösung.»

Reflexion der entwicklungsorientierten Ansätze

In den Ausführungen von Bush und Folger sowie Montada werden die transformativen Kräfte und das Potenzial für die Entwicklungsförderung ins Zentrum der Überlegungen gestellt und das Entstehen von angestrebten neuen «Sozial- und Konfliktkompetenzen» als möglich und anstrebenswert unterstrichen.

Die «upstream effects» beruhen bei Bush & Folger darauf, dass davon ausgegangen wird, dass vor allem die «Vorbildfunktion» des Mediators sowie das Erleben der Interaktionen im Mediationsprozess und der entsprechenden Interventionen als Lernbasis herangezogen werden. Die Erkenntnisse aus diesem Modell-Lernen erfolgen implizit, d.h., die Reflexion und das explizite Verstehen und die Verfügbarkeit der Lerninhalte werden im Prozess nicht aktiv unterstützt.

Der beabsichtigte Lern- und Transformationsprozess durch «the mediation experience» (Bush & Folger 2005, S. 221) und dadurch, dass der Mediator in wertschätzender Weise interveniert, erfolgt mit großem Anspruch an die Medianden, die tendenziell in ihrer mentalen Verengung gefangen sind, die blockadenlösenden Interventionen des Mediators zu erkennen, zu verstehen, zu internalisieren, um dann auch noch alle Einsichten aus dem Prozess verfügbar zu halten – um sie dann im weiteren Kontext wieder konstruktiv anzuwenden – oder sogar weiterzugeben.

Dieser Teil bleibt also zufällig, und so muss eine Unterscheidung gebildet werden zwischen «vorübergehenden Erkenntnissen» und «nachhaltigen Entwicklungsgewinnen». Aus der «Absicht» der Mediatoren lässt sich nicht zwangsläufig die Wirkung bei den Medianden ableiten.

Damit «nachhaltige Entwicklungsgewinne» entstehen können, ist es notwendig, die «Transferbrücke» aktiv zu gestalten sowie die Interventionen explizit mit den Medianden auf einer Meta-Ebene zu plausibilisieren – ohne als Mediator die mediative Haltung zu verlassen.

Argyris betont, dass «nur ein (…) bewusst angestoßener Prozess, nicht jedoch ein evolutionärer, zufälliger Wandel, als Lernen bezeichnet werden darf». (1999, S. 12)

Bezüglich der weiteren Forderungen nach einer differenzierten und breiteren Perspektive und Nutzung der Mediation als Chance für persönliche Entwicklungsgewinne und den bereits in der Mediation gestalteten Transfer kann von hier ausgehend noch weiter exploriert und konzipiert werden.

Weiterführende Zielsetzungen

Transfer-Orientierung: Von der Zufälligkeit zur Methode

Die beobachteten «upstream effects» aus der REDRESS-Studie des US Postal Service sowie die Ausführungen von Folger und Jones (1994) und Montada (2007) bilden die fundierte Grundlage für folgende vertiefende Zielsetzungen eines Transfer-orientierten Mediationsprozesses:

- Der Wirkungsradius der Mediation und die Nachhaltigkeit der Gewinne sollen auf Basis des vorhandenen Prozesspotenzials zum Nutzen von Individuum und System deutlich erweitert werden.
- Persönliche Entwicklungsgewinne aus dem Prozess sollen auch nach abgeschlossener Mediation bewusst verfügbar bleiben.
- Kollektiv relevante Gewinne sollen für die Konfliktkultur der Organisation als organisationales Wissens- und Entwicklungsgewinne zur Verfügung stehen.
- Durch diese Gewinne sollen Individuum und System nachhaltig gestärkt werden.

Den Wirkungsradius der Mediation erweitern

Bisher wurde nach Abschluss der Mediation zumeist primär der De-iure-Auftraggeber einbezogen, um je nach Vereinbarung im Auftragsgespräch, kontextuelle Rückmeldungen zu geben oder auch um strukturelle Informationen zurückzumelden, die der Organisationsentwicklung (OE) bezüglich Konfliktpotenzial in der Aufbau- oder Ablauforganisation Aufschluss geben könnten.

Der «Wirkungsradius» der Mediation kann aktiver gestaltet und damit deutlich erweitert werden. Die Integration der Gewinne in die Organisation erfolgt aus dem Mediandensystem, das heisst, die Medianden stehen mit ihren Entwicklungsgewinnen der Organisation als Quelle organisationalen Lernens zur Verfügung.

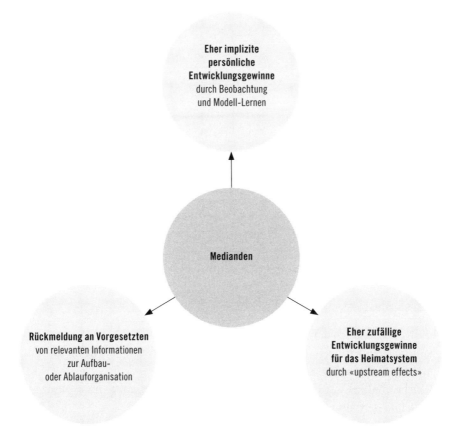

Abbildung 5a: **Bisheriger «Wirkungsradius» der Mediation**

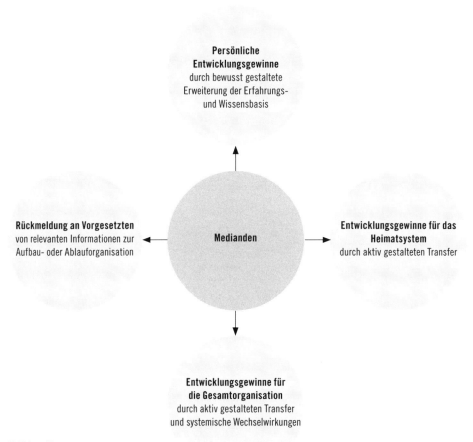

Abbildung 5b:
Wirkungsradius der Transfer-orientierten Mediation

Neue Fragestellungen

Gleichzeitig ergeben sich daraus auch neue Fragestellungen:
- Welche Implikationen haben diese Ziele für die Leitwerte im Mediationsprozess und für die Rolle des Mediators?
- Welche Implikationen und welche Auswirkungen folgen daraus für die Prozessführung und -gestaltung?
- Wie muss demnach der Mediationsprozess konzipiert sein, damit die Medianden als Quelle für organisationales Lernen zur Weiterentwicklung der Kooperations- und Konfliktkultur zur Verfügung stehen?
- Welches ist die Rolle der Führungskräfte?
- Welche organisationalen Bedingungen und welches Kulturverständnis wären hierfür ideale Grundvoraussetzungen?

Zwischenfazit für einen Transfer-orientierten Mediationsprozess

Ein Mediationsprozess ist dann nachhaltig, wenn er als sozialer Lernraum gestaltet wird. Den Auftrag zur Lernraumgestaltung lässt sich der Mediator zu Prozessbeginn explizit von den Medianden erteilen. Im Laufe des Prozesses bietet der Mediator den Medianden diesen Raum immer dann an, wenn Hintergrundinformationen oder Reflexionssequenzen für die Medianden hilfreich sein können, sodass sie ihren Konflikt, ihr Konfliktverhalten, wichtige Prozessfortschritte, Dynamiken und Veränderungen besser verstehen.

Dieses vertiefte Verständnis erweitert die Übersicht der Medianden über ihre Handlungsräume, stärkt ihre Selbstbestimmung und ermöglicht ihnen, relevante Entwicklungsgewinne zu erfahren, die ihnen auch nach dem Prozess zur Verfügung stehen. Um diese Entwicklungsgewinne aus dem Lernprozess zu «sichern», müssen sowohl der individuelle Transfer als auch die Rückbindung von ausgewählten Gewinnen in den Ursprungskontext der Medianden im Mediationsprozess thematisiert und gestaltet werden.

Der Transfer dieser Gewinne in den Arbeitsalltag der Medianden erweitert ihre Konflikt- und Kooperationskompetenzen und stärkt somit gleichzeitig die Konfliktkultur ihres «Heimatsystems» (Sattelberger 2005).

Mediation als «Jackpot»

Mediation bietet demnach eine weitaus größere Fülle von Gewinnen als derzeit weitläufig wahrgenommen oder kommuniziert wird. Mit anderen Worten: «win-win» ist steigerungsfähig. Mediation kann nicht nur ein Verfahren zur konsensualen Konfliktbeilegung sein, sondern das Wertschöpfungspotenzial aus der Mediation ist deutlich größer. Mediation kann als Jackpot für bedeutsame persönliche Entwicklungsgewinne verstanden werden, die den Medianden nachhaltig zum Umgang mit schwierigen Situationen zur Verfügung stehen. Die Medianden sind durch ihre Überlegungen zum Transfer ihrer Gewinne in ihr Heimatsystem zudem wichtige Quellen zur Stärkung der Konflikt- und Kooperationskultur der Organisation.

Die persönlichen und organisationalen Entwicklungsgewinne aus einem Transferorientierten Mediationsprozess sind nachfolgend aufgezeigt:

Persönliche Entwicklungsgewinne

Persönliche Entwicklungsgewinne ermöglichen das Erreichen eines höheren Niveaus von Kompetenz im Umgang mit Konflikten, mehr Handlungsoptionen, breitere Betrachtungsvielfalt, Befreiung aus mentaler Verengung – offener(er) Blick für das System und seine Wechselwirkungen, für Wachstums- und Entwicklungschancen. Entwicklungsgewinne sind dann echte Gewinne, wenn sie stabiler, nachhaltiger, nicht vorübergehender Natur sind. Persönliche Entwicklungsgewinne aus einem transfer-orientierten Mediationsprozess basieren auf den dort gemachten und explizierten Erfahrungen, Reflexionen und erlebten Interaktionen. Sie umfassen grundsätzlich zwei Ebenen: das Begründungswissen (Know-why) und das Handlungswissen (Know-how).

Konkret kann das zum Beispiel sein, neues oder vertieftes Wissen über oder Verständnis von:

- Möglichkeiten der Selbstklärung und der Selbstartikulation
- Möglichkeiten der (Selbst-)Reflexion
- Bewusstheit über Perspektivenvielfalt und individuelle Konstruktionen
- Bewusstheit für die und Umgang mit den (z.B. systemimmanenten) unauflösbaren organisationalen Widersprüchen
- Formen von Wahrnehmung und Kommunikation
- Stop- und De-Eskalationstechniken
- öffnende und lösungsfokussierte Fragetechniken
- Konfliktdynamiken und – eskalationsstufen
- Konfliktarten und -symptome

- eigenes Konfliktverhalten, typische Stressoren
- verschiedene Konfliktstile
- Umgang mit den eigenen Emotionen und denen anderer
- (neurobiologisches) Konzept der Notfallprogramme und der Affektblindheit
- Möglichkeiten zur Externalisierung von Konfliktbildern
- nützliche, einfache sozialpsychologische und neurobiologische Hintergrundmodelle
- systemische Interdependenzen und Grundprinzipien
- …

Entwicklungsgewinne für die organisationale Konfliktkultur

Entwicklungsgewinne für die organisationale Konfliktkultur sind von den Medianden ausgewählte, relevante persönliche Entwicklungsgewinne, die für die Gesamtorganisation und / oder für das Subsystem nützlich sind. Erkennbar oder spürbar sind Entwicklungsgewinne für die organisationale Konfliktkultur durch eine Aktivierung oder Intensivierung in folgenden Bereichen:

- Offene Konfliktklärungsbereitschaft und ressourcenorientierte Haltung gegenüber Konflikten
- Ressourcenorientierte, wertschätzende Kommunikationskultur
- Lebendige Kooperationskultur in anspruchsvollen Phasen und Projekten
- De-eskalierend agierende Mitarbeitende bei direkter und indirekter Betroffenheit
- Interessenbasierte Verhandlungen in komplexen Projekten
- Belastbare Beziehungen
- Stärkere Identifikation mit dem «Geist des Hauses» und mit der Organisation durch Partizipation an und Mitgestaltung von a) der Kooperations- und Konfliktkultur – und schlussendlich – der Organisationskultur, b) der Wissens- und Wertebasis der Organisation
- ein mit neuen Erfahrungen und neuen Geschichten aktualisiertes kollektives Gedächtnis
- Führungskräfte agieren zunehmend als Gesprächsgastgeber, Konfliktklärungskoordinatoren, Lernraum-Architekten und Vernetzungshelfer
- Abnahme der Konfliktkosten
- Zunahme der innerbetrieblichen Gesundheit
- …

Vom Nutzen nachhaltiger Entwicklungsgewinne

Entwicklungsgewinne erfüllen keinen Selbstzweck, sondern sind essentielle Schätze für die Medianden sowohl als Individuen als auch als Funktionsträger, für die Organisation und für die Mediation respektive die Mediatoren.

Nutzen für die Medianden

Das neu erworbene Wissen, die mental verfügbaren Entwicklungsgewinne, können den Medianden anstelle von prophylaktischem Frust Entlastung und Zuversicht angesichts zukünftiger Stress- und Konfliktsituationen geben. Das Wissen um Handlungsoptionen, die eigene Selbstwirksamkeit und die Möglichkeiten zur Selbstbestimmung stärkt, stabilisiert und stiftet Identität. Über den Kontakt mit den persönlichen Ressourcen erfolgen die Intensivierung der Selbstbeziehung und eine geringere Stressanfälligkeit. Diese erweiterte Beziehungsintelligenz ermöglicht eine konstruktive Partizipation an der Gestaltung und Nährung der Kooperations- und Konfliktkultur der Organisation und stärkt die Beziehung zum System. Die vertieften oder neu erworbenen Konfliktkompetenzen können zudem in allen anderen Lebensbereichen der Medianden eingesetzt werden.

Nutzen für die Organisation

Die Konflikt- und Kooperationskultur in Organisationen sind wesentliche Faktoren, um das Bestehen, den Wandel, die Entwicklung und Veränderung konstruktiv und im erforderlichen Tempo auf der Zeitachse zu gestalten. Komplexere und beschleunigte Prozesse, unberechenbare Krisenwirkungen, Restrukturierungen, hoher Leistungs- und Veränderungsdruck, virtuelle Netzwerke, Mobilität, Führungswechsel, Diversity-Themen und sprunghafte Marktentwicklungen erfordern belastbare Arbeitsbeziehungen und nutzbringende Konfliktklärungen.

Die wachsende Beachtung für betriebliche Gesundheitsfragen und das zunehmende Verständnis für das Ausmaß der Kosten, die durch die Vernachlässigung der Bearbeitung von schwelenden oder manifesten Konflikten entstehen, verleihen der individuellen Konfliktkompetenz und der organisationaler Konfliktkultur eine entsprechend kritische Bedeutung. Das hier brachliegende Einsparpotenzial kann durch einen aktiven Umgang mit Stress und Belastungen aus unzulänglich oder nicht bearbeiteten Konflikten nutzbringend und einfach für die Organisation und ihre Mitarbeiter abgeschöpft werden.

Nutzen für das Verständnis von Mediation

Transfer-orientierte Mediation kann hier eine kraftvolle Funktion bieten: Wird der Mediationsprozess bewusst als sozialer Lernraum gestaltet, stellt er eine «Quelle» für die Stärkung der individuellen Konfliktkompetenz und der organisationalen Konfliktkultur dar.

Transfer-orientierte Mediation unterstützt somit die Veränderungs-, Entwicklungs- und Zukunftsfähigkeit von Organisationen. Konflikte werden durch diesen Ansatz eindeutig als Wachstumsmotoren für die Organisationsentwicklung, Organisationales Lernen in Bezug auf Kooperations- und Konfliktkultur sowie für die persönliche Konfliktkompetenz erkannt. Konflikte werden als Chancen für Entwicklung, Innovation und Kreativität genutzt.

Mediation – als Impulsgeberin für Entwicklungsprozesse – erhält ein eigenständiges Profil, fernab des reduzierten Vergleichs mit Gerichtsverfahren, wird aufgewertet und in ihrem Potenzial als Raum für Wertschöpfung und nachhaltige Gewinne anerkannt.

Die Teilnahme an einer oder das aktive Nachfragen von Mediation wird neben der Konfliktbeilegung und den individuellen Entwicklungsgewinnen als attraktive Chance zur Mitgestaltung der (Überlebens-)Fähigkeit der eigenen Organisation verstanden. Dadurch werden sowohl die Selbstbeziehung als auch die Beziehung zur und die Identifikation mit der Organisation erheblich gestärkt.

Der Wirkungsradius der Transfer-orientierten Mediation führt weg von der «Mediation als Insellösung» oder «als isolierte Reparaturwerkstatt». Das Transfer-orientierte Modell führt stattdessen hin zur selbstverständlichen Integration der Mediation in den organisationalen Kontext.

Diese neue, ökonomisch relevante Nutzenargumentation erweitert den Einsatzbereich und somit die Nutzungshäufigkeit von Mediation erheblich.

Relevante Hintergrundtheorien für einen Transfer-orientierten Mediationsprozess

Sollen aus dem Mediationsprozess nachhaltige Gewinne in Bezug auf Beziehungstransformation zwischen den Medianden sowie auf Erkenntnisse und ihre Vernetzung in die Organisation erzielt werden, so muss das «Danach» (nach der Mediation) zwingend in der Mediation
- mitgedacht,
- gestaltet,
- vorbereitet und
- aktiv gestärkt

werden.

Geschieht das nicht, dann tauchen in der Praxis, selbst bei einer gelungenen Mediation, in der die Interaktion zwischen den Medianden wieder auf konstruktiver Basis verläuft, intensive Ohnmachtsgefühle angesichts der (noch) unveränderten Kontextdynamik im Heimatsystem auf. Diese Ohnmacht ist überaus plausibel, da nicht immer gewährleistet ist, dass alle diejenigen am Mediationsprozess beteiligt werden können, die systemisch gesehen zur Konfliktsituation dazugehören würden. In vielen Organisationen herrscht heute oft noch eine Kultur des Tabuisierens oder Aussitzens von Konflikten. Entsprechend allozieren Vorgesetzte noch zu wenig Aufmerksamkeit, Geld und Zeit für die Konfliktbearbeitung und können oder wollen einen möglichen eigenen Anteil im Konflikt nicht annehmen.

Umso bedeutsamer ist es, dass die Medianden, die den «Jackpot Mediation knacken» dürfen, beim «Wiedereintritt in die Erdatmosphäre», also bei der Rückkehr in ihren Ursprungskontext, auf nachhaltige Art und Weise gestärkt sind.

Das ermöglicht ihnen in zukünftigen Konflikten über ihre nachhaltig verfügbaren Erkenntnisse aus der Mediation intervenieren zu können und damit kleine Teile des Musters in Bewegung zu bringen, die dann wiederum das ganze System bewegen. An die Stelle von Ohnmacht tritt das Erleben von Selbstwirksamkeit und Souveränität.

Je mehr Medianden auf diese Weise aus der Mediation profitieren können, desto umfassender wird eine konstruktive Konflikt- und Kooperationskultur genährt.

Das Augenmerk in der Transfer-orientierten Mediation gilt also der Gestaltung von Lernräumen, deren Inhalte sich aus der Konfliktbearbeitung ergeben.

Nachfolgend sind relevante Ausschnitte von Hintergrundtheorien zu Lernen, Wissen, Transfer und Nachhaltigkeit skizziert, um später auf dieser Basis die Prozessarchitektur und die Prozessdramaturgie der Transfer-orientierten Mediation schlüssig darzulegen.

Individuallernen

Der Mensch hat die Fähigkeit zur Reflexion und zur lebenslangen kritischen Auseinandersetzung mit dem eigenen Tun und Handeln. Durch Lernen erwirbt der Mensch neues Wissen und kann dadurch sein Verhaltensrepertoire bewusst verändern und ausbauen (Staehle 1999). Durch Lernen wird der Mensch auf neue Situationen vorbereitet, sodass zukünftige Probleme bewältigt werden können (Probst & Büchel 1996).

Lernen erfolgt, wenn (Pätzold & Lang 1999)
- das Gelernte behalten werden soll (intrinsische Motivation, Interesse),
- eine Belohnung winkt oder Bestrafung droht (extrinsische Motivation),
- das Gelernte oft angewendet / wiederholt wird (Lerntechniken, Lernkompetenz),
- zu dem Gelernten ein besonderer Bezug besteht (Vorwissen, Relevanz),
- das Lernziel erreichbar ist (Selbstwirksamkeitsüberzeugungen),
- günstige Bedingungen herrschen (Lernkontext, Lernumgebung).

Es gibt verschiedene Lernformen (Argyris 1992, 1999; Nonaka 1995): a) das Erwerben von Kenntnissen zur Lösung spezifischer Probleme, ausgehend von vorhandenen Prämissen, und b) die Etablierung neuer Prämissen, um die alten zu überwinden. Single-Loop-Lernen und Double-Loop-Lernen stehen für diese Unterscheidung, c) das Prozesslernen als höchste Stufe des Lernens, hier werden die Lernprozesse selbst kritisch hinterfragt, es geht also um Prozesslernen.

Single-Loop-Lernen

- bedeutet Anpassungslernen oder Verbesserungslernen
- Lernen erfolgt durch die Korrektur von Fehlern und Unterschieden, um «es das nächste Mal besser zu machen».
- Das Lernen zielt auf spezifische Aktivitäten oder Verhaltensweisen, um bestehende Ziel besser oder effektiver zu erreichen.
- Das Anpassen des Verhaltens erfolgt im Rahmen existierender Ziele, Leitwerte, Normen und Vorgaben – diese werden weder infrage gestellt noch verändert.
- Das Entwicklungsniveau bleibt erhalten.

Reichen die Anpaßungsmassnahmen nicht aus, um das gewünschte Ergebnis zu erzielen, müssen sich die Reflexionen auf die Ziele und den Bezugsrahmen richten:

Double-Loop-Lernen

- bedeutet Veränderungslernen oder Erneuerungslernen
- Lernen erfolgt durch Reflexion und kritische Auseinandersetzung mit Zielen, Normen und des Bezugsrahmens, um «den tatsächlichen Konflikt zu erkennen».
- Das Lernen zielt auf die Veränderungen von Werten und Handlungsmustern durch Hinterfragen von Leitwerten und die Modifikation der Mentalen Modelle.
- Erreichen eines höheren Lernniveaus.

Stehen die Lernstrategie und die Lernfähigkeit im Vordergrund, erfordert dies:

Prozesslernen («Deutero Lernen»)

- bedeutet Lernen lernen
- Lernen erfolgt durch Analyse, Reflexion und Verbesserung der Single-Loop- und Double-Loop-Lernprozesse.
- hinterfragt die bisherigen Lernprozesse im Hinblick auf den Lernkontext, das Lernverhalten und Lernerfolge zur Bestimmung lernfördernder und lernhemmender Faktoren
- Das Lernen zielt auf die Reflexion über den Ablauf des eigenen Lernprozesses zur Neuentwicklung oder Restrukturierung von Lernverhalten.
- ermöglicht Wandlungsfähigkeit und grundlegende Veränderungen von Problemlösungs- und Handlungskompetenzen.

Diese Lernformen gelten für Individuen wie Organisationen gleichermaßen.

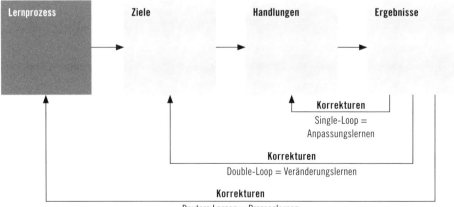

Abbildung 6: **Lernformen**

Mentale Modelle

Mentale Modelle sind zu verstehen als «inneres Abbild wie die Welt funktioniert»; wie der Mensch sich «die Welt erklärt» und sich in ihr bewegt. Mentale Modelle sind Bilder, Haltungen und Vorstellungen, die die individuellen Wirklichkeiten strukturieren. Ein mentales Modell einer Situation bestimmt unbewusst die Art und Weise wie diese interpretiert und Entscheidungen getroffen werden.

Mentale Modelle, als implizites Abbild der Realität mit Annahmen über Zusammenhänge und Wirkungen, sind eingeschränkte Wahrnehmungen, die den Menschen oft wie Paradigmen, also unhinterfragbare Annahmen, begleiten. Sie steuern Handlungen und Entscheidungen durch subjektive Bewertungen und Erwartungen:

7. Handlung, gestützt auf Überzeugungen
6. Entwicklung von Überzeugungen
5. Schlussfolgerungen
4. Annahmen, abgeleitet aus Bedeutungen
3. Hinzufügen von Bedeutungen
2. Selektion aus den Beobachtungen und Deutungen
1. Beobachtbare Daten und Erfahrungen

Abbildung 7: **Die Entstehung von Mentalen Modellen** (Senge 2004)

Die Unbewusstheit der Mentalen Modelle führt dazu, dass verkündete Werte und Verhalten – meistens auch zur Überraschung des Handelnden – nicht kongruent sind, weil die verlautbarte Handlungstheorie («espoused theory») einer Person nicht mit der praktizierten Handlungstheorie («theory in use») übereinstimmt (Argyris & Schön 1999). Entsprechend wichtig ist es für die Mediatoren, Zugang zu ihren eigenen Mentalen Modellen zu haben.

Mentale Modelle können durch Reflexion und Austausch in den Bewusstseinsraum geholt und verändert werden.

Implizites und explizites Wissen

Der Mensch (ebenso seine Organisation) verfügt über implizites und explizites Wissen. Implizites Wissen ist in den Köpfen einzelner Individuen gespeichert und beinhaltet kognitive Elemente ebenso wie Gefühle; es entsteht meistens durch Beobachtung und Erfahrungslernen. Implizites Wissen ist schwer teilbar, es muss expliziert werden, um transferierbar zu sein. Implizites Wissen wird durch reflexive Kommunikation zu explizitem Wissen (Boos & Heitger 2004). Explizites Wissen ist bewusst verfügbares Wissen, verbalisier-, diskutier- und dokumentierbar. Ständiger Erfahrungsaustausch und Kommunikation sind eine Voraussetzung dafür (Essers & Schreinemakers 1996).

Erfahrungswissen und Erfahrungslernen

Experientalistisches Lernen spielt im organisationalen Kontext eine zentrale Rolle. Es ist das Lernen aus Erfahrungen, wobei das Reflektieren dieser Erlebnisse der Fokus des Lernprozesses ist.

«Erfahrung haben» wird als Erfahrungswissen, «Erfahrung machen» wird als Erfahrungslernen bezeichnet (Humpl 2004). Davon zu unterscheiden ist universell gültiges Wissen (z.B. das Nachrichtenquadrat von Schulz von Thun), das nicht an eine spezifische Situation gebunden ist.

Erfahrungswissen entsteht durch die Beobachtung oder Ausführung von Handlungen und führt über ihre wiederholte Ausführung zu verfeinertem «Know-how». Erfahrungswissen entsteht also durch den Prozess des Erfahrungslernens und ist an das individuelle Erleben und die entsprechenden Emotionen in der spezifischen Situation gebunden. Individuelles Erfahrungswissen hat eine hohe Handlungsrelevanz für andere Organisationsmitglieder. Der Transfer von Erfahrungswissen ist daher wichtig, um

- das Spektrum an Entscheidungs- und Handlungsmöglichkeiten in konkreten Situationen für den einzelnen Mitarbeiter zu erweitern sowie
- individuelle und organisationale Lernprozesse zu unterstützen und zum Aufbau individueller Kompetenz und zur Steigerung der Lernfähigkeit der Organisation beizutragen (Winkler 2007).

Erfahrungswissen liegt zum großen Teil implizit vor und muss für den Transfer expliziert werden.

Der Wissensentwicklungsprozess

Wissen kann zur neuen Wissenserzeugung auf vier Arten umgewandelt werden (Nonaka & Takeuchi 1995):

1. *Von implizitem zu implizitem Wissen (Sozialisation)*
   Sozialisation wird als der Prozess bezeichnet, in dem Erfahrungen geteilt und dadurch implizites Wissen wie geteilte mentale Modelle oder technische Fähigkeiten erzeugt werden. Dies kann ohne Verwendung von Sprache durch Imitation, Beobachtung oder Übung erreicht werden.

2. *Von implizitem zu explizitem Wissen (Externalisierung)*
   Externalisierung ist der Prozess, bei dem implizites Wissen artikuliert und in explizite Konzepte umgewandelt wird. Dieser Prozess kann durch Bilden von Metaphern,

Analogien, Konzepten, Hypothesen oder Modellen unterstützt werden. Externalisierung ist der Schlüsselprozess bei der Wissensumwandlung, da neue explizite Konzepte aus implizitem Wissen geschaffen werden.

3. *Von explizitem zu explizitem Wissen (Kombination)*
Kombination ist ein Prozess, bei dem Konzepte in ein Wissenssystem eingeordnet, also isolierte Teile zu einem gemeinsamen Ganzen verbunden werden. Individuen tauschen und kombinieren Wissen durch verschiedene Medien wie Dokumente, Treffen, Telefongespräche oder elektronische Kommunikationsnetzwerke. Neues Wissen kann vor allem durch Kombinieren, Hinzufügen, Sortieren oder Kategorisieren entstehen.

4. *Von explizitem zu implizitem Wissen (Internalisierung)*
Internalisierung ist ein Prozess bei dem explizites Wissen zu implizitem Wissen verinnerlicht wird. Es ist stark mit dem Begriff «learning by doing» verbunden. Sobald Erfahrungen durch Sozialisation, Externalisierung und Kombination in individuelle Wissensbasen durch mentale Modelle oder technisches Know-how internalisiert werden, entsteht Wertvolles.

Die nachfolgende Abbildung kann als Spirale verstanden werden, die über Sozialisation, Externalisierung und Kombination zu Internalisierung verläuft, um wieder in die Sozialisation überzugehen (Nonaka & Takeuchi 1995) oder als Modell, in dem der Startpunkt in jedem der Quadranten sein kann (Essers & Schreinemakers 1996).

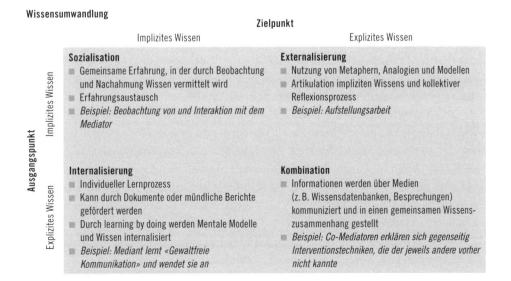

Abbildung 8: **Wissensumwandlung** (Nonaka & Takeuchi 1995)

Transfer-Strategien

Der Transfer von handlungsnahem und durch Emotionen geprägtem Erfahrungswissen kann nach der Explizierung an andere Organisationsmitglieder transferiert werden, durch:
- direkte Kommunikation (face-to-face)
- Information
- Dokumentation

In der direkten Kommunikation kann das Erfahrungswissen dann kontextualisiert (mit der konkreten Situation verknüpft) bleiben, wenn es sich um Erfahrungen handelt, die von anderen Kollegen in ähnlichen Kontexten wiederverwendet werden können (Humpl 2004). Zudem können durch Kommunikation und gegenseitige Beobachtung auch implizit gebliebene Teile der Erfahrung übertragen werden (Winkler 2007). Soll das Wissen auf eine Ebene höherer Allgemeingültigkeit gehoben werden, muss das relevante Wissen aus seinem Kontext herausgelöst (dekontextualisiert) werden, sodass es in allgemeiner Form in verschiedenen Kontexten zur Verfügung stehen kann.

Der Transfer von universell gültigem Wissen ist kein Erfahrungstransfer, sondern ein allgemeiner Wissenstransfer. Allgemeines Wissen braucht ein Anwendungsfeld, einen Kontext, um Handlungsrelevanz zu erlangen.

Geschichten und Bilder als Wissensspeicher

Eine kraftvolle Möglichkeit, die Darstellung komplexer Wissensstrukturen zu erleichtern, ist die Benutzung von Visualisierungen wie Bildern, Symbolen, Skizzen oder verbalen Bildern wie Metaphern und Analogien. Neben ihrer Eigenschaft, komplexe Zusammenhänge transferierbar zu gestalten, eignen sie sich auch insofern, als sie reflexionsanstoßende Eigenschaften besitzen (Thobe 2003). Erzählungen befriedigen das Bedürfnis nach narrativen Ankern und plastischen Vorstellungen und bieten die Möglichkeit, Geschehnisse erneut zu erleben (Reinmann-Rothmeier & Mandl 2000).

Erzählungen, Geschichten, Metaphern sind somit Wissens- und Erfahrungsspeicher. In ihnen wird Wissen in ganzheitlicher Form und in seiner Komplexität repräsentiert, mit all seinen Fakten, Bezügen, Zusammenhängen und emotionalen Färbungen. Aus einem Defizit an Geschichten resultiert ein Mangel an Reflexion, und daraus folgend eine Blindheit gegenüber Lehren aus der Vergangenheit (ebd. 2000). Da es sich bei diesen Erfahrungsgeschichten um reale Situationen aus der Organisation handelt, muss deren Praxisrelevanz nicht erst belegt werden. Dadurch, dass die Zuhörer sowohl die Geschichten als auch die anschließenden Diskurse innerlich nachvollziehen müssen, um sie zu verstehen, werden zwangsläufig Reflexionsprozesse angestoßen. Selbiges gilt auch für den Erzähler, der seine Erfahrungen während des Erzählens und der Diskurse ebenfalls reflektieren muss (Thier 2005).

Organisationales Lernen

Organisationales Lernen beschreibt einen kontinuierlichen Prozess, der «Zurverfügungstellung, Aktualisierung, Aussortierung und Weiterentwicklung von organisatorischem Wissen» und stellt einen «Lernvorgang auf Ebene der Organisation» (Klimecki 1997, S. 2) dar, der die kognitive Strukturen und die darin enthaltenen Umweltinterpretationen verändert.

Als zentrale Erfolgsfaktoren, um als intelligente, gegenwarts- und zukunftsfähige Organisation zu bestehen, gelten die Anpassungsfähigkeit, die Veränderungsfähigkeit und die Entwicklungsfähigkeit von Organisationen (Probst & Büchel 1994).

- *Anpassungsfähigkeit*
  Das Unternehmen kann Veränderungen im Umfeld entsprechend umsetzen. Die Adaptionsfähigkeit beruht auf der Verbesserung des Problemlösungs- und Handlungspotentials der Organisation. Die Organisation ist in der Lage, sich vom «Ist-Zustand» zum «Soll-Zustand» zu korrigieren. Die Anpassung an die Umwelt erfolgt nicht durch Zufall, sondern durch absichtsvolle Handlungen der Mitarbeiter. Das herrschende Normengefüge oder grundlegende Routinen werden hingegen nicht modifiziert (Argyris 1999).
- *Veränderungsfähigkeit*
  Die Organisation ist in der Lage, ihre Werte und ihre Wissensbasis zu verändern (Nonaka 1995). Der Begriff Wertebasis beinhaltet Werte, Normen, Einstellungen. Wissensbasis beinhaltet Regeln, Abläufe, Handlungsvorschriften (ebd. 1995). Die Veränderungsfähigkeit und die Anpassungsfähigkeit stehen in einem wechselseitigen Verhältnis; die organisationale Werte- und Wissensbasis bestimmt die Verbesserung des Problemlösungspotentials und die bestehenden Problemlösungsmöglichkeiten beeinflussen die Erneuerung der organisationalen Werte- und Wissensbasis.
- *Entwicklungsfähigkeit*
  Die Fähigkeit zur Gestaltung der organisationalen Werte- und Wissensbasis ist eine weitere Zielstufe des organisationalen Lernens. Es handelt sich um ein frühzeitiges Erkennen der Veränderungsmöglichkeiten und einen proaktiven statt reaktiven Anpassungsprozess. Die Entwicklungsfähigkeit einer Organisation ist gewährleistet durch ein ständiges Überdenken der bisherigen Strategien, Strukturen, Handlungsabläufe und der kulturellen Werte und Normen auf ihre Sinnhaftigkeit hin (Probst 1994). «Der Entwicklungsfähigkeit liegt damit die Weiterentwicklung der organisationalen Werte- und Wissensbasis zugrunde, wobei diese permanent auf ihre Lern- und Veränderungsfähigkeit hin zu reflektieren ist und der Frage nach ihrer Sinnhaftigkeit ausgesetzt sein muss» (Nagl 1997, S. 84).

Wichtigster Erfolgsfaktor für Veränderungen und Entwicklungen ist die Qualität des menschlichen Miteinanders in Organisationen (Kleiner & Roth 2005).

Individuelle Lernprozesse als Ausgangspunkt

«Im Grunde ist jede Organisation ein Produkt der Denk- und Interaktionsweisen ihrer Mitglieder.» (Senge 2004, S. 54) «Dabei wird auf der individuellen, der sozialen und der organisationalen Ebene gelernt, ohne dass Organisationales Lernen mit der Summe individueller Lernprozesse gleichzusetzen wäre» (Klimecki 1994, S. 62).

Organisationales Lernen konstituiert sich somit zuerst über individuelle Lernprozesse. Veränderungen in den individuellen Überzeugungen der Organisationsmitglieder führen zu geänderten Verhaltensweisen; diese aggregieren sich auf kollektiver Ebene und lösen Veränderungen in den organisationalen Überzeugungen aus, die dann wiederum Veränderungen in den individuellen Überzeugungen nach sich ziehen.

Für das Organisationale Lernen ist «die Bedeutung des individuellen Lernens (...) unverkennbar, und zwar deshalb, weil Unternehmen sich aus lernenden Individuen zusammensetzen. Organisationen sind in der Lage, unabhängig vom einzelnen Individuum, aber nicht unabhängig von allen Organisationsmitgliedern zu lernen» (Kim 1993, S. 37).

Teams als Bindeglied zwischen Individuum und Organisation

Individuelles Lernen wird dann zu organisationalem Lernen, wenn Organisationsmitglieder Bereitschaft zeigen, individuelles Wissen in gemeinsame Team- und später in organisationale Lernprozesse einzubringen. Dazu sind wiederum aktive, kommunikative (Abstimmungs- und Konfliktlösungs-) Prozesse notwendig, die eine neue gemeinsame Wirklichkeitskonstruktion entstehen lassen, mit neuen kollektiven handlungsleitenden Theorien.

Der Übergang von individuellem in kollektives Wissen bildet einen zentralen Baustein beim Organisationalen Lernen, dabei verteilt sich Organisationales Lernen auf eine Vielzahl von Lernträger. In einer lernenden Organisation gibt es unterschiedliche Lernträger: Individuen, Gruppen und die Organisation selbst (Argyris 1999).

Einen zentralen Bestandteil Organisationalen Lernens stellen die organisationalen Gruppen bzw. Teams dar. Sie sind das Bindeglied zwischen Individuum und Organisation und dienen als Katalysator organisationalen Lernens (Pätzold & Lang 1999, Pawlowsky 2001). Dies können Teams leisten, da sie das entscheidende soziale System sind, «das Lernen der einzelnen Individuen aufnimmt und transformiert zu etwas qualitativ anderem, ohne dabei individuelles Lernen zu deformieren» (Geissler 1995, S. 122f). «Wenn Teams lernen, werden sie zum Mikrokosmos für das Lernen in der ganzen Organisation», weil sie die Überführung von individuellem in kollektives Wissen unterstützen (Senge 1998, S. 287). Sattelberger verweist in diesem Zusammenhang auf das «Heimatsystem» (2005,

S. 229), indem er ausführt, dass individuelle Lernerfahrungen über eine Vernetzung mit dem Heimatsystem (Team) zu Organisationalen Lernerfahrungen werden.

Organisationales Lernen findet also statt, wenn Individualwissen in kollektives Wissen transformiert wird; und Teams übernehmen diese Transformationsleistung von Individualwissen zu kollektivem Wissen.

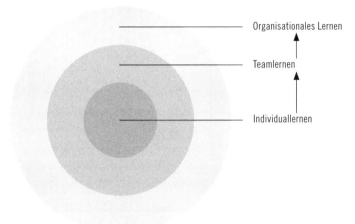

Abbildung 9: **Stufen des Organisationalen Lernens**

Zwischenfazit für einen Transfer-orientierten Mediationsprozess

Voraussetzungen dafür, dass die persönlichen Entwicklungsgewinne verfügbar gehalten und in nützliche kollektive Gewinne transferiert werden können, sind
- das Verstehen und die Gestaltung des Mediationsprozesses als Erfahrungs-, Reflexions- und Lernraum,
- die Transformation des unbewussten Lernens zu bewusstem Lernen und des impliziten Wissens zu explizitem Wissen,
- das Weitergeben von Erfahrungswissen in möglichst direkter Kommunikation sowie
- die Speicherung von Wissen, zum Beispiel in Bildern und Geschichten.

Veränderung und Nachhaltigkeit

Um den Mediationsprozess als Klärungs- und Lernraum zu konzipieren, müssen die Voraussetzungen, auf denen Lernen, Veränderung und Nachhaltigkeit fruchten können, gegeben sein. Folgende ausgewählte und kurz skizzierte wissenschaftliche Erkenntnisse, insbesondere aus der Hirnforschung, sind als «Hintergrundfolie» für den Transfer-orientierten Mediationsprozess von besonderer Bedeutung.

Neuronale Plastizität

Die neuronale Plastizität ermöglicht die lebenslange, erfahrungsbedingte Umorganisation der neuronalen Verschaltungen. Sie ist die biologische Voraussetzung für Veränderung und Lernen. Diese Neuverschaltungen von Neuronen – vergleichbar mit einem Ausbau, Umbau oder der Erweiterung des bisherigen Streckennetzes im Gehirn – können durch neue «unter die Haut gehende» Lernerfahrungen und Verhaltensänderungen erfolgen. «Das Gehirn wird so, wie man es mit Begeisterung benutzt» (Hüther 2006). Begeisterung findet statt, wenn die eigene Potenzialentfaltung und Selbstwirksamkeit erlebt werden können. «Alles, was die Beziehungsfähigkeit von Menschen – zu sich selbst, zwischen ihrem Denken und Fühlen (…) zu anderen Menschen (…) – verbessert und stärkt, führt zwangsläufig zur Ausbildung einer größeren Konnektivität, zu einer intensiveren Vernetzung neuronaler Verschaltungen und damit auch zu einem komplexer ausgeformten Gehirn.» (Hüther 2008, S. 36)

Spiegelneuronen

Bauer beschreibt die Bedeutung der Spiegelneuronen wie folgt: «Ohne Spiegelneuronen gäbe es keine Intuition und keine Empathie. Spontanes Verstehen zwischen Menschen wäre unmöglich und das, was wir Vertrauen nennen, undenkbar.» (2005, S. 8) Spiegelneuronen sind das «… Nervenzellensystem für Mitgefühl und Empathie». (ebd. 2006, S. 47) Sie sind «(…) die entscheidende biologische Grundlage unserer Fähigkeit, spontan zu erkennen, was in einem anderen Menschen vorgeht». (ebd. S. 46) In bildgebenden Verfahren zeigte sich, dass diese Spiegelsysteme – die Grundlagen der menschlichen Resonanzfähigkeit – aktiviert sind, ob der Mensch eine Handlung selbst ausführt, sie bei einem anderen beobachtet oder nur eine Art «Anfangssequenz des vermuteten Films» sieht. Das Wissen, das heute über die Spiegelneuronen vorliegt, lässt das Konzept der «vielgerichteten Parteilichkeit» (ein von Boszormenyi-Nagy geprägter Begriff) bezüglich der Haltung des Mediators deutlich realitätsnäher erscheinen als die Allparteilichkeit, geschweige denn die Idee der Neutralität des Mediators.

Psychoemotionale Grundbedürfnisse

Das Verstehen dessen, was Leid auslöst, fernab von schematisierten Konfliktdiagnosen, sondern auf eine zutiefst menschliche Weise, neurobiologisch nachgewiesen, kann dem Mediator helfen, Ängste, Blockaden und Reaktanz besser nachzuvollziehen und entsprechend seine Interventionen zu «setzen». Die Kenntnis der psychoemotionalen Grundbedürfnisse kann ein wertvoller Bezugsrahmen sein.

Hüther (2008) schreibt, dass es zwei ursprüngliche Anfangserfahrungen gibt, die jeder Mensch jeder Kultur erlebt: Die Erfahrung, im Mutterleib verbunden zu sein und die Erfahrung, sich hierin entwickeln und wachsen zu dürfen. Alle Menschen verfügen über diese initiale Referenzerfahrung, dass Verbundenheit, Entwicklung und Wachstum möglich sind. Sie kommen mit diesen Erfahrungen und Erwartungen, diesen psychoemotionalen Grundbedürfnissen, auf die Welt.

Leid und Konflikt entstehen, wenn es zu Kontrasterfahrungen zu dieser inneren Referenzerfahrung kommt. Neurobiologisch konnte in bildgebenden Verfahren nachgewiesen werden, dass bei dem Gefühl der Ausgeschlossenheit oder Ausgrenzung die gleichen Zentren im Gehirn aktiviert werden wie bei physischer Schmerzzufügung.

Als Grundlage für jede Arbeit in Konfliktsituationen gilt es, die Erfahrung von Verbundenheit und Entwicklung zwischen Medianden und / oder in ihrem System wieder zu ermöglichen, respektive die Medianden einzuladen, eine alte Erfahrung wiederzufinden. Hüther (2009) spricht hier von «reconnect the disconnected», was die Medianden in den Zustand von Resonanz und Kohärenzerleben bringt.

Das Resonanz-Bedürfnis

Bauer beschreibt «(...) den Menschen als ein Wesen, dessen zentrale Motivationen auf Zuwendung und gelingende mitmenschliche Beziehungen gerichtet sind». (2006a, S. 7) Entsprechend elementar sei es, «(...) bei anderen Resonanz zu finden, anderen selbst Resonanz zu geben und zu sehen, dass sie ihnen etwas bedeutet (...)». (ebd. 2006b, S. 169) Als Voraussetzung für die Entwicklung gelingender Beziehungen nennt Bauer emotionale Resonanz, gemeinsames Handeln, das wechselseitige Verstehen von Motiven und Absichten – sowie die gemeinsame Aufmerksamkeit gegenüber etwas Drittem (2006b).

Joint attention

Die gemeinsame Aufmerksamkeit gegenüber etwas Drittem («Joint attention»), stellt gemäß Hüther (2009) eine hohe Form der Beziehungserfahrung dar. Joint attention bedeutet Verbundenheit und Freiheit zugleich.

Der gemeinschaftliche Prozess der Aufmerksamkeitsfokussierung, des Reflektierens, des Gewinnes von Erkenntnis und Wissen führt über die Vielfalt von Sichtweisen und Optionen, die erkennbar werden, zu Freiheit. Freiheit wiederum bedeutet Selbstbestimmung, Resonanz- und Empathiefähigkeit – und die Möglichkeit von Wachstum und Entwicklung.

Wissensschatz «Emotionales Erfahrungsgedächtnis»

Damásio (1999) stellte die Theorie auf, dass alle Erfahrungen des Menschen in einem emotionalen Erfahrungsgedächtnis gespeichert werden. Dieses Erfahrungsgedächtnis, das schon vor der Geburt zu arbeiten beginnt, teilt sich über ein nicht-sprachliches, körperliches Signalsystem mit, den sogenannten Somatischen Markern. Alles, womit sich der Mensch beschäftigt, was für ihn bewusst oder unbewusst relevant ist und unter die Haut geht, fügt sich «automatisch» in sein emotionales Erfahrungsgedächtnis ein.

Das emotionale Erfahrungsgedächtnis funktioniert wie folgt: Hat eine Erfahrung das Wohlbefinden des Individuums gefördert, wird sie mit einem guten Gefühl markiert; war sie schmerzhaft oder schädlich, so wird sie mit einem unangenehmen emotionalen Etikett versehen. Trifft nun ein Reiz (eine Situation) ein, sendet der Körper innerhalb von Millisekunden entweder angenehme oder unangenehme Signale aus – je nach dem, welche Bewertung im emotionalen Erfahrungsgedächtnis gespeichert ist.

Der Mensch hat somit zwei Bewertungssysteme zu seiner Verfügung, die sich wie folgt unterscheiden:

Reaktion auf einen Reiz (Situation) im Vergleich:	Verstand	Emotionales Erfahrungsgedächtnis, Limbisches System
Arbeitstempo	Langsam	Schnell *(200 – 300 Millisekunden)*
Kommunikation	Sprache *Präzise Argumente*	Somatische Marker *Diffuse Gefühle (nicht sprachliche Sprache) z.B. Druck im Magen oder freudiges Kribbeln*
Bewertungskategorie	Richtig / falsch	Mag ich / mag ich nicht

Abbildung 10: **Bewertungssysteme des Menschen** (Storch 2009)

Die Somatischen Marker, die sich sowohl als Körperempfindung als auch als Emotion präsentieren können, wirken also oft unbewusst als «Alarmglocke» oder Startsignal, und helfen beim Denken, indem sie den Menschen in einem ersten Empfinden eines Reizes oder einer Situation zu «Annäherung» oder «Vermeidung» führen.

Somatische Marker können daher als bereichernde Informationsquelle in Entscheidungsprozessen herangezogen werden (Storch 2009). Um einen Somatischen Marker auszulösen, genügt es, sich eine Situation einfach nur vorzustellen. Auf die Weise ist es möglich, Probeläufe schwieriger Entscheidungen durchzuführen, in dem man sie imaginiert, möglichst plastisch und mit allen Sinneskanälen, und in differenzieller Selbstaufmerksamkeit spürt, welche Handlungen welchen Unterschied machen und welche Optionen exploriert werden können, um eine Kongruenz zwischen Absicht und Gefühl zu erreichen.

Aufgrund der neuronalen Plastizität kann das Gehirn, das bis jetzt eine Verbindung zwischen einem bestimmten Ereignis und einem unangenehmen Gefühl verknüpft hatte, durch neue Erfahrungen diese Assoziation wieder verlernen und neue Assoziationen bahnen (Hüther 2006).

Emotionen verändern

So wie Reize über das abgespeicherte Gefühl im emotionalen Erfahrungsgedächtnis Körperempfindungen auslösen, können über diese Wechselwirkung auch Gefühlszustände herbeigeführt werden. Über Gesten und Veränderungen von Mimik, Körperhaltung, Spannungsmustern in der Muskulatur, über die Veränderung des Atmens und des Stimmausdrucks kann der Mensch seine emotionale Befindlichkeit in die gewünschte Richtung steuern. «Wenn ich eine Zeitlang zusammengesunken dasitze, bekomme ich auch das entsprechende Gefühl dazu» (Bauer 2009). Kampfsport- und Entspannungstechniken zum Beispiel bedienen sich dieser Wechselwirkung, um entsprechende Zustände auszulösen.

Intrinsische Motivation

Lernen setzt Motivation voraus, ein Mindestmaß an Bereitschaft, Einstellungen, Wissen und Verhalten zu verändern und ein Mindestmaß an Eigeninteresse an den Zielen und Inhalten des Lernens. Motivation ist zu verstehen als ein aktives zielgerichtetes Ingangsetzen, Aufrechterhalten und Durchführen physischer oder psychischer Aktivität (ebd.).

Sollen Lernen und Veränderung effektiv und nachhaltig sein, muss die Motivation hierfür primär eine intrinsische sein. Das heißt, die grundsätzliche Handlungsbereitschaft kann durchaus über extrinsische Motivatoren angestoßen werden; damit diese Absicht jedoch in motiviertes und längerfristiges Handeln umgesetzt und gegen Widrigkeiten geschützt werden kann, bedarf es der intrinsischen Motivation.

Intrinsisch motiviert ist eine Handlung dann, wenn
- eine Person sie um ihrer selbst Willen ausführt, wenn ein unbedingtes Wollen, das an starke positive Affekte gekoppelt ist, von innen heraus spürbar ist,
- sie interessenbestimmt und faszinierend ist,
- mit dem Gefühl der Autonomie und Selbstbestimmung verbunden ist (Cikzentmihalyl 1992).

Bei intrinsischer Motivation springt das körpereigene Belohnungssystem an und führt zu Glücksgefühlen und innerem Antrieb. Für jedes Aha-Erlebnis und jeden Erfolg, und insbesondere für unerwartete Belohnung, belohnt sich auch das Gehirn mit einer «Dopamin-Dusche» (Scheich 2003), die weitere Glücksgefühle auslöst. Das Gehirn ist auf der Suche nach diesen Glücksgefühlen, was man beim Lernen nutzen kann, indem

Lernsituationen mit positiven Reizen besetzt werden. Gleichzeitig ist das Lernen unter der Dopamin-Dusche ein wichtiger Faktor, um die aktuelle Erfahrung im Langzeitgedächtnis zu speichern.

Auswirkungen von Angst und Stress

Angst ist eine hohe Erregungsaktivität des Gehirns, die zur Blockade des Denkens führt. Konkret ist es nicht ein einzelnes Bild, das zu Angst führt, sondern die inneren Filme, also die Erwartungen und Vorstellungen von dem, was eintreten kann, lösen Angst aus. Das Gehirn schaltet auf den Überlebensmodus und in Kraft treten unmittelbar das Panik- und das Furchtsystem, archaische Verhaltensmuster oder robuste Verschaltungen, sogenannte Notfallprogramme, die das Überleben des Menschen sichern sollen: «totstellen» (freeze), flüchten oder vermeiden («flight») oder kämpfen («fight»). Je größer die Angst, desto mobilisierter sind die Notfallprogramme (Hüther 2009).

In diesem Überlebensmodus befinden sich Menschen in einer mentalen Verengung (Tunnelblick) und geraten je nach empfundener Bedrohungsintensität in destruktive Abwärtsspiralen bezüglich sozialer Verhaltensweisen. Eine Person in diesem Modus blendet die längerfristige Zukunft aus, konzentriert sich auf das eigene Überleben und verliert den Kontakt mit ihren Arbeitsaufgaben und ihrer sozialen Umgebung (Lammers 2006).

Ruhe, Entschleunigung oder die Veränderung der Körperhaltung helfen, langsam wieder in Kontakt mit einem größeren Spektrum der eigenen Ressourcen zu kommen und auch wieder mit anderen kontaktfähig zu werden (ebd.).

Das Kohärenz«gefühl»

Der Mensch hat individuelle, soziale und kulturelle Möglichkeiten, schwierige Situationen zu meistern und Probleme zu lösen. Neben diesen sogenannten «generalisierten Widerstandsressourcen» (Antonovsky 1997) wie Ich-Stärke, kulturelle Stabilität, soziale Unterstützung, Intelligenz und Geld, scheint jedoch vor allem ein übergeordnetes Steuerungsprinzip, das in der Persönlichkeit des Menschen verankert ist, ausschlaggebend zu sein, ob und wie stark Stress empfunden wird und sich nachteilig auf die Gesundheit auswirken kann: das Kohärenzgefühl (ebd.).

Kohärenz wird definiert als ein durchdringendes, andauerndes, dynamisches «Gefühl» von Vertrauen, ein generelles Verständnis und eine Einstellung, die Welt zu sehen, indem Menschen ihrem Leben gegenüber drei wesentliche Perspektiven einnehmen:

- *Verstehbarkeit*
  Sie gehen davon aus, dass in dem Maße, wie sie bisherige und aktuelle Situationen haben verstehen können, sie sich auch in Zukunft Situationen, sogar überraschende, erklären und einordnen können.

- *Handhabbarkeit (Bewältigbarkeit)*
  Sie haben die Wahrnehmung und das Vertrauen, dass alle benötigten Ressourcen zur Bewältigung von Anforderungen zur Verfügung stehen, durch sie selbst oder die Ressourcen können durch Vertrauenspersonen, Weltanschauung, Glaube zugänglich gemacht werden. Sie erwarten, dass sie auch künftige Anforderungen bewältigen können und sehen sich nicht in einer Opferrolle.
- *Bedeutsamkeit (Sinnhaftigkeit)*
  Sie erleben ihr Leben und das, was sie erleben, als sinnvoll und wertvoll und investieren gern Energien, um gestellte Anforderungen zu bewältigen. Die Perspektive der Bedeutsamkeit wird als die wichtigste Komponente des Sinns für Kohärenz erachtet.

Das Kohärenzgefühl wirkt als Filter bei der Informationsverarbeitung:
- Menschen mit hohem Kohärenzgefühl nehmen Reize gar nicht als Stressoren wahr, d.h., potentielle Stressoren bleiben unter der Wahrnehmungsschwelle.

Das Kohärenzgefühl wirkt bei der Spannungsbewältigung.
- Menschen mit hohem Kohärenzgefühl sind eher in der Lage, Ressourcen zu mobilisieren und somit einen Spannungszustand erfolgreich aufzulösen. Das Zustandekommen eines Stresszustandes kann dadurch verhindert werden.

Menschen mit einem starken Kohärenzgefühl haben größere Chancen, Anforderungen und Stressoren zu bewältigen und gehen aus schwierigen Situationen gestärkt hervor.

Das Kohärenzgefühl lässt sich in der Arbeit mit dem Klienten durch die Verbesserung der Verstehbarkeit und der Handhabbarkeit sowie durch die Exploration der Bedeutsamkeit in der Arbeit positiv beeinflussen.

Priming

Priming meint unbewusstes Lernen, indem dem Gehirn Reize präsentiert werden, die als Erinnerungshilfen in bestimmten Situationen dienen. Diese Reize (Gegenständliches, Feinstoffliches, …) reaktivieren neu gebildetes Wissen und verstärken seine Abrufbarkeit, sodass nicht mehr gewünschte Automatismen und Routinen gehemmt werden. Das Unterbewusste wird mit den Reizen sozusagen vorgeprägt oder «in Laune» gebracht (Storch 2005).

So können Verhaltensänderungen und Musterunterbrechungen durch Priming gestärkt werden, indem die z.B. von Medianden selbst gesetzten Erinnerungshilfen (primes) unterschwellig wirken. Je mehr Priming-Reize präsentiert werden, desto stärker und länger anhaltende Effekte gibt es, auch wenn die Priming-Reize mit der Zeit nicht mehr bewusst bemerkt werden.

Seeding

Seeding meint ebenfalls die unterschwellige Vorbahnung und Voraktivierung des Unterbewussten (Zeig 1992). Dies geschieht durch zukunftsorientierte verbale Einstreuungen z.B. des Mediators, sodass der Mediand auf den nächsten oder übernächsten Prozessschritt «vorbereitet» wird.

Zwischenfazit für einen Transfer-orientierten Mediationsprozess

Hintergrundwissen aus der Hirnforschung hilft dem Mediator, Reaktionen der Medianden, das dahinterstehende Leid, heftige Emotionen, Reaktanz und Blockaden besser zu verstehen. Diese handlungsleitenden Erkenntnisse wiederum ermöglichen dem Mediator die differenzierte Hypothesenbildung und eine größere Sicherheit in dem «Setzen» von Interventionen.

Deutlich wird, dass
- Emotionen nicht durch introjizierte Regulation ausgeklammert werden dürfen (und können), sondern der Einstieg in kraftvolle Klärungs-, Lern- und Veränderungsprozesse sind;
- eine Arbeitshypothese des Mediators sein muss, dass die Medianden sich durch den Konflikt im «Überlebensmodus» befinden und er bereits zu Beginn alles dafür zu tun hat, dass diese Notfallprogramme heruntergefahren werden können;
- Kontrasterfahrungen zu Verbundenheit und Wachstum häufig der Ursprung von Leid und Konflikten sind und sich dieses Leid symptomatisch und in verschiedenen Facetten präsentieren kann;
- der Klärungs- und Lernraum aktiv durch den Mediator zu gestalten ist, sodass neue Erfahrungen, das Erleben von Selbstwirksamkeit, Autonomie, Erfolg und Nachhaltigkeit möglich sind;
- der Mediator selbst durch seine Kongruenz, seine Resonanz- und Empathiekompetenzen eine der wichtigsten Interventionen in der Transfer-orientierten Mediation ist.

Zwischenfrage: Sind Lernen und Transfer überhaupt Aufgaben der Mediation?

Lernen findet im Mediationsprozess sowieso statt, meistens jedoch implizit, und somit steht das Wissen auch nicht bewusst zur Verfügung. Es kann daher nur schwer abgerufen und nicht explizit transferiert werden. Folgen Mediatoren den Prozesszielen von Ressourcenorientierung (Empowerment) und Zukunftsorientierung, dann sind diese nur dann echte Ziele im Sinne der Medianden, wenn sie über den Prozess hinausgedacht werden, und auch dann noch wirken, wenn die Medianden zurück in ihrem Heimatsystem und seiner Dynamik sind. Dieses «Danach» mitzudenken und den Transfer zu gestalten, bedeutet eben, Lernen zu unterstützen, Wissen zu explizieren und zu verankern und die Verfügbarkeitswahrscheinlichkeit deutlich zu erhöhen.

Es wäre eine Haltung von unzulässigem Expertentum, wenn Mediatoren den Medianden für sie hilfreiche Lerninhalte und Modelle nicht zur Verfügung stellen würden. Echtes Empowerment erfordert das Anbieten von explizitem Begründungs- und Handlungswissen (Know-why und Know-how). Echte Zukunftsorientierung erfordert die Berücksichtigung des Heimatkontextes der Medianden.

Zudem werden die Medianden vom Mediator nicht zum Lernen genötigt, sondern erhalten von ihm im Laufe des Prozesses Angebote, auf die Meta-Ebene der sich jeweils präsentierenden spezifischen Situation zu schauen.

Zwischenfrage: Wie unterscheidet sich die Transfer-orientierte Mediation von einem Konflikttraining?

Der Mediator hat keine eigene Agenda zum Vermitteln von allgemeinen Hintergrundmodellen zu Kommunikation und Konflikt. Der «Lernraum Mediation» wird zu Prozessbeginn besprochen. Nur wenn die Medianden ihr Interesse an Lernmöglichkeiten aus der Konfliktbelegung bekunden, wird der Transfer-orientierte Mediator den Medianden im Laufe des Prozesses dann Erklärungsmodelle anbieten oder Reflexionen anregen, wenn er vermutet, dass dies eine unmittelbare, erlebnisassoziierte Relevanz für die Medianden haben könnte. Von den Medianden werden erfahrungsgemäß nur die Inhalte aufgenommen, die für sie besonders bedeutsam sind, und in denen sie etwas entdecken können, das aktuell etwas in ihnen anspricht.

Der Transfer-orientierte Mediationsprozess

Einführung des InSyst-Modells

Transfer-Orientierung ist – im Sinne einer anvisierten Stärkung von Individuum und System (Organisation) – als Grundhaltung zu verstehen. Die prozessuale Ausgestaltung der Transfer-orientierten Mediation als erprobtes, praxisfähiges und konkretisiertes Verfahren ist das InSyst-Modell (**In**dividuum und **Syst**em).

Die Entwicklung der Transfer-orientierten Mediation mit ihrem InSyst-Modell fußt in den bereits dargestellten transformativen und entwicklungsorientierten Ansätzen und integriert Erkenntnisse aus Hirnforschung, Wissensmanagement und Organisationsentwicklung sowie Reflexionen aus der Praxistätigkeit der Autorin.

Die Arbeitsprinzipien

Die Arbeitsprinzipien im InSyst-Modell knüpfen an den weitläufig bekannten Prinzipien und Grundhaltungen in «der» Mediation an. Gleichzeitig unterscheiden sie sich insofern, als sie um die Dimensionen des Lernens und des Transfer erweitert sind – und logischerweise über die Prozessdauer der Mediation hinaus verfolgt werden. Nachfolgende Gegenüberstellung soll die Differenzen verdeutlichen:

Bezogen auf	Bisheriges Verständnis der Arbeitsprinzipien (summarisch für alle Mediationsmodelle)	Transfer-orientiertes Verständnis der Arbeitsprinzipien
den Mediator	*Ressourcenorientierung* Der Mediator bringt die Medianden wieder in Kontakt mit ihren Ressourcen, sodass sie über neue Perspektiven und veränderte Bewusstheit die Klärung ihrer Konfliktthemen im Rahmen der Mediation selber in die Hand nehmen können.	*Ressourcenorientierung* Der Mediator regt zusätzlich das nachhaltige Ankern der Ressourcen an, lädt zu Reflexionsprozessen ein und bietet den Medianden für ihren Kontext relevantes Begründungs- und Handlungswissen an. So können Dynamiken und neue Handlungsoptionen nachvollzogen und bewusst gespeichert werden.
	Zukunftsorientierung Der Mediator unterstützt die Medianden bei dem Finden von Konsens, der sich auf zukünftige Situationen bezieht oder in der Gestaltung ihrer zukünftigen Interaktionen und nicht die Aufarbeitung einer unveränderbaren Vergangenheit zu fokussieren.	*Zukunftsorientierung* Der Mediator bezieht zusätzlich die Kontextdynamik im Heimatsystem der Medianden in den Prozess mit ein. Das heißt, der Umgang mit erwarteten Stolpersteinen oder Spannungsfeldern in Bezug auf die nachhaltige Konfliktbeilegung wird im Prozess aktiv bearbeitet.

Der Transfer-orientierte Mediationsprozess

Bezogen auf	Bisheriges Verständnis der Arbeitsprinzipien (summarisch für alle Mediationsmodelle)	Transfer-orientiertes Verständnis der Arbeitsprinzipien
den Mediator	**Ergebnisoffenheit** Der Mediator ist in Bezug auf die Inhalte der Konfliktlösungen offen, d.h., er verfolgt keine eigenen Interessen, macht keine Vorschläge und hält seine eigenen Favorisierungen zurück.	**Ergebnisoffenheit** Der Mediator ist in Bezug auf die Inhalte der Konfliktlösungen offen und verfolgt ebenfalls keine eigenen Interessen. Fehlt es den Medianden an Ideen für Optionen, kann der Mediator Ideen einstreuen. Die unabdingbare Voraussetzung hierfür ist, dass die Ideen sich auf einer Achse von Extremen befinden müssen, sodass die Medianden darauf oszillieren und ihr Eigenes finden können. In Bezug auf den Lernprozess lädt der Mediator die Medianden regelmäßig auf die Meta-Ebene ein. Er ist Gastgeber des Lernraums, überlässt es jedoch den Medianden, ihn zu betreten.
	Allparteilichkeit Der Mediator achtet stets auf seine Allparteilichkeit und bewahrt eine bewusst gestaltete Distanz zu den Medianden.	**Vielgerichtete Parteilichkeit** Die Haltung des Mediators ist die der vielgerichteten Parteilichkeit. Er begibt sich im Verstehenwollen der Wirklichkeiten und Emotionen sehr nah an jeden Medianden und kehrt immer wieder in die Position der Offenheit für Vielfalt zurück.

Bezogen auf	Bisheriges Verständnis der Arbeitsprinzipien (summarisch für alle Mediationsmodelle)	Transfer-orientiertes Verständnis der Arbeitsprinzipien
die Medianden	**Selbstbestimmung und Handlungsautonomie** Durch die Natur des Verfahrens (nicht institutionell), die Klärung der eigenen Anliegen und der Erarbeitung einer Optionenvielfalt, können die Medianden selbstbestimmt und befreit aus der Gefangenschaft des Konflikts auf der Basis ihrer gemeinsamen Interessen entscheiden und vereinbaren.	**Selbstbestimmung und Handlungsautonomie** Zusätzlich können die Medianden durch das im Prozess erworbene und explizierte Erfahrungswissen, das um relevante und orientierende Hintergrundmodelle angereichert ist, ihre Handlungsautonomie und Selbstbestimmung auch nach der Mediation aufrechterhalten.
	Partizipation Die Medianden entscheiden über zu besprechende Inhalte und Lösungen in Bezug auf ihr Konfliktthema selbst; sie müssen sich zum Beispiel nicht nur an justiziable Themen, Gerichtstermine etc. halten, sie delegieren weder Austragung (z.B. durch Anwälte) noch Konfliktlösung (z.B. Gerichtsurteil) an Dritte, sondern gestalten die Inhalte, Lösungen und «Logistik» des Prozesses nach ihren gemeinsamen Interessen selbst.	**Partizipation** Zusätzlich partizipieren die Medianden durch den Transfer ihrer Entwicklungsgewinne in ihr Heimatsystem und die Gesamtorganisation an der Gestaltung der Konflikt- und Kooperationskultur. Die damit verbundene Erfahrung von Selbstbestimmung und Selbstwirksamkeit stärkt die Nachhaltigkeit der Gewinne aus dem Mediationsprozess.

Bezogen auf	Bisheriges Verständnis der Arbeitsprinzipien (summarisch für alle Mediationsmodelle)	Transfer-orientiertes Verständnis der Arbeitsprinzipien
die Medianden	**Freiwilligkeit** Die Teilnahme der Medianden an der Mediation erfolgt freiwillig.	**Intrinsische Motivation** Für das Erstgespräch zwischen dem Mediator und den Medianden (Einzel- oder gemeinsame Gespräche) reicht die relative Freiwilligkeit, basierend auf der arbeitsvertraglichen Kooperationspflicht, aus. Eine mögliche intrinsische Motivation zur freiwilligen und innerlich gewollten Teilnahme am Mediationsprozess ist eine eigenständige Intervention in der ersten Phase des InSyst-Modells
	Vertraulichkeit Die Inhalte der Mediationssitzung sind absolut vertraulich. Sollten Informationen aus dem Konflikt auftauchen, die für die Aufbau- oder Ablauforganisation bedeutsam sind, weil es sich zum Beispiel um konfliktbegünstigende Regelungen oder Prozesse handelt, dann können diese Informationen, sofern die Führung ihr Interesse hierfür ausspricht, durch die Medianden oder den Mediator an den Vorgesetzten weitergegeben werden.	**Vertraulichkeit** Die Medianden definieren den Grad der Vertraulichkeit zu Beginn und überprüfen ihn in gegenseitiger Abstimmung während des Prozesses immer wieder neu, da das Anliegen aufkommen kann, den Konfliktverlauf außerhalb der Mediation «zu erklären» und somit von Kollegen und Vorgesetzten «entpathologisiert» zu werden. Das transferierbare Erfahrungswissen kann über eine von den Medianden bestimmte Metaphern- und Analogienbildung unpersönlicher gestaltet werden.

Fazit: Die inhaltliche Verantwortung bleibt auf der Konfliktklärungsebene bei den Medianden. Die Prozessverantwortung des Mediators wird weiter gefasst, indem die prozessuale Steuerung das Angebot von Ausflügen zu Meta-Inhalten umfasst. Diese Meta-Inhalte können zum Beispiel kontextrelevantes Hintergrundwissen zu Konflikten und ihren Dynamiken, Kommunikationsmodellen und –mustern sein.

Der Transfer-orientierte Ansatz geht davon aus, dass Transfer nur dann nachhaltig gelingen kann, wenn die Arbeitsprinzipien in der Mediation den organisationalen Kontext der Medianden einschließen. Die Grundhaltung orientiert sich also an den Medianden als Individuen in einem lebendigen System und nicht an verfahrensorientiertem Grenzendenken. Damit kann Mediation als integrierter Prozess erlebt werden, der die Realitäten und Dynamiken des Kontexts der Medianden integriert.

Die Prozessziele

Die im Transfer-orientierten Mediationsmodell fokussierten Prozessziele erfassen die Nachhaltigkeit der Konfliktbeilegung, der Selbststärkung und der Systemstärkung (Stärkung der Organisation):

- *Nachhaltige Konfliktbeilegung* durch
  - die intensive Selbstklärung,
  - die Bearbeitung der Kommunikationsmuster, die sich unter dem Konfliktthema zeigen,
  - die Transformation der Beziehung zwischen den Medianden und
  - die zukunftsorientierte Selbststärkung der Medianden durch die Erweiterung ihrer Konfliktkompetenzen.
- *Nachhaltige Selbststärkung der Medianden* durch
  - das Erleben von Selbstwirksamkeit während des Prozesses,
  - das neue oder erweiterte Wissen über ihre Reaktionen, Emotionen und Verhaltensstrategien in Konflikten,
  - das neue oder erweiterte Wissen über konstruktive Selbstartikulation und den Umgang mit Störungen und schwierigen Situationen.
- *Nachhaltige Stärkung der Organisation* durch
  - die veränderte Interaktion der Medianden im nächsten Konfliktfall miteinander und mit anderen Kollegen,
  - die Verfügbarkeit der Medianden als Quelle organisationalen Lernens in Bezug auf die Nährung der Kooperations- und Konfliktkultur.

Unbewusstes Lernen am «Modell des Mediators» oder durch Erfahrung reicht dabei jedoch nicht aus, damit Transfer gelingen kann. Diese Prozessziele sind nur dann realistisch, wenn die Medianden die Möglichkeit wahrnehmen können, über bewusstes Lernen in der Mediation mit explizitem Wissen und vertieften Kompetenzen in ihre Organisation «zurückzukehren». Um dies im Sinne der Medianden zu erreichen, erfordert es die

- *Gestaltung des Mediationsprozesses als mehrdimensionaler Raum* für
  - die Klärung der Konfliktthemen und gegebenenfalls Finden von konsensualen Übereinkünften zu relevanten Aspekten,
  - die Erfahrung durch Interaktion, Probehandeln und die reflexive Kommunikation darüber,
  - das Lernen durch Beobachten, Erfahrung, Wissenstransfer, die reflexive Kommunikation darüber sowie den Einsatz von z.B. Symbolen, Ankern, Ritualen,
  - den Transfer durch Integration der persönlichen Gewinne, Gestaltung des Vernetzungsprozesses in das Kollektiv, die reflexive Kommunikation darüber sowie den Einsatz von Metaphern, Ritualen, Ankern oder der Kreation von Gefäßen für den Transfer.

Auf diese Weise kann jede Mediation selbst dann zu einer Verbesserung des Wohlbefindens der Medianden führen, wenn das Setting nicht optimal (durch Fehlen weiterer von am Konflikt Beteiligten aufgrund von Budgetfragen, Desinteresse oder sonstige Begrenzungen) oder die von der Führung notwendige Unterstützung für die Wissensvernetzung in das Kollektiv nicht gegeben ist. Die Rolle der Führung wird später noch detailliert beschrieben.

Mit dem InSyst-Modell rücken zum Beispiel häufig empfundene Ohnmachtsgefühle gegenüber einem schwer veränderbaren Gesamtkontext deutlich in den Hintergrund und stattdessen werden Fenster der Selbstwirksamkeit sicht- und spürbar. Das heißt, in diesem Modell können die Medianden immer organisch gewachsene persönliche Entwicklungsgewinne für ihren Arbeitskontext mitnehmen und innerhalb der möglichen Spielräume handlungsfähig bleiben.

Die Meta-Ziele

Wann immer Nachhaltigkeit, Selbst- und Systemstärkung gefragt sind, muss der Prozess entlang hirngerechter Meta-Ziele geführt werden. In der Praxis rückt die Beilegung des präsentierten Konflikts dann oft in den Hintergrund oder erübrigt sich gar, und die Medianden nutzen den Raum für die Klärung ihrer tieferen Anliegen, der Interaktionen und der damit verbundenen Emotionen und Bedürfnisse in Bezug auf eine veränderte Beziehungsgestaltung.

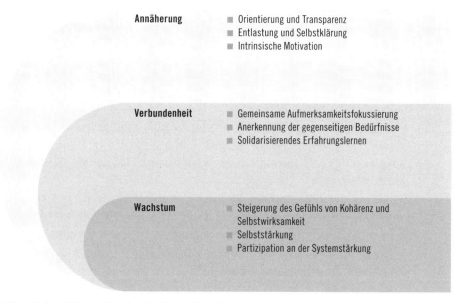

Abbildung 11: **Meta-Ziele der Transfer-orientierten Mediation**

Die Meta-Ziele der Transfer-orientierten Mediation geben dem Mediator die Orientierung, den Prozess zwischen den Ebenen und in den Phasen zu orchestrieren und helfen, die Prozessdramaturgie hirngerecht aufzubauen.

Die 3-2-1-Prozessarchitektur

Die Gestaltung der Mediation als mehrdimensionaler Raum, aus dem nachhaltige Gewinne für das Individuum und sein System (seine Organisation) in die Gegenwart und Zukunft mitgenommen werden können, erfordert eine diesen Zielsetzungen entsprechende Prozessarchitektur.

Die genaue Kenntnis dieser Prozessarchitektur dient ausschließlich der Klarheit und Orientierung des Mediators. Im Gegensatz zum häufig praktizierten Vorgehen, dass den Medianden zu Anfang des Prozesses das Phasenmodell erläutert wird, wird im InSyst-Modell aufgrund der Hintergrundarchitektur, die komplex wirken kann, auf eine detaillierte Erklärung zugunsten einer summarischen verzichtet.

Der InSyst-Prozess bewegt sich
- in drei aufeinanderfolgenden Phasen,
- auf zwei durchlässigen und parallel verlaufenden Ebenen,
- unter Nutzung des Zwischenraums.

3 Phasen

Der Prozess verläuft nach dem InSyst-Modell über drei Phasen, die das erweiterte Mediationsverständnis widerspiegeln und entsprechende Phasenziele fokussieren:
1. Check-in & Boarding – Selbstklärung in Bezug auf Motivation für den Prozess, Abhängigkeiten und Autonomie im Kontext der Organisation
2. Expedition & Discovery – Klären und Lernen
3. Integration & Transfer – Gewinne sichern und Planung der Transfergestaltung

2 Ebenen

Die InSyst-Mediation erfolgt schematisiert dargestellt auf zwei parallel laufenden Ebenen:

Die Klärungsebene
Der Prozess der Konfliktklärung und die konfliktspezifische inhaltliche Arbeit fließen auf der Klärungsebene. Über die Selbstklärung und Selbstartikulation jedes Medianden bezüglich seiner Anliegen, Interessen und Bedürfnisse und die folgende gegenseitige Anerkennung der jeweiligen Interessen erfolgt eine Beilegung oder Lösung der Konfliktthemen.

Die Meta-Ebene
Die Meta-Ebene, als Reflexions- und Lernebene, wird im Sinne eines Angebotes an die Medianden bereits in der Auftragsklärung aktiv eingeführt. Sie wird im Zusammenhang mit den Zielsetzungen der Nachhaltigkeit plausibilisiert. Reflexionsprozesse werden aktiv angeregt und Einsichten und Erkenntnisse werden kontinuierlich expliziert. Die Erkenntnisse werden – sofern von den Medianden erwünscht – vom Mediator mit kontextrelevantem Hintergrundwissen angereichert.

In der Praxis entspricht der Wechsel zwischen den Ebenen keinem schematisierten Vorgehen, sondern findet im laufenden Prozess im Kopf des Mediators statt. Der Wechsel der Ebenen ist in erster Linie eine Bewusstseinshaltung des Mediators.

Dabei sind ausschließlich die im Zusammenhang mit dem Konflikt stehenden Inhalte der Medianden ausschlaggebend als Sprungbrett in die Sphäre von Reflexion, Wissen und Lernen – und nicht die Ideen des Mediators, welche allgemeinen Konfliktkompetenzen zu erwerben seien. Für die Medianden ergeben sich diese Wechsel dann organisch, im Sinne eines fließenden Prozesses, wenn der Wechsel auf die Meta-Ebene für sie aus dem momentanen Kontext heraus plausibel und bedeutsam ist.

1 Zwischenraum

Die Zeit zwischen den Mediationssitzungen wird aktiv gestaltet, um 1) die Kraft und Dynamik des Prozesses aufrechtzuerhalten und 2) die Kontextdynamik von Beginn an einzubeziehen und eine lebensfähige und nachhaltige Transformation zu erreichen.

Für das «Dazwischen» erhalten die Medianden jeweils «Hausaufgaben»: Je nach Konflikteskalation erfolgen zunächst eher «reflexive Hausaufgaben», die jeder Mediand individuell für sich durchführt und dann diese Reflexionen oder Beobachtungen in die Mediation einbringt. Je nach Prozessverlauf, frühestens nach der Selbstklärung, spätestens nach der gegenseitigen Anerkennung, führen die Medianden gemeinsame «interaktionelle Hausaufgaben» durch. Diese interaktionellen Hausaufgaben dienen dem Probehandeln auf Basis des neuen Verständnisses füreinander. Die Erfahrungen und Reflexionen hieraus werden ebenfalls in die Sitzungen zurückgebracht, um diese gemeinsam zu besprechen. Das Probehandeln zwischen den Sitzungen sowie das Beleuchten des Gelingens und der Stolpersteine werden als wichtige Interventionen im Sinne des Erlebens von Selbstwirksamkeit, zur Generierung von Erkenntnissen und den Einbezug des organisationalen Kontextes der Medianden verstanden.

Der Prozessfluss

Praxiserfahrungen zeigen, dass die von den Medianden gewählten Themen sich im Prozessverlauf zunehmend von den spezifischen Konfliktthemen auf der Klärungsebene zu Themen der Meta-Ebene bewegen. Die Meta-Ebene wird jeweils dann sprunghaft stärker von den Medianden nachgefragt und genutzt, wenn zwischen den Sitzungen Hausaufgaben durchgeführt wurden. Der Wunsch, Erkenntnisse und Erfahrungen im Gespräch zu reflektieren und zu plausibilisieren, wirkt wie ein Sog hin zur Nutzung der Meta-Ebene und damit zur Wissensvermehrung.

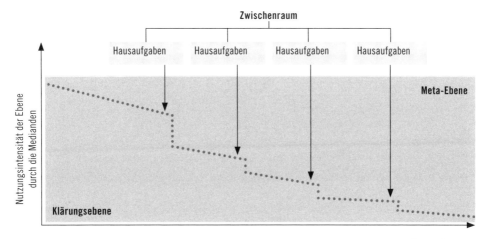

Abbildung 12: **Typische Veränderung der Anliegen im Prozessverlauf**

Gleichzeitig ist auch festzuhalten, dass das bewusste Lernen oftmals erst nach der Selbstklärung in Phase 2 erfolgen kann. Bis dahin befinden sich die Medianden auf den Konflikt bezogen häufig noch im «Vermeidungs- und Überlebensmodus», sodass Lernen allenfalls unbewusst erfolgen kann. Mit zunehmender Entlastung und Sicherheit, dass die Medianden sich artikulieren konnten und gehört wurden, erweitert sich die Wahrnehmung; Reflexion und Lernen werden wieder möglich.

Die nachfolgende Darstellung zeigt die Vernetzung der Ebenen und Phasen auf. Anschließend werden die Schlüsselfaktoren beschreiben und die Phasen werden anhand exemplarischer Verläufe verdeutlicht. Die Phasen werden auch durch Prozess-Sequenzen aus realen Mediationen in Teil D des Buches illustriert.

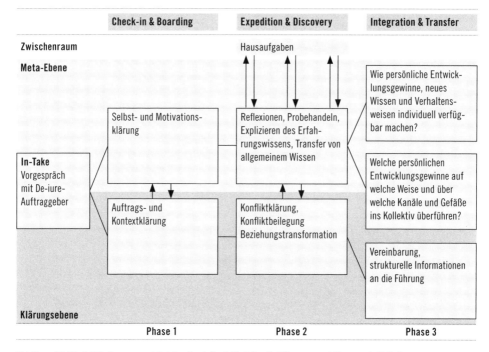

Abbildung 13: **Die 3-2-1-Prozessarchitektur des InSyst-Modells.** Drei Phasen, zwei Ebenen, ein Zwischenraum

Schlüsselfaktoren der InSyst-Mediation

Die Gestaltung des Mediationsprozesses als Lernraum für die Medianden, erfordert entsprechende Kompetenzen des Mediators bezüglich mediativer Haltung und Interventionsspektrum.

Die Haltung des Mediators

Die Haltung des Mediators ist wertschätzend und ressourcenorientiert. Er arbeitet in vielgerichteter Parteilichkeit, lösungsabstinent in Bezug auf die konkreten Konflikt- und Lösungsinhalte. Er ist ergebnisoffen und belässt die Konfliktlösungskompetenz bei den Medianden. Er versteht sich als «sozialer Architekt» für das experientalistische Lernen der Medianden im Prozess.

Das primäre Ziel des Mediators zu Beginn des Prozesses ist durch interessierte Zugewandtheit, Nicht-Wertung und Authentizität eine tiefe und stabile Arbeitsbeziehung zu den Medianden herzustellen, damit insbesondere Selbstartikulation und Reflexion in geschütztem und vertrauensvollem Raum stattfinden können. Der Mediator begibt sich in der Aufmerksamkeit und Achtsamkeit sehr nahe zu den Medianden.

Der Mediator ist «lern- und transfer-orientiert», mit einem klaren Verständnis bezüglich der transformativen Kraft und den realisierbaren Wirkungsdimension der Mediation. Das heißt die Selbststärkung (Empowerment) der Medianden über den Prozess hinaus, ist eine seiner wichtigen Orientierungen. Das Konfliktverständnis des Mediators basiert unter anderem auf den bereits zitierten Erkenntnissen der Transformationstheorie:

«According to transformative theory, what people find most significant about conflict is not that it frustrates their satisfaction of some right, interest or pursuit, no matter how important, but that it leads and even forces them to behave toward themselves and others in ways that they find uncomfortable and even repellent. More specifically, it alienates them from their sense of their own strength and their sense of connection to others, thereby disrupting and undermining the interaction between them as human beings. (…) … that interactional crisis is what conflict means to people.» (Bush & Folger 2005, S. 45f)

Um den – mittelbar und unmittelbar – gezeigten Emotionen und Reaktionen der Medianden einladend und mit Empathie, Wertschätzung und Achtsamkeit zu begegnen, ist des Weiteren das Verständnis wichtig, dass es häufig vorkommt,

dass Menschen in Konflikten
- leiden und in diesem Leid gehört und gesehen werden möchten, bevor sie bereit sind, andere – wirklich – zu hören, ihre Anliegen und eigene Anteile am Konflikt anzuerkennen;
- Kränkungen und Ungerechtigkeiten empfinden, von denen sie «endlich» berichten und hierzu Resonanz erfahren möchten;
- sich vor weiteren Verletzungen fürchten und sich deshalb verschließen oder extra scharf «schießen»;
- in ihrer Unterschiedlichkeit zu den anderen Medianden deutlich gehört und verstanden werden möchten, bevor sie sich auf Gemeinsamkeiten einlassen können;
- durch die empfundene «Bedrohung» im Überlebensmodus, also einem der archaischen Notfallprogramme, unterwegs und in diesem Zusammenhang mental verengt sind;
- in ihrer Empathiefähigkeit eher eingeschränkt sind, bis sie in den «Kompetenzmodus» zurückkehren können;
- befürchten, dass ihre Empathie gegenüber den anderen Medianden eine Aufweichung der eigenen Anliegen bedeuten könnte;
- es anfänglich schwer haben, sich von der Idee der Ursache-Wirkungs-Mechanik und der damit verbundenen klaren Schuldzuweisung zu lösen;
- zirkuläre oder systemische Bezüge und ihren Anteil am Konflikt zuerst vehement ablehnen;
- Verhaltensweisen zeigen, die ihrem Schutz dienen – und die somit in diesem Kontext subjektiv berechtigt, plausibel, sinnreich und nicht zu verurteilen sind;

- einen reduzierten Zugang zu ihrem eigentlichen Kompetenzspektrum haben;
- eine eingeschränkte oder fixierte Wahrnehmung haben;
- oft Konflikte präsentieren, die Symptome größerer wiederkehrender und belastender Muster sind;
- auch der Kontakt mit sich selbst abhandengekommen ist;
- oftmals die Sicht darauf verstellt ist, worum es ihnen wirklich geht, welche Bedürfnisse hinter ihren Forderungen stecken;
- im Laufe der Eskalation den Eindruck eines sinkenden Erlebens ihrer Selbstwirksamkeit und Selbstbestimmung erhalten;
- sich ohnmächtig und in Gefangenschaft ihrer eigenen Wahrnehmung des Konfliktes oder der der anderen Medianden fühlen;
- die anderen Medianden tendenziell dämonisieren, und den Konflikt, seinen Ursprung und Verlauf mit ihnen allein personifizieren;
- sich als Opfer einer unerwünschten Situation empfinden und in der Mediation respektive vom Mediator offen oder insgeheim Rettung, Rechtsprechung oder Verbündung erhoffen oder erwarten;
- sich oftmals als Person abgewertet fühlen und mit einer Abwertung der anderen Personen antworten;
- ihre eigenen Verhaltensweisen ebenfalls als belastend, aber als jeweils unausweichliche Reaktion auf die Verhalten der anderen empfinden;
- sich die Zusicherung wünschen, dass ihre Verhaltensweisen plausibel und sie selbst «normal» sind;
- oft auch Wut und Scham über ihre eigenen Verhaltensweisen im Konflikt empfinden;
- für ihre bisherigen Deeskalations- oder Lösungsversuche gewürdigt werden möchten;
- Möglichkeiten und Wege der Selbstbestimmung anstelle von Fremdbestimmung oft mit Überraschung als Optionen (wieder-)entdecken.

Das heisst eine wichtige Haltung gegenüber den Medianden ist, diesem Leid empathisch zu begegnen, von Anfang an und kontinuierlich Entlastung zu geben und Verhalten zu «entpathologisieren», ohne die Konflikte und ihre Dynamiken künstlich herunterzuspielen. Die Entlastung ist eine wesentliche Voraussetzung, dass Reflexion und Lernen im Kompetenzmodus (Lammers 2006) stattfinden können.

Dass Lernen bewusst stattfindet, um mit dem neuen Wissen zukünftigen Konfliktsituationen adäquater zu begegnen, entspricht auch der Zukunftsorientierung in der Mediation. Entsprechend ist das aktive Gestalten dieses Transfers mit den Medianden eine selbstverständliche Aufgabe des Mediators in allen Phasen des Prozesses sowie insbesondere erneut am Ende des Prozesses, um die für die Medianden relevanten Entwicklungsgewinne zu «sichern».

Der Mediator moderiert aktiv den Lernprozess der Medianden, initiiert Reflexionsräume und begleitet mediativ den Transfer der Entwicklungsgewinne aus dem Lernprozess für die individuelle Verfügbarkeit und für die Vermittlung an das Heimatsystem der Medianden und die Gesamtorganisation. Der Mediator ist somit neu für die Zurverfügungstellung von Meta-Inhalten, für das Öffnen von Räumen für Reflexion und Probehandeln sowie für die Begleitung der Transfergestaltung verantwortlich.

Die Haltung des Mediators bleibt trotz der aktiven Lernprozessmoderation auf der Meta-Ebene immer eine offene des Nichtwissens. Das schlägt sich vor allem in seiner achtsamen Sprache nieder. Werden Erklärungsmodelle zur Entlastung, zur Reflexion oder zur Erkenntnissicherung angeboten, werden diese nicht als Wahrheit oder Ergebnis einer umfassenden Konfliktanalyse präsentiert, sondern als eine von verschiedenen möglichen Erklärungsvarianten angeboten.

Die Haltung zum Thema Vergangenheit

Heute wird Mediation oft noch so spät initiiert, dass die Medianden sich fest und unbequem im «Würgegriff der Vergangenheit» (Glasl 2009, mdl.) befinden. Sie sind so besetzt von den empfundenen Kränkungen und Ungerechtigkeiten, dass in einer ersten Phase oftmals noch kein Vertrauensvorschuss möglich ist, der nötig wäre, um eine gemeinsame Sicht der Gegenwart und der Zukunft zu entwickeln. Es ist also notwendig, dass zunächst die bedeutsamsten Ereignisse in der Vergangenheit, die das Verhältnis nachhaltig verschlechtert haben und sich dadurch bis heute auswirken, angeschaut werden. Diese Ereignisse bieten dem Mediator häufig auch einen Einblick in symptomatische Konfliktmuster in der Interaktion zwischen den Medianden.

In der InSyst-Mediation ist der angemessene Raum für das Besprechen der Vergangenheit auch deshalb so wichtig, weil hier durch die aufrichtige Würdigung des Leids sowie der Haltungen, Kompetenzen und gelungenen Bemühungen, die eine weitere Eskalation verhindert haben, die Haltung des Mediators spürbar, die Arbeitsbeziehung vertieft und die Selbstklärung der Medianden verstärkt werden kann.

Die Maßeinheit für die Dosierung der «Raumgröße» für die Besprechung der Vergangenheit findet sich möglicherweise in folgendem Ausspruch: «Die Vergangenheit definiert sich aus ihren Auswirkungen in der Gegenwart.» (Schmidt 2008, mdl.)

Die Haltung zum Thema Emotionen

Ob Emotionen im InSyst-Prozess eine Rolle spielen, ist keine Frage, da diese Mediation an der Beziehung ansetzt, und zwar in dreifacher Hinsicht: die Selbstbeziehung jedes Medianden, die Beziehung zwischen den Medianden und die Beziehung der Medianden zur Organisation. Kurz und plastisch ausgedrückt: Emotionen sind alles. Sie steuern, gern auch unbewusst; sie wirken, meistens trotzdem; sie aktivieren Ressourcen, inhibieren Lernen, öffnen Tore, verriegeln Wahrnehmungsfilter – oder zumindest sind sie stark daran beteiligt. In der InSyst-Mediation sind das Begraben und Unterdrücken von Emotionen unter Regeln und Flipchartpapieren somit definitiv keine Option. Emotionen sind die Schlüssel zu den Bedürfnissen der Medianden. In den Emotionen liegt die Kraft für Berührung und Veränderung.

Trotzdem vermeiden viele Mediatoren bisher, die sich nicht auf Erfahrungen aus jahrelanger psychotherapeutischer Praxis verlassen können, das Eintauchen in die «Bearbeitung» der Emotionen der Medianden. Sie befürchten, der Prozess könnte ihnen «um die Ohren fliegen», unsteuerbar werden oder «in Therapie ausarten».

Die Befürchtungen sind möglicherweise dann berechtigt, wenn der Mediator
- den ursprüngliche Auftrag aus den Augen verliert,
- keine innere Klarheit hat, in welchem Mediationsmodell er arbeitet, welchen Prozesszielen und übergeordneten Meta-Zielen er folgt,
- Emotionen und Reaktanz der Medianden als Störung oder gar eigenes Versagen in der Prozessführung empfindet,
- seine eigenen Stressoren nicht kennt und keine Konzepte hat, wie er seinen eigenen Stresspegel schnell und wirksam «herunterfahren» kann.

Starke Emotionen, Reaktanz und Blockaden jeglicher Art sind häufig verdeckte Schutzreaktionen und vor allem Kommunikationsangebote der Medianden. Diese sind vom Mediator wertzuschätzen und können zum Explorieren noch nicht freigelegter Ressourcen utilisiert werden. Das aufrichtige Verstehenwollen, die achtsame Präsenz, die zugewandte Stille, die authentische Resonanz und die ressourcenorientierte Haltung des Mediators bilden den kraftvollen Container, in dem die Medianden ihre Emotionen zeigen, aussprechen und verstehen können. Ernst genommen, gehört, gesehen, gewürdigt, verstanden zu werden, führt zu deutlich weniger Blockaden und Explosionen, als der Versuch des Mediators, die Pracht dieser wichtigen Informationen zu unterdrücken. Starke Emotionen, Blockaden und Reaktanz sind «Grüße Deines Selbst, denn etwas in Dir versucht zu erwachen» (Gilligan 2009, mdl., Übers. d. Autorin).

Es ist der Mediator, der beim Arbeiten mit Emotionen die wichtigste Intervention darstellt, um den Prozess zu halten und das Systemvertrauen zu haben, dass die Medianden die Ressourcen zur Verfügung haben, um mit dem, was sich zeigt, umzugehen und die weiteren Schritte zu bestimmen. Die Kraft der Klarheit einer Situation ist nicht zu unterschätzen. Denn es sind oft Ohnmachtsgefühle der Medianden, die ihre Reaktionen heftiger werden lassen. Klarheit, auch schmerzliche, hingegen ermöglicht einen Ausstieg aus der Ohnmacht, hin zur Handlungsfähigkeit und Selbstbestimmung.

Die Haltung zum Thema Vor- und Einzelgespräche mit den Medianden

Nach dem Auftragsklärungsgespräch mit dem De-iure-Auftraggeber wird grundsätzlich ein direkter Einstieg in die Mediation, ohne Vorgespräche mit den Medianden angestrebt, sodass größtmögliche Transparenz für die Medianden herrscht. Der Mediator kann sich ein Bild der Interaktionen machen, den Puls der Störungen fühlen und «unbefangene» Fragen stellen. Grundsätzlich sollte auch der weitere Prozessverlauf durch gemeinsame Sitzungen gekennzeichnet sein.

Gleichzeitig gibt es in der InSyst-Mediation kein eindeutiges Ablehnen oder Befürworten von Vorgesprächen oder Einzelgesprächen. Die Antwort ist: Es kommt auf den Kontext an. Es kann wichtige Gründe geben, dass Vorgespräche notwendig sein können.

Es spricht auch nichts dagegen, von einem laufenden gemeinsamen Prozess wieder vorübergehend in Einzelgespräche zu gehen. Einzelgespräche sind, wenn sie dem Wohl und Schutz der Medianden dienen, zulässig. Es können Themen auftauchen, die zum Beispiel so stark scham- oder angstbesetzt sind, dass sie im Einzelgespräch mit dem Mediator geklärt und für den weiteren gemeinsamen Prozess ansprechbar gemacht werden können. Diese Einzelgespräche sind als vorübergehende Gefäße für akute oder starke Belastungen der Medianden zu verstehen. Wenn der gemeinsame Prozess blockiert ist und der Mediator spüren kann, dass es weitere Belastungen gibt, die in den Mediationsprozess hineinwirken, jedoch nicht unmittelbar mit den Themen zu tun haben, dann kann er dem Wunsch eines Medianden, etwas im Einzelsetting anzuschauen, nachkommen, wenn

- die Entscheidung für das Führen von Einzelgesprächen vorgängig in der Mediation besprochen wird; es muss das Einverständnis von allen vorliegen. Idealerweise nehmen alle Medianden das Einzelgespräch in Anspruch,
- in den Einzelgesprächen ausschließlich über den Medianden selbst und seine Befindlichkeit gesprochen wird, nicht aber über den Prozess oder die anderen Medianden,
- die Inhalte aus den Einzelgesprächen, wenn möglich in den Prozess zurückgeführt oder als allgemein formulierte Erklärung für das Zurückbehalten plausibilisiert werden. Es ist die Aufgabe des Mediators, dies individuell mit den Medianden unter dem Aspekt der möglichen Auswirkungen auf den Prozess zu klären.
- der Mediator in den Einzelgesprächen vor allem die Selbstklärung des Medianden fokussiert sowie Möglichkeiten der Stressreduktion oder Entlastung.

Der Mediator – nun doch als Experte?

Der Mediator ist nicht Experte für genaue Konfliktdiagnosen, korrekte Verhaltensweisen oder optimale Lösungen. Er ist im InSyst-Prozess der Experte für die Orchestrierung des Prozesses, des organischen Wechsels zwischen der Ebene der Konfliktbeilegung und der des expliziten Lernens. Er ist der Gastgeber eines von den Medianden gewünschten Prozesses, in dem er immer wieder Lernmöglichkeiten anbietet und bei Bedarf unterstützt. Sein Expertentum bezieht sich auf die Gestaltung dieses sozialen Lernraums. Er navigiert die Medianden in ihrem Tempo durch einen für sie bedeutsamen Prozess des Explorierens und Entdeckens.

Die potenzielle Wirkkraft der Mediation ist vor allem abhängig von Mediator und Medianden, der Wirkungsradius hingegen vor allem von der Haltung der Führung gegenüber einer Erweiterung oder Veränderung der Werte- und Wissensbasis der Organisation.

Die Haltung der Führung

Die InSyst-Mediation stellt an die internen Führungskräfte zweifelsohne höhere Ansprüche als bisher im Kontakt mit Mediation und Mediatoren. Denn damit die persönlichen Entwicklungsgewinne der Medianden in Entwicklungsgewinne für die organisationale Konfliktkultur transformiert werden können, ist eine entsprechende Haltung der Führung gegenüber Konflikten, Lernen und Vernetzung notwendig: Jede auftraggebende Führungskraft hat somit die Möglichkeit, den «Return on Investment» (ROI) aus der Mediation wesentlich zu bestimmen.

Die passive Flankierung von Lernen und Transfer

Die minimale Anforderung für eine gewisse Reichweite organisationaler Gewinne aus dem Transfer-orientierten Prozess in das Kollektiv, ist eine von den Führungskräften zugewandte Grundhaltung gegenüber der Vernetzung von neuem Wissen. Sie sind auf dem Pfad weg von der Tabuisierung von Konflikten hin zu einem konstruktiven Konfliktverständnis. Sie können erkennen, dass Konflikte nicht einfach nur eine unangenehme Störung im normalen Alltagswahnsinn sind, sondern vor allem eine Chance, die blockierten Energien für Lernen und Entwicklung freizusetzen. Die Führungskräfte fördern den Transfer auf passive Weise, indem sie Zeit, Aufmerksamkeit allozieren und ein Gefäß für den Transfer ins Team genehmigen oder bereitstellen.

Häufig sind sie Coaching-Prozessen für die Erweiterung ihrer persönlichen Konfliktkompetenz gegenüber tendenziell aufgeschlossen oder suchen diese aktiv – um die «Bottom-up-Entwicklungen» (upstream effects), die von ihren Mitarbeitenden ausgehen, unterstützen zu können.

Die aktive Unterstützung von Lernen und Transfer

Einen weitaus größeren Wirkungsradius können Entwicklungsgewinne dann haben, wenn die Führung es als ihre Hauptaufgabe versteht, eine Kultur zu schaffen, die wie ein ständig lernendes System funktioniert. Das individuell und in Gruppen erworbene Wissen wird durch die Führungskräfte akzeptiert, aufgenommen gezielt weitergeleitet oder dessen Weiterleitung aktiv unterstützt, sodass es für das gesamte Unternehmen nutzbar gemacht werden kann (Schein 2003).

Der Führung kommt somit grundsätzlich eine zentrale Rolle zu, indem sie Lernen und Entwicklung «top-down» nicht nur einlädt und unterstützt, sondern zum Fokus ihrer Aufgaben und Handlungen macht.

Wheatley (2005) definiert die Kernkompetenzen moderner und zukunftsweisender Führungskräfte gar neu: Aus ihrer Sicht sind die kompetenten Führungskräfte von heute in erster Linie gute Gesprächsgastgeber.

Der ideale Boden, um die Konfliktkultur mediativ zu nähren, würde somit darin bestehen, dass die Konfliktkultur von der Führung als wichtige Größe für die Kooperationskultur, die Entwicklungs- und Zukunftsfähigkeit der Organisation anerkannt ist und «top-down» aktiv gestaltet wird. Konflikte werden als Lernchancen verstanden und Entwicklungsgewinne hieraus sind ausdrücklich erwünscht. Die Führungskräfte sind selber in Konfliktkompetenz geschult, haben Räume kreiert und institutionalisiert, in denen sie selbst regelmäßig reflektieren und lernen.

Als «Konfliktklärungskoordinatoren» verfügen sie über die
- Bewusstheit für Grenzen der Selbsthilfe und Sensibilität für frühzeitige und angemessene Interventionen, auch im Sinne einer Eskalationsprophylaxe;
- Bewusstheit über Einschränkung der Kompetenz durch ungeklärte Konflikte;
- Sensibilität für das Auslösen einer begleiteten Konfliktklärung und haben nicht den Anspruch, dass sie intern alles klären müssen;
- Sensibilität, im Sinne der Weiterentwicklung der organisationalen Konfliktkultur, dass sie auch bei intern gelösten Konflikten immer reflektieren: Was hiervon ist es wert, transferiert zu werden, was davon können wir an das Gesamtsystem weitergeben?

Diese Führungskräfte verstehen sich beim Transfer der Gewinne aus der Mediation als «Vernetzungshelfer», anerkennen die Mediation als Mittel der (ersten) Wahl für transformative Klärungen. In dieser Haltung unterstützen sie «top-down» alle «Bottom-up-Entwicklungen» im Zusammenhang mit der Erweiterung der Konfliktkompetenz der Mitarbeiter, haben hierfür schon aktiv Vernetzungsprozesse für den Wissenstransfer konzipiert und haben auch für ihr Team Räume und Gefäße geschaffen, damit der Transfer, bei dem sie die Medianden unterstützen, stattfinden kann.

Fehlende Flankierung oder Unterstützung von Lernen und Transfer

Selbst unter der ungünstigen Bedingung, wenn die Führung an der Erweiterung der Wissens- und Wertebasis der Organisation desinteressiert sein sollte, können die Medianden im Rahmen der Transfer-orientierten Mediation dennoch profitieren. Denn über die Sicherung der persönlichen Entwicklungsgewinne im Prozess, bleiben die Selbststärkung der Medianden, der individuelle Transfer und die spontanen und eher zufälligen «upstream effects» intakt.

Das Vorgespräch mit dem De-iure-Auftraggeber (In-Take)

Das Vorgespräch des Mediators mit dem Vorgesetzten, als De-iure-Auftraggeber, dient in der Transfer-orientierten Mediation nicht nur der Indikations- und Auftragsklärung, der Information über den Prozess, der Arbeitsweise und den Prozesszielen. Es dient auch der Klärung, welche Auffassungen von Lernen und Kooperation bestehen und welche Handlungsräume für den Transfer akzeptiert sind oder unterstützt werden. Der Vorgesetzte wird eingeladen, am Ende der Phase 3 beim Thema «Transfer ausgewählter Entwicklungsgewinne in das Kollektiv» die Freiräume aufzuzeigen und – bei Interesse – mitzuarbeiten.

Das Vorgespräch mit dem Vorgesetzten ist nicht optional, sondern die unerlässliche Voraussetzung, um den Mediationsprozess mit den Medianden überhaupt zu starten.

Die Wahrung der Arbeitsprinzipien

Im InSyst-Modell wird das Vorgespräch mit dem De-iure-Auftraggeber zur Herstellung einer Vertrauensbeziehung und zur Erklärung der Arbeitsprinzipien der Mediation verstanden. Es ist die Aufgabe des Mediators, seine Rolle und den benötigten Handlungsraum für sich und einen entsprechend unbelasteten Mediationsprozess zu klären und zu sichern.

Dazu gehört auch, sich einer Informationspflicht über die Inhalte der Mediation zu entbinden. Eine häufig akzeptierte Vereinbarung zwischen Auftraggeber und Mediator sieht so aus, dass der Mediator regelmäßig Mitteilungen zum allgemeinen Prozess-Status weitergibt, mehr nicht. Zum Beispiel:

Datum	Dauer	Teilnehmende	Prozess-Status
23.01.2010	9 bis 12 h	Medianden x, y, z	Klärung der verschiedenen Standpunkte
...	...	...	Bearbeitung bestimmter Konfliktaspekte
...	...	...	Weiterführung der Arbeit, unter besonderer Berücksichtigung der bevorstehenden Projektsitzung
...	...	...	...
...	...	...	Evaluation der Erkenntnisse aus dem Mediationsprozess im Hinblick auf ihre Relevanz für das Team / die Projektstruktur / die Gesamtorganisation

Akzeptable Einschränkungen für den Mediationsprozess

Die Flexibilität des InSyst-Modells bezüglich Akzeptanz von einschränkenden Faktoren für einen Start der Mediation bezieht sich auf drei nachfolgend begründete Aspekte:

1. *die Vollständigkeit des Teilnehmerkreises*
   Es wird auf jeden Fall angestrebt, alle am Konflikt Beteiligte in den Mediationsprozess zu integrieren. Wird dies vom Auftraggeber nicht genehmigt, ist dies keine Kontraindikation für den InSyst-Prozess. Der Mediator arbeitet mit den Medianden, die vom Vorgesetzten «zugelassen» sind. Der Mediator kann diese Einschränkung deshalb verantworten, weil
   - er es vorzieht, wenigstens diesem kleinen Personenkreis Klärung und Entlastung in der Konfliktsituation zu ermöglichen, als den Prozess platzen zu lassen – und schlussendlich niemandem zu dienen, auch nicht sich selbst.
   - die Medianden im InSyst-Prozess über das Angebot, durch Erfahrung und Lernen ihre Konfliktkompetenzen zu erweitern, in ihrem Arbeitsalltag ihre Selbstbestimmung und Handlungsautonomie (wieder-)herstellen können.

2. *die Freiwilligkeit der Teilnehmer*
   Für den Einstieg in die erste Phase der Mediation ist nur die relative Freiwilligkeit der Teilnehmer erforderlich. Im InSyst-Modell wird davon ausgegangen, dass der Vorgesetzte im Rahmen der arbeitsvertraglichen Kooperationspflicht der Mitarbeiter grundsätzlich das Recht hat, diese in eine Mediation «zu schicken». Es ist hingegen die Aufgabe des Mediators, die Mitarbeiter in ihrer Selbstklärung zu unterstützen, welche Möglichkeiten und Nutzen ein Transfer-orientierter Prozess ihnen bringen kann, sodass sie dann zu motivierten Medianden werden. Ist dies vom Teilnehmer nicht erwünscht oder möglich, zieht dieser sich somit zumindest durch eine bewusste Entscheidung vor dem Hintergrund der geklärten Möglichkeiten aus der Mediation zurück.

3. *der Transfer in das Kollektiv*
   Das InSyst-Modell ist so konzipiert, dass aus dem Prozess Entwicklungsgewinne für die Medianden und ihre Organisation realisiert werden können. Ist der Transfer in das Kollektiv von der Führung nicht erwünscht, dann ist auch dies keine Hürde für die Auftragsannahme. Wie bereits dargestellt, finden Lernen und Transfer – zumindest auf individueller Basis – sowieso statt. Die Gründe für den unerwünschten weiteren Transfer können vom Mediator im Gespräch mit der Führungskraft zwar exploriert werden, sind aber bei fortbestehender Blockierung unbedingt zu akzeptieren.

Die Prozessdramaturgie der InSyst-Mediation

Vorphase: In-Take

Auftrags- und Indikationsklärung

Der Mediator führt mit dem De-iure-Auftraggeber für die Mediation ein Auftragsklärungsgespräch. Häufig ist der De iure-Auftraggeber der Vorgesetzte der Medianden, die als De-facto-Auftraggeber verstanden werden. Selbst wenn der Auftrag durch die Personalabteilung erfolgt, muss der Vorgesetzte in der InSyst-Logik zwingend am Vorgespräch beteiligt werden.

Einerseits evaluiert der Mediator in diesem Gespräch die Indikation für Mediation und seine Eignung für diesen Auftrag, er erfragt eine allgemeine Beschreibung des Konflikts sowie den genauen Überweisungskontext (bisherige Lösungsversuche oder Maßnahmen etc.) und bespricht die «technisch-logistischen» Rahmenbedingungen (Teilnehmendenkreis, Budget, Zeitspanne etc.).

Gleichzeitig vermittelt er durch sein empathisches Zuhören, seine achtsamen Fragen und seine nicht-wertende Haltung den «Geist» der Mediation. Der Mediator ist sich bewusst, dass Konflikte in vielen Organisationen nach wie vor tabuisiert und ausgesessen werden, und dass die Inanspruchnahme externer Begleitung mit dem Eindruck der Schwäche und Befürchtungen bezüglich Gesichtsverlust einhergehen können. Der Mediator drückt seine (natürlich aufrichtige) Wertschätzung aus für die bisherigen Versuche der Führungskraft den Konflikt zu lösen und dafür, dass sie aufgrund der Bewusstheit der Grenzen interner Konfliktbearbeitung eine externe Lösung gewählt hat. Der Mediator bietet der Führungskraft indirekt über seine Haltung zu Konflikten und Mediation Entlastung an und kann, wann immer passend, Normalisierungen einstreuen.

Symmetrische Beziehungen

Es ist darauf zu achten, dass die Gestaltung der Beziehung in diesem Gespräch eine symmetrische ist und bleibt. Das heißt, weder dürfen die sozialen Kompetenzen der Führungskraft vom Mediator als defizitär betrachtet werden, noch darf die Führungskraft den Mediator als verlängertes Sprachrohr oder Herbeiführer unangenehmer Entscheidungen gegenüber den Medianden in die Pflicht nehmen.

In der Praxis kommt es immer wieder vor, dass Führungskräfte vor dem Hintergrund von Auswirkungen einer Null-Fehler-Kultur in ihrer Organisation, von momentaner Überforderung und intensivem Stress, von Spannungen aus systembedingten widersprüchlichen Zielsetzungen oder anderen Gründen, bewusst oder unbewusst versuchen, den Mediator für ihre Lösungsvorstellungen oder die Verschiebung von Führungsverantwortung einzubinden. Das sind sehr gut nachvollziehbare, aber nicht zu akzeptierende Bedingungen.

Diese Situation kann sich durch die Realitäten des Mediators, insbesondere des beruflich selbstständigen Mediators, vor allem dann als spannungsreich erweisen, wenn sein benötigtes Auftragsvolumen noch entwicklungsfähig ist. Es ist von zentraler Bedeutung, dass der Mediator seine Ausgangslage vor dem Auftragsgespräch bezüglich etwaiger Spannungsfelder zwischen Umsatz- und Imagerelevanz des Auftrags und den möglichen Auswirkungen der Einforderung bestimmter Voraussetzungen für die Mediation reflektiert hat (z.B. Auftragsverlust und Berücksichtigung eines weisungsaffineren Mediators). Nur so kann eine bewusste Entscheidung bezüglich der akzeptablen Grenzen von einschränkenden Faktoren für die Durchführung einer «echten» Mediation erfolgen.

Klärung der Prozessdimensionen

Der Mediator bespricht mit dem Vorgesetzten die möglichen Dimensionen und Gewinne eines Transfer-orientierten Prozesses. Er klärt in diesem Vorgespräch, wie erwünscht und erwartet Lernen, Transfer und Rückbindung von Wissen in die Organisation sind und in welcher Reichweite der Transfer erfolgen soll. Es wird besprochen, ob und welche Gefäße und Kanäle hierfür bestehen, welche zu kreieren oder zu gestalten sind.

Je nach Organisationskultur und –größe kann oder muss hier die Führungskraft als Promotor des Lernprozesses im Gesamtsystem einbezogen werden, um die Medianden nicht zu überfordern. Das Interesse und die Bereitschaft für diesen Transfer-Prozess sowie die Rahmenbedingungen müssen thematisiert und zumindest skizziert werden. Je nach konkreter Situation würde der Vorgesetzte am Ende der Phase 3 im Rahmen der Mediationssitzung zur Besprechung des Transfers mit den Medianden eingeladen werden.

Transparenz

In jedem Fall wird das Führen eines Vorgesprächs mit dem Vorgesetzten gegenüber den Medianden transparent gemacht. Es können, aber es müssen nicht alle Inhalte dargelegt werden. Die Information kann allgemein erfolgen und sollte mindestens enthalten:
- Wie ist der Auftrag zum Mediator gekommen und welche Kontakte haben stattgefunden?
- Welcher zeitliche und / oder finanzielle Rahmen wurde vom Vorgesetzten grundsätzlich bewilligt / vorgesehen?
- In welcher Form fließen Informationen aus dem Prozess vom Mediator an den De-iure-Auftraggeber?

Der De-iure-Auftraggeber als Mediand

Das Vorgespräch mit dem De-iure-Auftraggeber findet auch dann statt, wenn er selbst als Mediand an der Mediation teilnehmen wird. In diesem Fall erfolgen in Phase 1 sowohl die Information über das Vorgespräch wie oben skizziert als auch die Klärung der Bedeutung seiner Teilnahme.

Phase 1: Check-in & Boarding

Der ersten Phase kommt für einen hirngerechten entwicklungsorientierten und nachhaltigen Prozess eine elementare Bedeutung zu. Gearbeitet wird von Anfang an auf zwei Ebenen:
- *Klärungsebene (Check-in):* Indikations-, Auftrags- und Kontextklärung (u.a. Zielsetzungen, Rolle des Heimatsystems, beschränkende organisationale und administrative Rahmenbedingungen, Stakeholders etc.),
- *Meta-Ebene (Boarding):* Intensive Selbstklärung in Bezug auf Motivation und Freiwilligkeit, Interesse und Kooperationsbereitschaft für alle Prozessdimensionen (Klärung, Lernen und Transfer).

Das Check-in vereint alle Informationsfragen nach den Umrissen des Konflikts, den gewünschten Zielen, dem Kontext (Heimatsystem), aus dem die Medianden kommen, den Voraussetzungen und Rahmenbedingungen für eine Mediation, nach Betroffenen und Beteiligten – und alles, was nützlich erscheint, um das Konfliktthema und sein Wirkungsfeld in einem ersten Überblick zu erfassen.

Annäherung an den Mediationsprozess

Die Teilnahme an einer Mediation soll grundsätzlich freiwillig erfolgen, so eines der verbreiteten Postulate. Doch ist die Wahrscheinlichkeit, dass die Medianden sich zu Beginn einer Mediation eher im inneren Vermeidungsmodus befinden – trotz geäußerter Freiwilligkeit – groß. In der Transfer-orientierten InSyst-Mediation soll jedoch nicht mit einer abgenickten Pro-forma-Freiwilligkeit gearbeitet werden, sondern die Medianden sollen im Rahmen des Boardings die Möglichkeit erhalten, innerhalb der Autonomien und Begrenzungen ihrer Rolle im System, in sich eine echte, eine intrinsische Motivation und Freiwilligkeit für den Klärungsprozess zu entdecken. Der Mediator thematisiert auch die Lernmöglichkeiten und Entwicklungsgewinne, die ihre Prozessarbeit in der Mediation hervorbringen kann und fragt hier explizit das Interesse der Medianden an dieser sich bietenden Dimension nach.

Dies erfolgt im InSyst-Modell explizit zuerst und gibt den Raum für die Medianden, um mit ihren inneren Bedürfnissen, die eine Klärung befriedigen würde, in Kontakt zu kommen. Diese inneren Bedürfnisse machen sich zumeist als Ableitungen der psychoemotionalen Grundbedürfnisse von Verbundenheit und Wachstum bemerkbar und berühren beim Aussprechen durch den Medianden die anderen Anwesenden ebenfalls spürbar.

Neurobiologisch gesprochen: Es soll auch innerlich nicken; auch das innere Bewertungssystem soll auf «Ja, in Ordnung, Annäherung» stehen. Nur dann ist der Weg frei für echte Motivation und somit echte Freiwilligkeit für den Prozess – und einen echten Einstieg (Boarding).

Konkret heißt dies, dass der Mediator in einer ersten Phase über eine vertrauensvolle und wertschätzende Arbeitsbeziehung den geschützten Raum, einen Selbstklärungscontainer, bietet, damit den Medianden Annäherung an die eigenen Anliegen und ihre Veränderungsmotivation gelingen kann sowie eine Annäherung an den Mediator und den Prozess.

Entsprechend steht auch bei der Einführung in den Prozess weniger im Vordergrund, in welchen Prozessschritten die Mediation genau verlaufen wird, sondern wie der Prozess für den Medianden emotional verlaufen könnte.

Wichtig ist dabei vor allem die «Entpathologisierung», dass «Mediation nötig wurde», sondern stattdessen Entlastung durch «Normalisierung» von Konflikten, ihren Dynamiken und Kräften sowie wertschätzenden Bemerkungen vom Mediator an die Medianden, dass sie in diese Veränderungs- und Lernchance gehen möchten.

Eine – behutsame – erste gegenseitige Annäherung findet mindestens in der gemeinsamen Sicht auf die Notwendigkeit einer Klärung sowie der grundsätzlichen Möglichkeit von Erkenntnisgewinnen, tendenziell aber auch schon in Bezug auf die jeweiligen Motivationen statt. Die Annäherung kann weiter unterstützt werden, indem von Beginn an mit Anerkennungs- oder Ausgleichsgesten gearbeitet wird, in Anlehnung an Watzke (2008): «pay-pay kommt vor win-win».

Beide Ebenen, Check-in und Boarding, durchläuft auch der Mediator innerlich: Neben den Überlegungen zu Interessen- und Wertekonflikten, Kompetenzen und Ressourcen zur Auftragsannahme (Check-in), gilt es vor allem auf der Boarding-Ebene auch die innerliche Frage zu beantworten, ob der Mediator für die Medianden eine gewisse Sympathie empfinden kann. «Damit ich andere einladen kann, neue Erfahrungen zu machen, muss ich etwas an ihnen mögen.» (Hüther 2009, mdl.)

Damit wird erneut deutlich, was in der InSyst-Mediation eine der Hauptinterventionen ist: Der Mediator selbst – mit seiner achtsamen und ressourcenorientierten Haltung, mit seiner Präsenz, Empathie und Authentizität.

Exemplarischer Phasenverlauf

Phase 1	Ziel	Inhalte/Interventionen	Beispiele möglicher Lern-Inhalte
Check-in	Arbeitsbündnis mit Mediator für die Mediation als Raum für Konfliktbeilegung und Lernen	Orientierende Informationen zum Mediator, zur Vorphase, zum Prozessverlauf (summarisch), zu Reflexions- und Lernmöglichkeiten	
Boarding	Annäherung an Mediation	Entlastende, stressreduzierende und normalisierende Bemerkungen zur Existenz von Konflikten und Verhaltensweisen in Konflikten, «compliments» (wertschätzende Beobachtungen / Bemerkungen zur Prozessbereitschaft) Einführung des Transfer-Tagebuchs, das den Medianden als prozessbegleitendes Speichermedium für Erkenntnisse, Reflexionen und Impulse dienen soll	(eher unbewusstes Lernen, da tendenziell noch stark belegt durch Konfliktthemen)
Check-In	Arbeitsbündnis der Medianden miteinander für den Klärungsprozess	Vereinbarungen über Vertraulichkeit, Regelung im Falle eines Abbruchs	
Boarding	Annäherung an die vorhandenen Ressourcen des anderen	Gegenseitige Gesten und compliments bezogen auf Ressourcen außerhalb des Konflikts	(eher unbewusstes Lernen, da tendenziell noch stark belegt durch Konfliktthemen)
Check-in	Auftrags- und Kontextklärung sowie Selbstklärung in Bezug auf Autonomie und Abhängigkeiten	Konfliktgegenstand, Betroffene, organisationale Realitäten und Rahmenbedingungen (z.B. unveränderbare Strukturen), BATNA klären	Wie Handlungsspielräume ausgelotet werden können
Boarding	Intrinsische Motivation für den Klärungs- und Lernprozess	Wunderfrage, unerwünschte und erwünschte Zukunft, Arbeit mit Aufstellungen Wertschätzen des Leids und der Ressourcen, entlastende Bemerkungen	Erlernen der angewandten Methoden für spätere Selbstklärungen, Bewusstheit über innere Motivatoren; Bewusstheit für Körper und Emotionen als Informationsquellen

Phase 2: Expedition & Discovery

In der zweiten Phase erfolgt einerseits die Expedition zur Konfliktbeilegung über die Emotionen zu den Interessen und Bedürfnissen, zur gegenseitigen Anerkennung der jeweiligen Anliegen und zur Transformation der Beziehung zwischen den Medianden. Gleichzeitig werden neue Erfahrungen gemacht und neues Hintergrundwissen zu Konflikten und Kommunikation erworben.

- *Klärungsebene (Expedition):* Konfliktbeilegung durch «empowerment» und «recognition
- *Meta-Ebene (Discovery):* Reflektieren, Explizieren, Plausibilisieren, Ko-Kreation des Lernprozesses, neue Erfahrungen der Selbstwirksamkeit, neues Wissen

In einem ko-kreativen, entwicklungsorientierten Prozess werden verengtes Wahrnehmen, Fühlen, Denken und Verhalten durch Erfahrung, Lernen, Wissen und (Wieder-) Entdeckung der Selbstwirksamkeit verändert und erweitert. Der Mediator unterstützt die Medianden auf ihrem Weg von der Enge zur Weite und Vielfalt – jedoch nicht durch Analysen, Ratschläge, Appelle, Ermahnungen oder Regeln, sondern durch das Einladen, Ermutigen und Inspirieren, neue, berührende und begeisternde Erfahrungen zu machen, um Veränderung und Wachstum zu erleben.

Ein solcher Prozess kann nur gelingen, wenn der Mediator ihn in einer entsprechenden Haltung «hält». Dazu gehören intensive Zugewandtheit, ehrliche Wertschätzung und Vertrauen in die Ressourcen und die innere Schatzkammer der Medianden, Respekt und Achtsamkeit in Umgang und Sprache, die Position des Nichtwissens in Bezug auf die Inhalte – und ein inneres Feuer für die potenzielle Kraft der Mediation.

Selbstklärung und -artikulation

Die Unterstützung der Selbstklärung und Selbstartikulation der Medianden führt weg von Forderungen, Sackgassen und Positionen hin zum Kontakt mit den eigenen Bedürfnissen, Interessen, Motivationen und Einschränkungen. Der geschützte und wertschätzende Raum, den der Mediator hierfür zur Verfügung stellt, ermöglicht den Ausdruck dieser Anliegen. Das Ziel ist die Wiederherstellung der Selbstverbundenheit und der Selbststärkung der Medianden. Hilfreiche Interventionen sind unter anderem: systemische Fragen, zugewandtes Schweigen, Paraphrasieren und Spiegeln.

Entlastung und Plausibilisierung

Um die Medianden vom Stress, wie «es passieren» konnte, dass sie in diese Art von Konfliktsituation «geraten» konnten, zu befreien oder diesen zumindest erheblich zu reduzieren, muss der Mediator die Medianden entlasten und ihre Verhalten entpathologisieren – ohne dabei das empfundene Leid der Medianden zu verniedlichen.

Er tut das zum einen generisch, indem er vor diesem Hintergrundwissen schon in der Eröffnung die Normalität von Konflikten und ihre Dynamiken «plausibilisiert». Er tut dies zum anderen, indem er den Medianden fortwährend die (sozialpsychologischen) Hintergrundmodelle, die in seinem Hinterkopf z.B. zur Hypothesenbildung (sowieso) ablaufen, aktiv anbietet und bei Interesse zur Verfügung stellt und nicht als Expertenanalyse der Situation, sondern als «eines von vielen möglichen Erklärungsmodellen, das hier vielleicht (!) eine Rolle spielen könnte – oder auch nicht».

Die Medianden signalisieren üblicherweise sofort, ob das theoretische Modell bei ihnen Resonanz gibt oder nicht. Falls ja, dann erfolgt meistens eine unverzügliche Entspannung und eine gemeinsame Sicht auf «die Situation» und das «Know-why» – sowie eine «kleine» Verbundenheit miteinander. Falls nein, so regt diese Intervention häufig reflexive Prozesse und den Austausch hierüber an.

Entlastend ist es häufig auch für die Medianden, wenn der Mediator relevante systemische Bezüge oder (systemimmanente) Widersprüche in den Zielsetzungen, Abläufen, Werthaltungen innerhalb des Heimatsystem oder der Gesamtorganisation der Medianden als – meist zu akzeptierende – Realitäten benennt und mögliche Spannungsfelder hieraus explizit formuliert. Findet Entlastung statt, können Denken deblockiert und Stress reduziert werden, sodass Lernen und Veränderung wieder möglich werden. In der Folge kann dann der Umgang mit diesen Widersprüchen, Ambivalenzen, Abhängigkeiten und Begrenzungen fokussiert und der «Spielraum» entdeckt werden. Hilfreiche Interventionen sind hier zum Beispiel neben der Zurverfügungstellung von theoretischen Erklärungsmodellen vor allem zirkuläre und lösungsfokussierte Fragen.

Externalisieren der Bilder

Weitere Entlastung und verstärkte Klarsicht bringt die Externalisierung von Konfliktbildern, durch die die Medianden ihre Situation aus verschiedenen Positionen und Perspektiven betrachten und erleben können. Das Kohärenzgefühl wird gestärkt, wenn die Situation als verstehbar erlebt wird. Widersprüche und Unterschiedlichkeit werden sichtbar, können verstanden und anerkannt werden. Die Medianden können systemische Bezüge und die Bedeutung ihrer Verantwortung im Gesamtbild empfinden und neue Handlungsfähigkeit erleben. Dies gelingt insbesondere durch das Nutzen von Aufstellungen mit Bodenankern, Figuren, Symbolen, durch Zeichnen und Skulpturarbeit.

Kompetenzaktivierung

Davon ausgehend, dass die Menschen alle Ressourcen in sich tragen, um eine Situation zu lösen oder mit ihr umzugehen und ihnen in Konfliktsituationen lediglich der Zugang hierzu verstellt ist, hat die (Re-)Aktivierung dieser Kompetenzen über Reflexion und Wertschätzung eine zentrale Bedeutung.

Es geht einerseits darum, die Medianden mit ihren eigenen Ressourcen in Kontakt zu bringen und andererseits auch mit den Ressourcen der anderen Medianden. Dadurch können eine Transformation des Abgewerteten (Verhalten, Menschen, Selbst) und die Öffnung zur Vielfalt gelingen.

In jeder Sitzung, idealerweise am Anfang, stellt der Mediator eine oder mehrere kompetenzaktivierende Fragen, wie zum Beispiel:
- *«Was konnten Sie an der letzten Sitzung / in der Zwischenzeit / bis jetzt für sich entdecken?»*

- «*Was war bisher für Sie neu und bedeutsam?*»
- «*Was hat Sie besonders berührt? Was hat sich in Ihnen oder für Sie verändert?*»
- «*Was kommt für Sie im Moment in Bewegung?*»
- «*Welche Veränderungen bemerken Sie in Bezug auf dieses Thema?*»
- «*Welche neuen Betrachtungsweisen haben sich für Sie ergeben?*»

Auf diese Weise fokussieren die Medianden ihre Aufmerksamkeit auf ihre Ressourcen und Veränderungen und können im Kompetenzmodus in die Sitzung gehen.

Es ist deshalb wichtig, dass der Mediator jeden – noch so kleinen – Schritt Richtung Veränderung oder Bewegung von Mustern realisiert und diesen wertschätzend formuliert. Die Arbeit mit z.B. Reframing, reflexiven, zirkulären, hypothetischen und lösungsfokussierten Fragetechniken, der Aufmerksamkeitsfokussierung auf Ausnahmen, ressourcenreiche Situationen und Unterschiedsbildung, den Gestaltebenen und Wahrnehmungspositionen eignet sich hierfür besonders.

Ko-Kreatives Lernen

Lernen heißt Perspektivenverschränkung: Das Wahrnehmen von Differenzen, die Entdeckung von Gemeinsamkeiten und die Akzeptanz von Fremdheit (Siebert 2003).

Die Perspektivenwechsel ermöglichen grundsätzlich über die Anerkennung der gegenseitigen Sichtweisen und Bedürfnisse eine neue, gemeinsame Wirklichkeitskonstruktion. In der InSyst-Mediation werden diese magischen, berührenden Momente intensiviert, indem dieses neue Verständnis für einander unmittelbar auf seine «Alltagstauglichkeit» erprobt wird. Der Konflikt wurde aus einer bestimmten Kontextdynamik im Heimatsystem in die Mediation gebracht. Diese Dynamik muss in eine nachhaltige Konfliktbeilegung einbezogen werden.

Dafür werden insbesondere die Zwischenräume im Mediationsprozess genutzt, das heisst, die Medianden erhalten für die Zeit zwischen den Sitzungen «interaktionelle Hausaufgaben» mit dem Ziel des Probehandelns in der Kontextdynamik des Heimatsystems. Die Erfahrungen und Stolpersteine aus diesen Hausaufgaben werden zurück in den Lernraum Mediation gebracht und dort besprochen.

Die Erkenntnisse und das Lernen aus gemeinsamen Reflexions- und Interaktionsprozessen können verbindend wirken und die Konfliktbeilegung und Beziehungstransformation durch das gemeinsame Erleben und Handeln zwischen den Medianden weiter absichern. Diese neue Erlebnisbasis stärkt die Selbstbeziehung, die Verbundenheit mit sich selbst und mit den anderen Medianden, sodass neue Mentale Modelle entstehen und positive Erfahrungen von Selbstwirksamkeit und Wachstum abgespeichert werden können.

Der Transfer der Entwicklungsgewinne wird kontinuierlich mitgedacht und vorbereitet: Diese Ergebnissicherung (Einsichten, Erkenntnisse, Reflexionen, neues Wissen) kann in allen Phasen der InSyst-Mediation stattfinden.

Dabei empfiehlt es sich, die Verfügbarkeit und Abrufbarkeit aller Entwicklungsgewinne – aus den Hausaufgaben wie auch aus dem gesamten Mediationsprozess – zu begünstigen, indem sie mit Symbolen, Aphorismen oder anderen Primes geankert werden. Zudem hat sich das Führen eines Transfertagebuches für die Dauer des Prozesses sehr bewährt. Gleichzeitig soll vor allem das Zelebrieren der Entwicklungsgewinne lustvoll und begeisternd sein, daher sind der Kreativität keine Grenzen gesetzt, um das stattfindende Wachstum wertzuschätzen.

Die Konfliktbeilegung wird abgeschlossen, und die Transferphase beginnt mit einem intensiven Rückblick auf den gemeinsamen Prozess, die überwundenen Hindernisse, Wendepunkte, die erfahrenen Gewinne, das neue Verständnis füreinander. Dann erfolgt die Gestaltung des Transfers auf persönlicher Ebene, in das Heimatsystem und die Gesamtorganisation.

Exemplarischer Phasenverlauf

Phase 2	Ziel	Inhalte/Interventionen	Beispiele möglicher Lern-Inhalte
Expedition	Selbstklärung bezüglich der eigenen Anliegen und Bedürfnisse	Zugewandtes Schweigen, Paraphrasieren, Verbalisieren, systemische Fragen	
Discovery	Selbstverbundenheit und Selbststärkung Erste gemeinsame Sicht auf dahinterliegende Modelle, die die Situation der Medianden verständlicher machen	Entlastung, Entpathologisierung, Stressreduktion, Normalisierung, Externalisierung der Konfliktbilder, Würdigung der Reflexionen und der Offenheit, Wertschätzung der Unterschiedlichkeit als Ressourcen, reflexive Hausaufgaben	Hintergrundmodelle zu Eskalationsdynamiken, Verhaltensstrategien in Konflikten, Wahrnehmungsfilter, Affektblindheit; Konzept von Überlebens- und Kompetenzmodus
Expedition	Interessenbasierte Auslegeordnung der Themen	Zusammenfassen der Unterschiedlichkeiten und der Gemeinsamkeiten in Bezug auf Erlebnisse, Anliegen und Bedürfnisse	Hinter verschiedenen Anliegen können gleiche/gemeinsame Bedürfnisse stehen; Verständnis für Wirklichkeiten statt Wahrheiten
Discovery	Annäherung an andere Perspektiven, Verbundenheit	Verdeckte Aufstellungsarbeit, d.h., Arbeit mit Wahrnehmungspositionen oder Tetralemma-Aufstellung, reflexive Hausaufgaben	Methoden zur Selbstklärung und zum Perspektivenwechsel; Konzept der somatischen Marker
Expedition	Perspektivenwechsel, Anerkennung der Anliegen des anderen	Systemische Fragen, Dialogisieren zwischen den Medianden unterstützen	
Discovery	Verbundenheit und Wachstum; Joint attention	Einladung zur Reflexion, z.B. über Stressoren, Interaktionsmuster Plausibilisierungen hierzu, Explizierung der Erkenntnisse	Kommunikations- und De-Eskalationstechniken

Phase 2	Ziel	Inhalte / Interventionen	Beispiele möglicher Lern-Inhalte
Expedition	Optionen, Kriterien, Auswahl	Kreativitätstechniken zur Generierung von Optionenvielfalt, Definition von Kriterien zur Auswahl geeigneter Optionen	Optionen generieren und bewerten
Discovery	Selbstwirksamkeit, Kohärenzgefühl, Wachstum	Probehandeln während Mediationssitzungen, interaktionelle Hausaufgaben, Reflexionen und Erkenntnisse explizieren	Kommunikationstechniken, neurobiologische Erkenntnisse

Phase 3: Integration & Transfer

Der InSyst-Prozess umfasst eine ausführliche Transfer- und Integrationsphase, in der einerseits die Informationen gesichert werden, die für eine Verbesserung der Ablauf- oder Aufbauorganisation an den De-iure-Auftraggeber zurückgemeldet werden sollen. Gleichzeitig umfasst diese Phase auch die Gestaltung des «Danach», sodass die Medianden ihre Erkenntnisgewinne auch nach dem «Wiedereintritt in die Organisationsatmosphäre» verfügbar behalten und – noch einen Schritt weiter – ins Heimatsystem transferieren können. Damit wirken Veränderungen über die Medianden in das System zurück, und die Medianden können als Quelle organisationalen Lernens zur Stärkung der Kooperations- und Konfliktkompetenz der Organisation angesehen werden.

- *Klärungsebene (Integration):* evtl. Vereinbarung, Informationen zu konfliktbegünstigenden Aspekten der Ablauf- oder Aufbauorganisation für den De-iure-Auftraggeber
- *Meta-Ebene (Transfer):* Gestaltung von Transfer und Verfügbarkeit der persönlichen Entwicklungsgewinne sowie der Entwicklungsgewinne für die organisationale Konfliktkultur

Zum einen wird in dieser dritten Phase an den Sitzungen oder in reflexiven und interaktionellen Hausaufgaben an der Kreation von Ritualen, Analogien, gemeinsamen Metaphern, Geschichten, Gefäßen oder anderen Ideen zur Sicherung und Speicherung der individuellen Entwicklungsgewinne sowie ihrer Verfügbarkeit und Abrufbarkeit in zukünftigen Konfliktsituationen gearbeitet. Im Speziellen werden folgende Fragestellungen fokussiert:

- *Welche Erkenntnisse waren besonders bedeutsam? Woran war das erkennbar?*
- *Wie kann dieses neue Wissen verfügbar gehalten werden?*

Zum anderen werden diese Lerninhalte mit den Kooperations- und Interaktionsprozessen der Organisation verknüpft und bilden somit die Basis zum Transfer der persönlichen Entwicklungsgewinne über das Heimatsystem in die Organisation. Das Augenmerk liegt auf der folgenden Reflexion:

- Welche persönlichen Entwicklungsgewinne aus dem Prozess sind kollektiv nützlich und können die für das Subsystem entsprechenden Impulse für die Veränderung der Konflikt- und somit Kooperationskultur auslösen, sodass typische blockierende, eskalationsbegünstigende Muster oder mentale Modelle des Systems in Bewegung gebracht werden können?

Die Medianden definieren Relevanzkriterien, nach denen sie aus ihren persönlichen Entwicklungsgewinnen das Wissen selektionieren, das sinnvollerweise in die Organisation überführt werden sollte.

Im Anschluss an die abgeschlossene persönliche Transferarbeit und der Vorauswahl relevanter Inhalte für das Kollektiv, wird der Vorgesetzte in die nächste Sitzung eingeladen, sofern im In-Take nicht etwas anderes vereinbart wurde. Die Medianden «erklären» dem Vorgesetzten die ausgewählten Gewinne, die angewendeten Kriterien und erste Ideen für den Transfer in das Heimatsystem. Im Dialog zwischen Medianden und Vorgesetztem, wird geklärt, ob diese Vernetzung über vorhandene oder zu kreierende Transfergefäße erfolgen soll:

- Welche Gefäße und Kanäle sollen konkret und auf welche Weise für die Rückbindung des neuen Wissens zum Einsatz kommen? Wie können sie genutzt oder gestaltet werden? Was gilt es zu beachten? Wie ist damit umzugehen? Wer tut was, in welchem Zeitraum? Was ist die Rolle des Vorgesetzten? Welche Unterstützung wird vom Mediator benötigt?
- Was davon könnte wie und wann an die «restlichen» Organisationsakteure und mit welchen Inhalten weitergegeben werden?

Der Vorgesetzte «besucht» nicht die inhaltliche Klärungsebene der Medianden, sondern ausschließlich die Meta-Ebene des für die Organisation relevanten Lernens und des Transfers. Je nach Ausprägung der Konflikt- und Lernkultur der Organisation kann es zwischen Medianden und Vorgesetztem auch zu einer Ausweitung der Auskünfte zu ihren persönlichen Entwicklungsgewinnen kommen.

Obschon es für den Transferprozess wichtig ist, dass die Führung diesen zumindest flankiert oder ihm durch die Allokation von Aufmerksamkeit eine entsprechende Wichtigkeit verleiht, wird die Transferleistung der relevanten Entwicklungsgewinne in die Organisation nicht dem Vorgesetzten oder einer nicht direkt am Prozess beteiligten Steuergruppe «übergeben». «Ownership» und Authentizität sind zentral, daher sollten die beteiligten Medianden diese Lernimpulse zumindest in ihrem Heimatsystem (Team) selbst vermitteln.

Transfer und Vertraulichkeit

Die Medianden definieren den Grad der Vertraulichkeit bezüglich Konfliktinhalten im Zusammenhang mit dem Transfer der Entwicklungsgewinne in die Organisation.

Insbesondere Metaphern und Analogien können bei großem Vertraulichkeitsbedürfnis helfen, um allenfalls fehlende inhaltliche Informationen für das Heimatsystem zu kompensieren. So können relevante Inhalte plastisch, metaphorisch oder sinnlich weitergegeben werden, ohne die Vertraulichkeit zu verletzen.

Eine Beobachtung aus der Praxis: Je konstruktiver die Fehler- und Konfliktkultur einer Organisation und je ausgeprägter ihre Lernkultur, desto weniger brisant war das Thema Vertraulichkeit respektive desto großzügiger teilten die Medianden den Konflikt und ihre Gewinne ihrem System mit. Gleichwohl ist es wichtig, dass absolute Vertraulichkeit immer eine Option für die Medianden sein muß.

Exemplarischer Phasenverlauf

Phase 3	Ziel	Inhalte / Interventionen	Beispiele möglicher Lern-Inhalte
Integration	Vereinbarungen, Regelungen	Lösungsfokussierte Fragen zur Konkretisierung des Umsetzungsplans	Lösungsfokussierte Fragetechniken
Transfer	Verbundenheit mit Weggefährten, Wachstum, Selbstbestimmung, Handlungsautonomie	Rückblick, Wissensspeicherung, Metaphern-Geschichten, Symbole, Rituale	Anker setzen, Priming, Metaphern-Konstruktion
Integration	Feedback zu Aufbau- und Ablauforganisation an Vorgesetzten	Erfassen und Unterstützung beim Strukturieren der Informationen, Coaching bezüglich Kommunikation an Vorgesetzten	Gewaltfreie Kommunikation, ABC-Themen-Cluster
Transfer	Verbundenheit mit Heimatsystem, Partizipation, Systemstärkung	Einladung zu Reflexion und Selektion relevanter Gewinne aus persönlichen Erkenntnissen mit Bedeutsamkeit für das Kollektiv, Unterstützung und Ideen zur Transfergestaltung	Möglichkeiten des Wissenstransfers
Integration	Organisationsentwicklung	Gesprächsmoderation zwischen Vorgesetztem und Medianden	
Transfer	Verbundenheit, Selbstwirksamkeit, Wachstum, Partizipation	Gesprächsmoderation zwischen Vorgesetztem und Medianden	Interessenbasierte Gesprächsmoderation

Gesamtbetrachtung: Phasenziele und Gewinne für Individuum und Organisation

Die Zielsetzung der Transfer-orientierten Mediation ist die nachhaltige Selbststärkung der Medianden durch persönliche Entwicklungsgewinne. Diese ergeben sich aus:
- neuem Erfahrungswissen, angereichert um
- für diese Erfahrung relevantes Begründungswissen,
- dem Erleben von Selbstwirksamkeit,
- der Erweiterung der persönlichen Konfliktkompetenzen und
- des aktiven Transfers dieser Gewinne in die Organisation.

Vernetzung der Gewinne in die Organisation

Die einzelnen Phasenziele des InSyst-Modells unterstützen die möglichen Gewinne für die Medianden und ihre Organisation wie folgt:

		Ziele der Phase 1 «Check-in & Boarding»	Ziele der Phase 2 «Expedition & Discovery»	Ziele der Phase 3 «Integration & Transfer»	Gewinne
Klärungsebene	Konflikt	Selbstklärung	Empowerment, Recognition, Konfliktbeilegung	Beziehungstransformation, Vereinbarungen	Arbeitsfähigkeit, Gesundheit, OE-Informationen, Kreativität
Meta-Ebene	Motivation	Extrinsisch und intrinsisch	Intrinsisch und extrinsisch	Flow	Selbstklärung bezüglich Motivatoren und Grenzen, persönlicher Ressourcenzugang
	Neurobiologischer Prozess	Annäherung	Verbundenheit	Wachstum	Gesteigertes Kohärenzgefühl, Selbstverbundenheit
	Wissen	Wissenserwerb unbewusstes Lernen implizites Wissen	Wissensentwicklung, bewusstes Lernen, explizites Wissen	Wissenssicherung und -anreicherung	Erweiterte Konfliktkompetenzen, Wissensverteilung im System

Abbildung 14: **Phasenziele und Gewinne der Transfer-orientierten Mediation**

Die Stärkung des Systems geschieht über den Transfer der Entwicklungsgewinne der Medianden in die Organisation. Die Vernetzungsreichweite des Transfers der Gewinne aus der Mediation ist abhängig von der vorherrschenden Lern-, Kooperations- und Konfliktkultur in der Organisation. Doch in welcher Ausprägung das transferinteressierte Umfeld auch vorherrscht, gibt es eine «conditio sine qua non»: Der geplante Transfer in das Kollektiv, und geschieht er in noch so kleinem Rahmen, muss von der Führung durch entsprechende Allokation von Aufmerksamkeit, Zeit, Interesse und Raum geschützt und gestützt – und die Medianden als wertvolle Quelle des Lernens anerkannt werden. Je lebendiger und direkter der Transfer zudem gestaltet werden kann, desto interessierter wird er von den Organisationsmitgliedern beachtet und aufgenommen.

Der Bottom-up-Transfer- und Lernprozess

Je nach Organisationstyp und -größe sowie Organisationskultur wird das neue Wissen

Direkte Kommunikation

- face-to-face und kontextualisiert weitergegeben (persönlicher Erfahrungs- und Lernbericht, inklusive reflexivem Diskurs zwischen Erzählern und Zuhörern);
- face-to-face und dekontextualisiert weitergegeben (Metaphern, Aphorismen, Geschichten, inklusive reflexivem Diskurs zwischen Erzählern und Zuhörern);

Dokumentation

- kontextualisiert dokumentiert (Storytelling);
- dekontextualisiert dokumentiert (Abläufe, Regeln, allgemeine Aphorismen, Leitsätze);

Information

- als kontextualisierte Information präsentiert (persönlicher Erfahrungs- und Lernvortrag);
- als dekontextualisierte Information präsentiert (allgemeiner Vortrag zu Konflikten und Konfliktkompetenzen, allgemeine Verbesserungsvorschläge zur Ablauf- und Aufbauorganisation).

Häufig erfolgt die Auswahl der Art des Transfers (z.B. Erfahrungen aus Projekten etc.) so, dass das Wissen eher kontextualisiert weitergegeben wird, wenn es sich um «nahen Transfer» handelt. Nah meint hier zeitnah und gleichzeitig nah in Bezug auf Zugehörigkeit zum (Sub-)System der Transferierenden. Der Transfer erfolgt eher dekontextualisiert, wenn es sich um fernen Transfer handelt. Fern ist hier gemeint als zeitlich verzögert und in Bezug auf organisationale «Fernbeziehungen».

Abbildung 15: **Bottom-up Transfer- und Lernprozess**

Etablierte Lernkultur und Transfer in das Heimatsystem

In der etablierten Lernkultur bestehen für den Transfer von Wissen bereits lebendige Vernetzungsarchitekturen und -gefäße, die aufgrund eines entsprechenden Lern-, Entwicklungs- und Transformationsverständnisses der Organisation von der Führung konzipiert, verankert, promoviert wurden sowie kontinuierlich gepflegt und angepasst werden. Der Transfer von Wissen kann dann zum Beispiel wie nachfolgend skizziert stattfinden:

Dialog-Nester

Die Medianden erzählen vor ihrem Heimatsystem als «Reflecting Team» von ihrer Reise, ihren Erkenntnissen und was sie als sinnvolle Gewinne für das Heimatsystem erachten. Sie können dies im Sinne der realen Geschichte tun (kontextualisiert) oder dekontextualisiert über Metaphern-Geschichten. Diese Geschichte / Reflexionen werden anschließend in kleinen Dialog-Nestern von maximal fünf Personen, bezogen auf den realen Arbeitskontext, besprochen und angereichert. Die Medianden zirkulieren zwischen den Nestern. Sie beantworten weitere Fragen zur Reise, vertiefen Erkenntnisse und beteiligen sich an weiteren Reflexionen. Die Gewinne werden gesammelt und auf für die Organisation geeignete Weise festgehalten.

Fishbowl-Interview

Ein (vorher vom Mediator gecoachter) Vorgesetzter oder der Mediator selbst interviewt die Medianden vor dem Heimatsystem zu ihrer Reise und ihren Erkenntnissen hieraus im Fishbowl-Setting. Es können Mitglieder des Heimatsystems aus dem Außenkreis in den Fishbowl kommen, um Fragen zu stellen oder Reflexionen einzubringen. Im Fishbowl findet ein moderierter, reflexiver Dialog statt, welche Erkenntnisse relevant sind und in welcher Weise sie im Team lebendig behalten werden können. Die Ergebnisse und der Dialog werden je nachdem von einem Teammitglied, dem Vorgesetzten oder dem Mediator parallel für alle sichtbar schriftlich skizziert. Es können abschließend Arbeitsgruppen gebildet, Rituale eingeführt oder der nächste Austausch zu den Ergebnissen geplant werden.

Lern-Café

Lern-Cafés folgen der Organisation und dem Aufbau eines «World Cafés» (Brown & Isaacs 2005) oder «Knowledge Cafés» (Hage-Malsch 2007). An den Tischen erfolgen Input und Fragestellungen von den Gastgebern (Medianden) an ihr Heimatsystem. Die Wechsel zwischen den Tischen und die anschließende Vernetzung der «Tischdecken» erfolgt analog dem World Café.

Lernlandkarte

Im Beisein des Heimatsystems wird eine – in der Phase 3 der InSyst-Mediation zwischen den Medianden vorbesprochene – Lernlandkarte erstellt. Die Reise der Medianden wird auf einer fiktiven Landkarte illustriert, indem anhand ihrer Geschichte beispielsweise folgende Stationen eingezeichnet werden:

- Sumpf des Unverständnisses
- Berg der Mühen
- Weg des geringsten Widerstands
- Unwegsame Sackgassen
- Talfahrten
- Gratwanderungen
- Überwundene Klippen
- Tankstellen
- Panorama-Aussicht
- Verständnis-Kraftwerke
- Traumlandschaften
- Wald der Gefahren
- Fluss der Klärung
- Gipfel der Erkenntnisse
- Energiekraftwerke
- …

Anschließend erfolgen die gemeinsame Reflexion und die Ergebnissicherung.

Knowledge-Share-Retraite

Durchführung einer «lustvollen» Retraite mit dem Fokus des Wissensaustausches zwischen Medianden und Heimatsystem zu Erkenntnissen und Erfahrung die Konflikt- und Kooperationskultur betreffend.

«Bean Suppers»

Bean Suppers (Peters 2004) sind regelmäßige abendliche Essrunden als informelle Begegnungsplattform eines Teams. Bean Suppers können in diesem Kontext unter das Thema «Lern-Geschichten und Erfahrungswissen» gestellt werden. Bean Suppers haben keine Sitzungstraktanden, sondern die Themen ergeben sich im Fluss, verlaufen organisch und ansteckend.

Erkenntnis- / Aphorismenbaum

Auf oder in einem zwei- oder dreidimensionalen Gefäß werden kontinuierlich alle neuen Erkenntnisse eingetragen, angehängt oder dazugelegt. Diese Erkenntnisse können von den Organisationsmitgliedern bei regelmäßig stattfindenden «Lern-Treffs» neu entdeckt, reflektiert und der Baum kann wiederum ergänzt werden.

Lerngeschichten / Metaphern-Geschichtsbuch

Schriftliches Festhalten der Lerngeschichten durch den Prozess der Storytelling-Methode (Thier 2005). Als dekontextualisierte und vereinfachte Umsetzung kann ein Metaphern-Geschichtsbuch erstellt werden, in dem alle Metaphern-Geschichten aus den Mediationen eingeschrieben und illustriert werden.

Junge Lernkultur und Transfer in das Heimatsystem

Beispiele für Transfermöglichkeiten von explizitem Individualwissen in kollektives Wissen in Organisationen, die sich noch am Anfang der Beachtung und Gestaltung ihrer Lern- und Konfliktkultur befinden:

- ein kurzer Input («lessons learnt») an einer Teamsitzung, Retraite oder ähnlichen Austauschplattformen,
- ein Reflexionsmeeting, an dem die Kooperation einer Subeinheit reflektiert und mit den Erkenntnissen der Medianden ergänzt wird,
- Feedbacks zum Umgang mit Konflikten im Mitarbeitergespräch,
- Rückblick auf die Mediation in Form einer Metaphern-Geschichte an einem Team-Meeting,
- informeller Austausch im Team oder anderen Einheiten der Organisation («das könnte euch vielleicht auch interessieren»),
- …

Transfer in die Gesamtorganisation

Die Vernetzungsprozesse in das Kollektiv sollten ebenfalls möglichst erfahrungs- und erlebnisorientiert für die Teilnehmenden konzipiert sein. Der Prozess an sich sollte den mediativen Gedanken widerspiegeln, das heißt, die Medianden leben beim Transfer die gegenseitige Wertschätzung und Anerkennung vor. Dabei kann die reale Erfahrung der Medianden durchaus auch in den virtuellen Raum symbolisch repräsentierender Sprache transferiert (Bilder, Metaphern) werden.

Die Speicherung der Gewinne (Geschichten, Reflexionen, Diskussionen), die sich aus dem Transfer in das Heimatsystem ergeben und in die Gesamtorganisation transferiert werden sollen, erfolgt je nach Kultur wiederum durch regelmäßige Face-to-face-Kommunikation, Information oder durch Dokumentation.

Kontinuierlicher Zyklus

Die Entwicklungsgewinne aus weiteren Mediationen, deren Transfer und dem Austausch hierzu, können in der Folge wiederum implizite und explizite Entwicklungsgewinne hervorbringen. Es entsteht ein dynamischer Zyklus von Erleben, Reflektieren, Lernen und Transfer, der kontinuierliche Gewinne zur Stärkung des Individuums und seiner Organisation ermöglicht.

Zur Bedeutung der Transfer-orientierten Mediation

Im Zusammenhang mit der Gestaltung der Konflikt- und Kooperationskultur einer Organisation ist die Transfer-orientierte Mediation den Bottom-up-Ansätzen zuzuordnen. Ihre Medianden wirken mit ihren Kompetenzen in die Organisation zurück. Mit der Übernahme von Transfer-Verantwortung kann durch die Medianden ein «organisches Konfliktmanagementsystem» entstehen.

Wird dieser organische Anteil zusätzlich top-down durch eine Führung mit einer entsprechenden Haltung zu Lernen und Konflikten unterstützt, so kann dieser Ansatz deutlich kraftvoller sein als jedes «von außen implementierte» – und häufig kaum genutzte – Konfliktmanagementsystem. Das Suchen um Unterstützung bei erfahrenen Medianden, die einen Konfliktklärungsprozess durchlaufen und Erkenntnisgewinne mitgebracht haben, könnte für ihre Kollegen, die in Konflikten stecken, eine weniger große Hemmschwelle darstellen als die Kontaktierung theoretisch ausgebildeter Konfliktlotsen.

Mentor-Medianden

Die Organisationsmitglieder, die bereits Mediationen durchlaufen haben, könnten – mit ihrem Einverständnis – über ein bestimmtes System identifizierbar sein. Dieses System könnte eine Who-is-Who-Tafel sein, auf der alle Medianden aufgeführt sind, die als Mentoren für das Vorgehen zur Klärung von Konfliktsituationen angefragt werden können. Diese Tafel wäre ein Artefakt der Konflikt- und Kooperationskultur.

Die Aufgabe der Mentoren kann die sein, bei einem sich anbahnenden oder manifesten Konflikt ihrer Kollegen in zu definierendem Maße selber deeskalierend zu vermitteln oder die Konfliktpartner ermuntern, über den Vorgesetzten externe Mediation in Anspruch zu nehmen. In diesem Verständnis hätte die gesamte Führung diese «Konfliktlotsen»-Funktion und würde sich als ein Team von Gesprächsgastgebern verstehen.

Die Einordnung des Transfer-orientierten Mediationsmodells

Die Transfer-orientierte Mediation erweitert das Meta-Modell (Alexander 2008) um eine neue Dimension. Es wird deutlich, dass in diesem innovativen Prozess zwischen den Medianden, die Ko-Kreation von Entwicklungs- und Wachstumschancen zur Stärkung ihrer Selbstbeziehung und die Stärkung ihres Systems fokussiert ist.

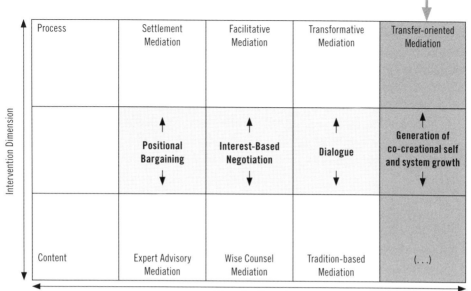

Abbildung 16: **Modifiziertes «Mediation Meta-Model»**

Zum Marktpotenzial der Transfer-orientierten Mediation

Organisationen werden Mediationen aktiver nachfragen, wenn sie davon ausgehen können, dass aus dem Mediationsprozess Gewinne fließen, die

- sich spürbar konstruktiv auf die Kooperations- und Konfliktkultur der Subsysteme (Teams, Bereiche) und somit der Gesamtorganisation auswirken;
- die Organisation durch stabile und belastbare Arbeitsbeziehungen krisenfester und zukunftsfähiger machen;
- die Gesundheit am Arbeitsplatz verbessern durch Reduktion von Burn-out, Präsentismus, Absentismus und Mobbing;
- die Reflexions- und Dialogfähigkeit so vertiefen, dass ein Zuwachs an Kreativität und Emergenz sichtbar wird;
- das brachliegende Einsparpotenzial bei den Konfliktkosten für nutzbringende Investitionen freilegen;
- somit einen vielfachen Return-on-Investment aus den Mediationskosten darstellen.

Zum Einsatzspektrum der Transfer-orientierten Mediation

Selbst wenn nicht vollständig nach dem InSyst-Modell der Transfer-orientierten Mediation gearbeitet werden kann, sind auch Teilelemente in jeden Prozess integrierbar, die die Mediation und die möglichen Entwicklungsgewinne (z.B. Selbststärkung) für die Medianden plastischer, erinnerungsfähiger machen können.

Zur Vision in der Transfer-orientierten Mediation

Das InSyst-Modell setzt sich «eigentlich» lediglich aus drei fluiden Räumen (Klärung, Lernen, Transfer) zusammen, zwischen denen der Prozess, den Anliegen der Medianden folgend, fließt. Gehalten wird der Prozess durch den Mediator, der sich an den Meta-Zielen orientiert. Fortgeführt wird er durch die Führung, die mit der Unterstützung des Transfers den Lernraum für alle Organisationsmitglieder öffnet.

Vielleicht inspiriert diese «räumliche» Betrachtung von Mediation – im Gegensatz zur gegenwärtig vorherrschenden Verfahrens- oder Methodenbetrachtung – einige Visionen zur Bedeutung und zum Verständnis von Mediation, wie zum Beispiel:

Mediation als Raum,
- in den sich jeder und jederzeit natürlicherweise, wie in ein Konferenzzimmer, die Cafeteria oder den Pausenraum zurückziehen kann, um über sich und Vorgänge, Interaktionen, Prozesse zu reflektieren, sich selbst zu klären und in Kontakt mit seinen Anliegen zu kommen;
- in den man andere einladen kann, um sich gemeinsam zu entdecken und kreativ zu sein;
- der Gesundheit und Wohlbefinden bewahrt;
- der Verbundenheit und Wachstum ermöglicht;
- der wegen allen diesen und noch viel mehr möglichen Raumideen von allen liebevoll gepflegt wird.

Zukunftsmusik?!

Nachfolgend sind Ideen skizziert, die die von der Autorin erwünschte Zukunft für die Mediation widerspiegeln:

Idee 1: Zur Neu-Definition von Mediation

Die Definition von Mediation im Markt ist heute noch zu wenig eigenständig, zu diffus, zu wenig differenziert und eher langweilig. Der häufig – in Variationen – vorzufindenden Definition:

«*Mediation ist ein außergerichtliches, schnelles und kostengünstiges Verfahren zur Lösung von Konflikten durch Verhandeln unter Leitung einer neutralen Drittperson mit dem Ziel einer win-win-Lösung für alle Beteiligten.*»

sei diese polarisierend – und vielleicht anregend – gegenübergestellt.

«*Mediation ist ein prall gefüllter Jackpot mit Gewinnen von Klarheit, Freiheit, Entwicklung und Wachstum. Mit Unterstützung eines Mediators können die Medianden diese Gewinne nach Belieben für den Eigengebrauch abschöpfen und auf Nachfrage in ihre Organisation weiterverteilen – wodurch sich die Gewinne für die Medianden weiter vermehren.*»

Idee 2: Mediation als budgetiertes Bildungsangebot

Die organisationale Führung budgetiert Mediation auf gleiche Weise wie sie heute bereits Weiterbildung für ihre Mitarbeiter budgetiert.

Sie tut dies, weil es aus ihrer Sicht unbestritten und natürlich ist, dass in Organisationen Spannungen und Störungen immer wieder auftreten, mit denen auf konstruktive Weise umgegangen werden soll. Die Führungskräfte wissen, dass es bereits aus den systemimmanenten Widersprüchlichkeiten in den Zielsetzungen oder Prozessstrukturen innerhalb einer Organisation, ihrer Entwicklungsphase und den Übergängen, dem Marktumfeld und dem Umstand, dass Menschen zusammenarbeiten, sowieso Konflikte gibt. Sie betreiben aktive Eskalationsprophylaxe, indem sie einen Großteil der Konflikte frühzeitig mediieren lassen.

Mediation wird verstanden als Raum für Kommunikation, Klärung und Lernen und ist ein selbstverständlicher und eigenständiger Budgetposten, zu dem alle Mitarbeiter selbstverständlichen Zugang haben und der ihnen als Bildungsangebot zur Verfügung steht.

Idee 3: Good Conflict Management Practice (GCMP)

Analog der «Good Manufacturing Practice» (GMP) als Qualitätsprädikat für Organisaionen mit einer «guten Herstellungspraxis» wird im Rahmen des organisationalen Selbstverständnisses und im Sinne der betrieblichen Gesundheitsförderung ein Qualitätslabel für «gute Konfliktmanagementpraxis» konzipiert und eingeführt. Die GCMP umfasst dabei

- ein konstruktives Konfliktverständnis,
- den proaktiven Umgang mit Konflikten durch Führungskräfte und Mitarbeiter,
- die Nutzung von Konflikten als Lern- und Wachstumschance für Individuum und Organisation, z.B.
    - die Verwendung von Konflikten zur Erweiterung der persönlichen Konfliktkompetenzen,
    - die Verwendung von Konflikten zur Stärkung oder Veränderung der organisationalen Werte- und Wissensbasis,
- den Einsatz von Prozessen, die dieser Zielsetzung nachhaltig Rechnung tragen.

Idee 4: Einführung einer Konfliktbilanz

Wie können die tatsächlichen Auswirkungen auf die Konflikt- und Kooperationskultur gemessen werden? Und wer würde das messen? Eine Idee ist die Einführung einer Konfliktbilanz (ähnlich einer Sozialbilanz), in der beispielsweise die Anzahl von Mediationen – oder besser: die Anzahl der persönlichen Entwicklungsgewinne und der Entwicklungsgewinne für die organisationale Konfliktkultur – in Verhältnis gesetzt werden zu Personalkennzahlen, Kennzahlen der betrieblichen Gesundheit und Kennzahlen der organisationalen Entwicklungsfähigkeit.

Idee 5: Entwicklung einer Mediationsertragsrechnung

Die Konfliktkostenrechnung weicht der oder wird erweitert um die Mediationsertragsrechnung.

Idee 6: Implikationen für Aus- und Weiterbildungsinstitute

Die Themen der Differenzierung und Profilierung der Mediationsmodelle, der Nachhaltigkeit der Prozessergebnisse und der Rolle des Mediators haben zum Beispiel Implikationen für

1. die Aus- und Weiterbildung von Mediatoren bezüglich Haltungsfragen, Selbstkompetenzen, sozialpsychologischem und neurobiologischem Hintergrundwissen sowie Interventionsspektren und Stressmanagement;
2. die Kommunikation der Institutionen am Markt.

Anhang zu Teil A
Tabellarische Übersicht der Mediationsmodelle

Wenn Du immer tust, was Du immer schon getan hast, dann wirst Du immer das bekommen, was Du immer schon bekommen hast.

Paul Watzlawick

Mediationsmodell	Mediationsgegenstand	Rolle des Mediators	Auswahlkriterien durch Klient	Fokus des Mediators	Angestrebte Resultate / Erfolgsdimension	Häufige Einsatzfelder	Kritikpunkte
Positional Bargaining							
Expert Advisory Mediation	Streit um Verteilung von Ruhm, Ehre, Gütern, Rechten, Positionen	Bereitstellen und Einschätzen wichtiger sachlicher oder technischer Zusatzinformationen, Beurteilen und Bewerten von Informationen und Expertisen, Ratschläge erteilen, Vorschläge machen	Seniorität, beruflicher Status, hohe inhaltliche Fachkenntnis; Expertenposition	Schnelles Ergebnis auf der Sachebene für die Klienten durch intensives inhaltliches (Mit-)Arbeiten	Kompromiss durch Konzessionen durch alle Beteiligten, festgehalten in einem Gutachten	Angeordnete Mediation, sachthemen-bezogener Streit zwischen Experten	Mediator übernimmt maßgeblich Verantwortung für Inhalte und Ergebnis; Partizipation der Klienten marginal; Vernachlässigung der Beziehungsebene wirft Fragen nach Nachhaltigkeit der Ergebnisse auf; generische Lösungen basierend auf den Erfahrungen des Mediators
Positional Bargaining							
Settlement Mediation	Streit um Verteilung von Gütern oder Rechten	Strukturieren, ordnen, Fokussierung auf Sachthemen, Durchsetzung der Regeleinhaltung und direktive Prozessführung	Verteil-Experte, Fachkenntnis, beruflicher Status	Gestalten eines geschützten Verhandlungsraums zur Erzielung der definierten Ergebnisse	Kompromiss durch Konzessionen durch alle Beteiligten, festgehalten in einer Vereinbarung	Scheidung, Erbschaft, materielle Schäden; Mediationen mit Rechtsbeistand, begrenzte, nicht vergrößerbare Güter oder Rechte; monothematischer Streit	Häufig Vermischung zwischen Moderation und Ratschlägen in der Praxis; Machtmissbrauch und «Tricks» durch eine Seite oder anwesende Rechtsbeistände
Interest-based Negotiation							
Wise Counsel Mediation	Kooperationskonflikt	Ratschläge aufgrund der herausgearbeiteten Interessen und Bedürfnisse, Evaluation der Optionen und Alternativen	Status, hohes Ansehen im Fachgebiet, in einem übergeordneten Zusammenhang oder in der Gemeinschaft	Interessenbasierte Beratung der Klienten	Vereinbarung durch einen Konsens, der durch den Mediator gutgeheißen wurde	Komplexe Themen mit vielen Beteiligten; moralische Themen, Macht-Dysbalancen	Hohe Abhängigkeit der Klienten vom Mediator; Mediator klassifiziert Interessen und Bedürfnisse nach Wichtigkeit

Mediationsmodell	Mediationsgegenstand	Rolle des Mediators	Auswahlkriterien durch Klient	Fokus des Mediators	Angestrebte Resultate / Erfolgsdimension	Häufige Einsatzfelder	Kritikpunkte
Interest-based Negotiation							
Facilitative Mediation	Sachkonflikt, Kommunikationsstörung, Beziehungskonflikt	Coaching der Klienten durch den interessenbasierten Klärungsprozess; sicherer Rahmen durch klare Prozessführung nach bestimmtem Verfahren; Sicherstellung, dass Klienten informierte Entscheidungen treffen	Prozess- und Kommunikationskompetenz	Exploration der Interessen und Bedürfnisse, Perspektivenwechsel zwischen Beteiligten; Vergrößerung des Optionenraums	Handlungsautonomie und Selbstbestimmung der Klienten, Vereinbarung, die die Interessen und Bedürfnisse aller Klienten integrieren	Nachbarschaft; Sorgerecht nach Trennung / Scheidung; Familien; innerbetriebliche Störungen; komplexere Konflikt mit nicht-justiziablen Themen; gewünschte Optionenvielfalt	Gefahr der «Ausbeutung» von Informationen und des Gesichtsverlusts der Klienten durch gegenseitige oder einseitige Verwendung von Informationen über Interessen und Bedürfnisse; Ausgleich von Dysbalancen (Sprache, Ausdrucksvermögen etc.) erforderlich; zeitintensiver als Verhandlungen um Positionen
Dialogue							
Tradition-based Mediation	Konflikt, der sich auf die Gemeinschaft, die Gruppe oder das System auswirkt	Förderung des Dialogs unter Integration von Ritualen und Symbolen	Seniorität, Weisheit, Status, Charisma, von allen anerkannte Autorität	Gesamtinteressen der Gemeinschaft, Individuelles nur im stimmigen Gesamtkontext der Werte und Normen der Gemeinschaft	Versöhnung, Wiederherstellung der Harmonie, der Solidarität und Stabilität in der Gemeinschaft / im System / in der Gruppe	Kulturelle, spirituelle, religiöse oder geschlossene politische Gemeinschaften; Expertengruppen mit starker Normorientierung	Minoritäten erhalten keinen Raum; Loyalität zum größeren Ganzen kommt vor individuellen Interessen und Bedürfnissen; Partizipation an Veränderung ist eher beschränkt möglich

Mediationsmodell	Mediations-gegenstand	Rolle des Mediators	Auswahlkriterien durch Klient	Fokus des Mediators	Angestrebte Resultate / Erfolgsdimension	Häufige Einsatzfelder	Kritikpunkte
Dialogue							
Transformative Mediation	Konflikt und Beziehung zwischen den Klienten	Unterstützung des transformativen Dialogs und der Konstruktion geteilter Wirklichkeiten	Prozess- und Beziehungskompetenz, Konflikt- und psychosoziales Wissen	Förderung der Selbstermächtigung und Anerkennung der wechselseitigen Anliegen	Konfliktbeilegung; Transformation der Kommunikationsmuster und der Beziehung zwischen den Beteiligten; Verbesserung ihrer Interaktion	Beziehungskonflikte (privat oder betrieblich); wiederholtes Auftauchen eines Konflikts; starke Emotionalität; Wertekonflikte	Hohe Anforderungen an die Kompetenzen des Mediators, um den Prozess zu halten; zeitintensiver Prozess
Co-creational self & system growth							
Transfer-oriented Mediation	Konflikt und Beziehung zwischen den Klienten	Unterstützung der Selbstklärung bezüglich Zielen, Motivationen und Bedürfnissen; Förderung des Erlebens von Selbstwirksamkeit und Selbstbestimmung; explizites Anregen von Reflexionsprozessen; Gestaltung des Prozesses als sozialer Lernraum	Prozess- und Beziehungskompetenz, Konflikt- und psychosoziales Wissen; Wissen über Lernen, Transfer und Vernetzungsprozesse	Konfliktbeilegung durch Selbststärkung, Selbstartikulation und wechselseitige Anerkennung der Anliegen; Sicherung persönliche Entwicklungsgewinne, Gestalten des Transfers in die Organisation	Konfliktbeilegung über den Prozess hinaus; nachhaltige Erweiterung der persönlichen und organisationalen Konfliktkompetenzen	In Kontexten, in denen Beziehungen für das Miteinander wichtig sind, belastbar sein und fortbestehen sollen	Hohe Anforderungen an die Kongruenz und Achtsamkeit des Mediators; verändertes Erfolgsverständnis von Mediation; Flankierung durch die Führung für den Transfer in das Kollektiv notwendig

Teil B
Die Haltung des Transfer-orientierten Mediators

«Ich glaube, das größte Geschenk, das ich von jemandem bekommen kann, ist, dass er mich sieht, mir zuhört, mich versteht und mich berührt.

Das größte Geschenk, das ich einem anderen Menschen machen kann, ist, ihn zu sehen, ihm zuzuhören, ihn zu verstehen und ihn zu berühren.

Wenn das, gelingt, habe ich das Gefühl, dass wir uns wirklich begegnet sind.»

Virginia Satir

Reflexion, Achtsamkeit und Haltung

Reflexion und Selbst-Bewusst-Sein

Selbstreflexion und Reflexion in Intervision oder Supervision sind die Grundlage für die Entwicklung und Stärkung einer mediativen Haltung. Der Zugang zu den eigenen Mentalen Modellen, Glaubenssätzen, Denkmustern, Wahrnehmungsfiltern, Stressoren, Empfindlichkeiten sowie dem eigenen Konfliktverhalten erweitert das Selbst-Bewusst-Sein und ermöglicht die gezielte Veränderungsarbeit an nicht hilfreichen Verhalten oder Reaktionen für den Mediations- und Selbstkontext.

Selbst- und Fremdbild

Mit Selbstreflexion und im Austausch mit anderen Menschen können Selbstbild und Fremdbild angenähert werden, indem der blinde Fleck verkleinert und unbewusste Anteile zugänglicher werden.

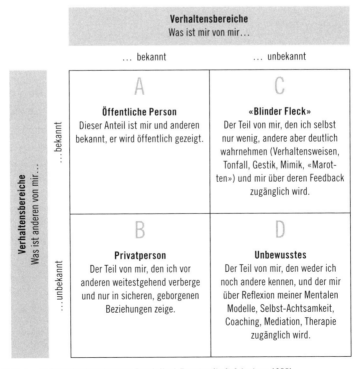

Abbildung 17: **Selbst- und Fremdwahrnehmung: Das JoHari-Fenster** (Luft & Ingham 1955)

Je nach fortschreitendem Selbst-Bewusst-Sein verkleinern oder vergrößern sich die Fenster im Verhältnis zueinander. Insbesondere die Arbeit an C und D, zugunsten von A ist für die Kongruenz, Authentizität und Ausstrahlung des Mediators von zentraler Bedeutung.

Selbstreflexion

Die folgenden vier Anleitungen (Glasl 2007) können Helfer auf der inneren Entdeckungsreise sein und intensive Reflexionsprozesse anstoßen.

Persönliche Landkarte (Lebensweg)

- Zeichnen Sie Ihre persönliche Landkarte, die die Wege und Pfade zeigt, die Sie bisher in Ihrem Leben gegangen sind. Dabei sollten wichtige Ereignisse und Einflüsse, die bisher in Ihrem Leben eine Rolle gespielt haben und auch Scheidewege dargestellt und die nicht gegangenen Wege angedeutet werden. Es können Wegmarkierungen eingezeichnet werden, die Erfolge, Gefahren, Prüfungen etc. benennen. Außerdem können wichtige Personen (positive, negative Figuren) eingezeichnet werden, die Gefahr oder Beistand (Helfer/Verführer, Engel/Teufel, Freund/Feind, Befreier/Unterdrücker, Ratgeber/Quälgeist) bedeuteten.

Persönliches Konfliktskript

- Welche Konflikte habe ich in der Vergangenheit erlebt?
- Was war das Schlimmste, was mir in Bezug auf Konflikte widerfahren ist?
- Was war das Beste, was mir in Bezug auf Konflikte widerfahren ist?
- Welche Vorbilder habe ich in Streits, Auseinandersetzungen und Konflikten erlebt?
- Wie wurde und wird in meiner Familie mit Konflikten umgegangen?
- Welche Erfahrungen habe ich besonders in Erinnerung? Wie beurteile ich diese rückblickend?
- Was habe ich aus bisherigen Konflikten gelernt?
- Wie wird in meiner Organisation mit Konflikten umgegangen?
- Auf welche Menschen oder Situationen reagiere ich empfindlich? Wie genau: Gibt es ein Muster: wenn … dann …?
- Welche Haltungen und Lösungsmuster in Konflikten wünsche ich mir zukünftig? Woran will ich arbeiten?
- Woran könnte ich merken, dass ich in der nächsten Konfliktsituation diese Haltung verwirkliche? Was würde sich dann verändern?

Bewusstheit über eigene Empfindlichkeiten

- Welche Menschen, Ereignisse, Situationen machen mich aggressiv?
- Welche Menschen, Dinge, Situationen machen mich nervös?
- Welche Verhaltensweisen, Gesten, Worte lassen mich abschalten?
- Was macht mich ärgerlich?
- Welche Menschen, Dinge, Situationen frustrieren mich?
- Welche Situationen, Dinge, Menschen irritieren mich?
- Wann fühle ich mich unwohl?
- Mit welchen Gefühlen, Situationen, Menschen möchte ich gern souveräner umgehen können?

Projektionen und Ähnlichkeiten «mit dem Feind»

- Welche Eigenschaften und Verhaltensweisen finde ich an meinem Opponenten besonders abstoßend?
- Welche meiner Eigenschaften und Verhaltensweisen mag ich an mir – wenn ich ganz ehrlich bin – am wenigsten?
- Welche Eigenschaften meines Opponenten sind meinen eigenen störenden Eigenschaften ähnlich?
- Wie bin ich mit meinen störenden Eigenschaften bisher umgegangen?
- Wann und wie habe ich erfolgreich etwas an mir verbessern können – wann und wie war dies nicht erfolgreich?
- Weiß ich eigentlich, wie mein Opponent an seinen negativen Eigenschaften zu arbeiten versucht?
- Wie reagiere ich auf die unangenehmen Eigenschaften meines Opponenten?
- Habe ich meinem Opponenten zu verstehen gegeben, dass mich diese Eigenschaften stören? Wenn ja, wie habe ich ihn darauf hingewiesen?
- Konnte mein Opponent mit meinen Hinweisen etwas anfangen? Und wenn ja, woran habe ich das erkannt?
- Konnte ich meine Signale so geben, dass sich mein Opponent für sie öffnete? Wie habe ich das bewerkstelligt?
- Inwiefern habe ich umgekehrt von meinem Opponenten Hinweise auf Mängel bekommen, die ihn an mir stören? Wie ist das erfolgt?
- Was haben diese Hinweise in mir ausgelöst? Welche Gefühle hat dies bei mir bewirkt? Habe ich diese Hinweise akzeptieren können?
- Wie habe ich auf diese Hinweise geantwortet? Wie sahen meine Reaktionen aus?
- Könnte ich bei nächster Gelegenheit die Hinweise meines Opponenten noch in einer anderen Form beantworten? Welche Verhaltensweisen wären vielleicht besser geeignet?

Die mediative Haltung «trainieren»

Der Markt für Mediationen in und zwischen Organisationen ist im deutschsprachigen Raum noch ein Angebotsmarkt. Im Moment gibt es noch deutlich mehr Mediatoren als Aufträge. Viele können noch keine vor Mediationsaufträgen überbordende Agenda aufweisen. Es ist jedoch wichtig, in der Übung zu bleiben, was Interventionen und die mediative Haltung betrifft.

Um in einem realitätsnahen Setting an der mediativen Haltung und mediativen Interventionen zu arbeiten, kann zum Beispiel die «Hotline-Übung» sehr wirksam sein. Sie kann Einsichten in die bereits vorhandenen, zu pflegenden Ressourcen und die weiteren Entwicklungsmöglichkeiten des Mediators geben. Gearbeitet wird in der folgenden Übungskonstellation:

- Mediator A ist der Betreiber einer «Hotline für mediatives Konflikt-Coaching»;
- Mediator B ist Beobachter und gibt nach der Übung Feedback an Mediator A;
- Fallgeber X ist die anrufende Person, die ein akutes Problem hat und sich Ratschläge und Lösungsvorschläge erhofft.

Mediator A und Fallgeber X sitzen Rücken an Rücken, simulieren eine Telefonsituation, in der sie keine Hinweise über Gestik, Mimik oder die Art und Weise der physischen Präsenz des anderen haben. Das Telefonat dauert 15 – 20 Minuten.

Anleitung für Mediator A
- Sie werden jetzt den Telefonanruf von Fallgeber X entgegennehmen. Bis jetzt wissen Sie nichts über das Problem des Anrufers. Ziel ist es, dass Sie sich so verhalten, dass der Anrufer sich ermutigt fühlt, mehr von seinem Problem zu erzählen. Sie sollen ihn mit entsprechenden Fragen aus seiner momentanen Blockade befreien, ihn zum Explorieren und Reflektieren seiner Situation anregen, sodass er eigenverantwortlich und gestärkt seinen nächsten Schritt selbst plant.

Anleitung für Fallgeber X
- Sie rufen die Hotline an, Sie wissen nicht wirklich, was Sie erwarten können, Sie haben das mal irgendwo aufgeschnappt, dass es diesen Service gibt, der 3 Euro pro Minute kostet. Sie wollen sich im Moment an niemanden in Ihrem Umfeld wenden, bis Sie nicht klarer sehen oder ruhiger geworden sind. Sie beginnen das Gespräch, jedoch zögerlich, ohne direkt das Problem mitzuteilen. Sie möchten Unterstützung, schämen sich aber oder sind sehr gekränkt oder empfinden eine unbändige Wut. Sie haben große Schwierigkeiten, darüber zu sprechen; Sie müssen sich vom Zuhörer hierzu ermuntern lassen. Sie nehmen an, dass die Hotline dafür da ist, Ihnen konkrete Ratschläge zu erteilen.

- Sollten Sie keinen echten Konflikt zur Hand haben, über den Sie sprechen mögen, dann könnten Sie sich etwas ausdenken und einige Minuten darauf verwenden, sich möglichst tief einzufühlen. Beispiele:
    - Sie haben von einem Freund Ihres Sohnes erfahren, dass Ihr Sohn in der Schule mit Drogen handelt. Er droht aufzufliegen.
    - Die Frau Ihres Geschäftsmitinhabers hat eine Affäre mit Ihrem Ehemann.
    - Als Beifahrer haben Sie miterlebt, wie Ihre Tochter mit ihrem Auto einen alten Menschen angefahren hat – und als dieser unverletzt schien und wieder aufstand – Fahrerflucht begangen hat.

Anleitung für Mediator B
- Sie nehmen die Übungssequenz von einer Außenposition und in achtsamer Präsenz wahr. Welche Wendepunkte waren für Sie sichtbar und spürbar, wie haben sich Mimik und Körperhaltung der beiden verändert? Welche Rückmeldung könnte auch noch nützlich für Mediator A sein?

Anleitung für die Auswertung
- Der Fallgeber X berichtet, wie es ihm geht und ergangen ist, was besonders hilfreich war und was er sich noch gewünscht hätte.
- Mediator B berichtet von seinen Wahrnehmungen in der Außenposition, ohne zu belehren oder Ratschläge zu erteilen.
- Mediator A würdigt diese Feedback-Geschenke und berichtet – nicht rechtfertigend – von seinem Erleben. Gab es Momente von Hilflosigkeit, Flow, Ungeduld, … – welche Faktoren waren dafür maßgeblich, und wie waren jeweils seine Körperempfindungen. Mediator A fragt dann bei Bedarf beim Fallgeber X und Mediator B nach.

Achtsamkeitsübungen

Die Übung der Achtsamkeit ist nichts anderes als die Übung liebevoller Zuneigung.
                                                                    Thich Nhat Hanh

Achtsamkeit bedeutet die «vollkommene» Offenheit für das Hier und Jetzt. Es ist vor allem die wache Präsenz, die sich mit allen Sinnen (Hören, Riechen, Schmecken, Fühlen, Sehen) ausweitet und zu umfassenden Gewahrsein seiner selbst und der Umgebung führt.

Achtsamkeitsmeditation ist eine von einer Fülle kraftvoller Möglichkeiten, sich auf den Weg zu tiefer Achtsamkeit zu begeben. Doch Achtsamkeit lässt sich auch im Alltag, jederzeit und überall, «trainieren». Achtsamkeit mit sich selbst beginnt mit einfachen Fragen, die sich auf die differenzielle Selbst-Bewusstheit richten:

- *Wie geht es mir im Moment?*
- *Was bewegt sich in mir?*
- *Was würde mir in diesem Augenblick guttun?*
- *Welche Körperempfindungen habe ich im Moment? Was spüre ich am meisten und wo?*
- *Welche Geräusche nehme ich gerade wahr?*
- *Welcher Teil von mir berührt etwas und wie fühlt sich das an?*
- *Welcher Gedanke kommt mir zuerst in den Sinn, wenn ich die Augen schließe?*

Die inneren Antworten hierzu sollten möglichst nicht urteilend vom Übenden entgegengenommen werden, indem er sich selbst mit Gleichmut zuhört, spürt, wahrnimmt, als sei er ein in sich ruhender innerer Zeuge.

Achtsamkeitsübungen beziehen sich zunächst auf den Mediator selbst. Ist der Mediator sich selbst gegenüber achtsam, kann er auch gegenüber Medianden achtsam sein – und sie hierzu ermuntern. Nachfolgend sind vier Übungen aufgezeigt, die jederzeit «unbemerkt» durchgeführt werden und die bei regelmäßiger Wiederholung wachsende Achtsamkeit bahnen können; die fünfte Übung erfordert einen Übungspartner.

Für alle Achtsamkeitsübungen gilt: Das Kommen und Gehen von Gedanken und Gefühlen akzeptieren und diese vorbeiziehen lassen. Auch dann, wenn der Übende einen Augenblick an ihnen festhält, sollte er immer wieder in Gelassenheit zur Übung zurückkehren, bis diese beendet ist.

Übung 1: Sinnliche Präsenz mit geschlossenen Augen

Schließen Sie die Augen und hören und fühlen Sie in sich hinein. Dehnen Sie Ihre Aufmerksamkeit nach und nach aus: Was riechen Sie, welche Geräusche sind um Sie herum? Was spüren Sie, im Körper, auf Ihrer Haut? Welchem Rhythmus folgt Ihr Atem? Was schmecken Sie in Ihrem Mund, auf Ihren Lippen?

Übung 2: Entdeckendes Betrachten

Betrachten Sie Ihre Umgebung. Was können Sie dort alles an Farben und Formen bemerken? Was gibt es dort alles an geraden, parallelen und gekrümmten Linien? Welchen Raum nehmen die Dinge ein? Welchen Raum können Sie zwischen den Dingen wahrnehmen?

Übung 3: Achtsames Gehen

Auch ein längst vertrauter Spaziergang kann zu einem Raum für die Übung von Achtsamkeit werden. Nehmen Sie Ihren Gehrhythmus wahr und spüren Sie Ihrer Atmung nach. Nehmen Sie alles um sich herum bewusst – und vielleicht neu – wahr.

Übung 4: Sich «erden» und in das Hier und Jetzt bringen

Eine Möglichkeit, sich als Mediator das Eintreffen im Hier und Jetzt weiter zu erleichtern, ist sich vor der Mediation Zeit für eine Mini-Meditation – im Sitzen, Stehen oder Gehen – zu geben. Der Vers stammt vom Zen-Mönch Thich Nhat Hanh (2006b). Mit Selbstaufmerksamkeit gesprochen und «geatmet» und beliebig oft wiederholt, kann er vor einer Mediation zu innerer Ruhe und Erdung beitragen.

Ein – aus
Tief – langsam
Ruhig – friedlich
Lächeln – loslassen
Gegenwärtiger Augenblick
Wunderbarer Augenblick

Übung 5: Achtsame Präsenz erleben und geben

Die achtsame Präsenz des Mediators kann andere unterstützen, sich selbst besser zu verstehen und auszudrücken. Durch die vollständige gegenseitige Aufmerksamkeit der Beteiligten, entsteht ein «Container». Ein spürbarer Raum, der den Medianden – und den Mediator – Sicherheit und Stabilität geben kann.

Die nachfolgende Übung (Gilligan 2009) ist dann besonders effektiv, wenn zwei Mediatoren sie miteinander durchführen. Die Erkenntnisse hieraus können das Vertrauen in die Kraft der achtsamen Präsenz vertiefen:

- Person A bittet Person B, je ein sanftes Handsignal für die nachfolgenden vier Zeichen zu etablieren:
  - langsamer
  - Pause
  - atmen
  - zentrieren
- Person A memorisiert diese Handsignale.
- A und B wenden sich einander in Aufmerksamkeit zu.
- Person B beginnt und spricht über eine Herausforderung, ein reales Problem in der Gegenwart oder in der Vergangenheit, zum Beispiel eine Angst. Dabei erzählt B die Geschichte ganz langsam, mit viel Raum zwischen den Wörtern und versucht das, was entsteht, bewusst wahrzunehmen.
- Person A spricht nicht und kommentiert nicht. Sie wendet sich in wortloser Präsenz, mit «soft eyes» und Achtsamkeit dem sprechenden B zu und bleibt mit der ganzen Aufmerksamkeit bei B. Person A erlaubt sich nicht, abzudriften oder etwas anderes wahrzunehmen, zu denken, als das, was da ist: d.h., kein Denken in Lösungen, Ratschlägen oder Analogien zu Selbsterlebtem.

- Wenn B schneller beginnt zu sprechen, gibt A das Handsignal für «langsamer». Wenn B etwas sagt, das A berührt oder A spürt eine Wichtigkeit für B, dann gibt A die Handsignale für «Pause» und «atmen», um die Wichtigkeit des Gesagten für einen Augenblick zu halten.
- Wenn B den Container mit seiner Aufmerksamkeit verlässt, gibt A das Handsignal für «Zentrieren».
- B folgt diesen Handsignalen von A.
- 12 Minuten für Person A, diese Präsenz zu üben, dann 3 Minuten «Auswertung» von B = wie ist es mir ergangen, was habe ich gespürt, was hat sich verändert? Kommentare von A und Diskussionen vorerst suspendieren.
- Wechsel und Durchführung der gleichen Übung: 12 Minuten für Person B, achtsame Präsenz zu üben, dann 3 Minuten Auswertung von A zum Erlebten und zu Veränderungen. Kommentare von B und Diskussionen vorerst suspendieren.
- Nach Abschluss der beiden Durchgänge und Auswertungen, können A und B für sie relevante Aspekte ergänzen. Gleichzeitig kann es auch wichtig sein, diese Übung in ihrer Berührungskraft einfach in Stille nachwirken zu lassen.

Erfahrungen mit Somatischen Markern

Somatische Marker sind wichtige Informationen für den Medianden und den Mediator. Körperlichkeit und Emotionen sind jedoch insbesondere in (Wirtschafts-)Organisationen noch nicht allzu salonfähig. Um Medianden mit diesen für sie tendenziell wichtigen Zusatzinformationen in Kontakt zu bringen, Gefühle zu verändern und Erlebnisse zu ankern, ist es zunächst wichtig, dass der Mediator selbst in Kontakt mit seiner Körperlichkeit und seinen Emotionen ist und sich in Selbstwahrnehmung in verschiedenen Situationen übt.

Hierfür arbeiten in dieser Selbsterfahrungs- und Beobachtungsübung idealerweise drei Mediatoren zusammen, davon ist jeweils einer der Beobachter.

Mediator A führt Mediator B durch den Prozess. Mediator B denkt bei den folgenden Anleitungen jeweils an tatsächliche selbst erlebte Konfliktsituationen. Ziel der Übung ist es nicht, den Konflikt zu diskutieren oder zu klären, sondern die Somatischen Marker in verschiedenen Kontexten bewusst wahrzunehmen.

Mediatoren A und B sitzen sich in einem für beide angenehmen Abstand – ohne Tisch – gegenüber. Mediator C sitzt etwas außerhalb dieses Feldes – er gehört nicht zum unmittelbaren Prozess – und kann insbesondere Mediator B gut sehen.

Die Mediatoren A und C achten auf Veränderungen in der Physiologie von B kurz vor und während der Antworten (Mimik, Gestik, Atmung, Körperspannung, Kopfhaltung, Körperhaltung, Hautfarbe, Stimmlage …). Sie achten vor allem auch darauf, welche Veränderungen aufgrund von möglichen Resonanzphänomenen in ihnen und im Raum kurz vor und während der Antworten spürbar werden. Trotz dieser komplexen Beobachtungs- und Erfahrungsleistung des Mediators A, darf er seinen Kontakt zum Mediator B nicht verlieren – wie in der Mediation auch. Je häufiger das geübt wird, desto fließender gelingt diese Parallelität.

Es kann aufgrund der Vielfalt an Informationen, die sicht- und spürbar werden kann, hilfreich sein, wenn C diskrete Notizen in Form von Stichwörtern hierzu macht.

Mediator A beginnt mit der ersten Sequenz, der drei weitere folgen werden. Wichtig ist, dass Mediator B nach jeder Sequenz wieder völlig aus dem befragten Zustand herauskommt, indem zum Beispiel mithilfe eines Bodenankers ein neutraler Ort im Raum bestimmt wird, an dem Mediator B sich wieder zentriert und von den Körperempfindungen und Emotionen aus der Sequenz «frei macht». Auch Bewegung kann helfen, zum Beispiel im Raum umhergehen, hüpfen … Die nächste Sequenz kann erst beginnen, wenn Mediator B wieder im zentrierten Zustand ist. Diskussionen über die Konfliktinhalte sollten suspendiert werden, hingegen kann zur Unterstützung der Zentrierung des Mediators B – auf seinen Wunsch – über «Belangloses» geredet werden.

Pro Sequenz sollten nicht mehr als 6 Minuten eingesetzt werden.

Anleitung der Sequenz 1; Mediator A spricht langsam und ruhig:
«Erinnere Dich jetzt an einen Zustand, als Du einen schwierigen und belastenden Konflikt hattest ((kleine Pause)). Du kannst Dich mit offenen oder geschlossenen Augen erinnern. Gehe in diesen Zustand und erinnere Dich. Wenn Du dort bist, gib mir bitte ein Zeichen oder öffne die Augen ((warten, Zeit geben)). Wie hast Du Dich dort gefühlt, … welche inneren Bilder hattest Du, … was ist in Dir vorgegangen, … was war da?»

Mediator A und C
- beobachten, welche Veränderungen sie während des Erinnerns, kurz vor der jeweiligen Antwort und während der Antworten sich ergeben.

Mediator B
- Achtsame, innengerichtete Selbstaufmerksamkeit, die verbalen Antworten sind nicht wichtig, sie müssen weder vollständig noch differenziert sein. Es geht um das Spüren von Veränderungen.

Nach Abschluss der Sequenz erfolgt ein kurzer Austausch zum Erlebten und Beobachteten, anschließend folgt das Zentrieren (auch für die Mediatoren A und C, falls es nötig ist).

Anleitung der Sequenz 2; Mediator A spricht langsam und ruhig:
«Erinnere Dich jetzt an eine Zeit, als Du vor großen Problemen gestanden hast, die Du dann auflösen konntest ((kleine Pause)). Du kannst Dich mit offenen oder geschlossenen Augen erinnern. Geh in diesen Zustand und erinnere Dich, Du hast Energien mobilisiert, Wege gefunden, Neues entdeckt … ((kleine Pause)). Wenn Du dort bist, gib mir bitte ein Zeichen oder öffne die Augen ((warten, Zeit geben)). Was hat Dir am meisten geholfen? … Was hast

Du gesehen? ... Was hast Du zu Dir gesagt? ... Was hast Du in Deinem Körper gespürt und wo hast Du Dich gespürt?»

Mediator A und C
- beobachten, welche Veränderungen sie während des Erinnerns, kurz vor der jeweiligen Antwort und während der Antworten sich ergeben.

Mediator B
- Achtsame, innengerichtete Selbstaufmerksamkeit, die verbalen Antworten sind nicht wichtig, sie müssen weder vollständig noch differenziert sein. Es geht um das Spüren von Veränderungen.

Nach Abschluss der Sequenz erfolgt ein kurzer Austausch zum Erlebten und Beobachteten, anschließend folgt das Zentrieren (auch für die Mediatoren A und C, falls es nötig ist).

Anleitung der Sequenz 3; Mediator A spricht langsam und ruhig:
«Oft ist im Rückblick erkennbar, dass Probleme nicht nur Energie gebraucht haben, sondern auch den Blick auf Verstelltes geöffnet, Neues freigesetzt oder anderes ermöglicht haben, das sich für Dich früher oder später gezeigt hat ((kleine Pause)). Vielleicht ... fällt Dir gerade jetzt ein, wozu Dein Problem gut gewesen sein könnte? Nimm wahr, was Du gerade jetzt siehst, ... was Du innerlich zu Dir sagst ... und wo im Körper Du Dich gerade spürst ... und wo und was am meisten?»

Mediator A und C
- beobachten, welche Veränderungen sie während des Erinnerns, kurz vor der jeweiligen Antwort und während der Antworten sich ergeben.

Mediator B
- Achtsame, innengerichtete Selbstaufmerksamkeit, die verbalen Antworten sind nicht wichtig, sie müssen weder vollständig noch differenziert sein. Es geht um das Spüren von Veränderungen.

Nach Abschluss der Sequenz erfolgt ein kurzer Austausch zum Erlebten und Beobachteten, anschließend folgt das Zentrieren (auch für die Mediatoren A und C, falls es nötig ist).

Anleitung der Sequenz 4; Mediator A spricht langsam und ruhig:
«Stell Dir vor, ... Du stehst kurz davor, in Dir wichtigen Belangen oder Situationen alles das zu erreichen, was Du erreichen wolltest ((Pause)). Und es gelingt Dir noch viel mehr ((warten)). Wie fühlt sich das an? ... Und im Körper? ... Was siehst Du? ... Was sagst Du zu Dir?»

Mediator A und C
- beobachten, welche Veränderungen sie während des Erinnerns, kurz vor der jeweiligen Antwort und während der Antworten sich ergeben.

Mediator B
- Achtsame, innengerichtete Selbstaufmerksamkeit, die verbalen Antworten sind nicht wichtig, sie müssen weder vollständig noch differenziert sein. Es geht um das Spüren von Veränderungen.

Nach Abschluss der Sequenz erfolgt ein kurzer Austausch zum Erlebten und Beobachteten, anschließend folgt das Zentrieren (auch für die Mediatoren A und C, falls es nötig ist).

Nach der vierten Sequenz kann die Gesamtübung entlang der folgenden Fragestellungen besprochen werden:
- *Was war in welchen Momenten besonders intensiv und wie / wo war es spürbar?*
- *Welche Veränderungen bei Mediator B waren beobachtbar?*
- *Was war im Raum? Was wurde «ohne Worte» spürbar?*

Mediator B beginnt, Mediator A und C ergänzen die Schilderungen um ihre Beobachtungen – und das, was sie an sich und im Raum gespürt haben. Die Besprechung erfolgt in achtsamer und entdeckender Weise bezüglich des Informationsreichtums, der zusätzlich zur kognitiven Ebene der sprachlichen Vermittlung zur Verfügung steht.

Achtsame Sprache

Der Ausdruck von Empathie und achtsamer Nicht-Wertung, die die Haltung des Nichtwissens (bezogen auf die Wirklichkeiten der Medianden) und der respektvollen Neugier widerspiegelt, erfordert einen differenzierten Umgang mit Sprache. Die achtsame Nicht-Wertung bezieht sich ohne Zweifel auch auf die Sprache des Mediators, wenn er über seine Klienten reflektiert oder in seinen Intervisionen und Supervisionen von seinen Mediationen (nicht «Fällen») berichtet.

Differenzierter Gefühlswortschatz

Ein differenzierter Gefühlswortschatz ist mehr als die Anzahl der beherrschten Vokabeln. Er setzt die differenzierte Selbstwahrnehmung des Mediators voraus, die Resonanzfähigkeit zu sprachlichen (Stimmlage, Betonungen) und vorsprachlichen (z.B. Somatische Marker) Befindlichkeiten anderer. Das Paraphrasieren (Zurückspiegelung des Verstandenen) und das fragende Verbalisieren (Benennen der herausgehörten Emotionen) können so kraftvoller und nutzbringender erfolgen.

Verbales Pacing der Sprache der Medianden

Verbales Pacing kann als eine Vertiefung des Paraphrasierens und Verbalisierens verstanden werden. Es signalisiert dem Medianden – implizit – dass der Mediator seine inneren

Landkarten und das, worum es ihm geht, verstehen will. Verbales Pacing besteht im Aufgreifen, Wiederholen und Zitieren von Begriffen, Schlüsselwörtern und Metaphern des Medianden. Es bedeutet das Mitgehen mit der Sprache der Medianden, dies sowohl bezogen auf den Sprachkontext aus der spezifischen Organisation(-skultur) als auch bezogen auf Ausdrücke und Sprachmuster des individuellen Wirklichkeitserlebens.

Das Pacing organisationsaffinen Vokabulars, insbesondere zu Prozessbeginn, kann zudem helfen, Reaktanz zu reduzieren. Beispielsweise kann das Wort «Anliegen» im Managementkontext passender sein als «Interessen und Bedürfnisse» – Bedürfnisse zu haben ist oftmals ohnehin tabu, und hinter dem Satz «mein Interesse ist ja nur ...» ist oftmals eine versachlichte Position vertreten.

Die Empfangs- und Erlebnisfrequenz ermitteln

Menschen erleben ihre Umgebung über die fünf Sinneskanäle (VAKOG), über die alle von außen aufgenommenen Informationen verarbeitet und gespeichert werden:
- **V**isuell – über das Sehen
- **A**uditiv – über das Hören
- **K**inästhetisch – über das Fühlen und die Bewegung
- **O**lfaktorisch – über den Geruch
- **G**ustatorisch – über den Geschmack

Oft haben Menschen – situationsbezogen – einen bevorzugten Hauptempfangskanal, auf dem sie erleben und besonders gut erreichbar sind. Diese Präferenz kann über nichtsprachliche (Körpersignale und Augenbewegungen) und sprachliche (häufige Verwendung von Wörtern, die einen Sinneskanal repräsentieren) Hinweise erkannt und für die Kommunikation genutzt werden.

Menschen können nur eine bestimmte Anzahl von Einzelinformationen, die von außen auf sie zukommen, gleichzeitig beachten und verarbeiten (7 +/− 2). Wie sie eine Situation erleben, ist unter anderem davon abhängig, wie ihnen eine Information zugänglich gemacht wird (Mohl 2002).

Für den Mediator hat die Kenntnis und Nutzung des bevorzugten Sinneskanals (am häufigsten bevorzugt werden der visuelle und der kinästhetische sowie der auditive Kanal) der einzelnen Medianden entsprechende Relevanz in Bezug auf:
- den intensiveren Kontakt mit dem Medianden,
- das effektivere Anstoßen von Reflexionsprozessen,
- das verständliche Anleiten von Hausaufgaben oder anderen Interaktionen,
- die nützliche Wortwahl beim Resonanzgeben, beim Reframing, Priming und Seeding,
- das Finden von Symbolen und
- das Ankern für den Transfer.

Beim Ankern von Erlebnissen, Ressourcen, Leitsätzen wird die Welt des Medianden zwar über den bevorzugten Kanal betreten, dann jedoch um die Wahrnehmung durch die vier anderen Sinneskanäle erweitert, sodass eine umfassende und nachhaltige sinnliche Ankerung erfolgt.

VAKOG-Analyse

Die Kenntnis und Nutzung der bevorzugten Sinneskanäle (Repräsentationssysteme) sind für den Mediator in der Kommunikationsgestaltung mit den Medianden hilfreich. Es gibt verschiedene Möglichkeiten, diesen Kanal auszuloten, nachfolgend wird die Sprachstruktur als Zugangshinweis zum präferierten Kanal anhand der drei häufigsten Präferenzen exemplarisch skizziert:

VISUELL	AUDITIV	KINÄSTHETISCH
offensichtlich	das klingt gut	begreifen
einleuchtend	das hört sich … an	zupacken
klar	es macht klick!	anpacken
sehen	es schreit zum Himmel	auf etwas stoßen
Perspektive	zustimmen	auf Granit beißen
in einem anderen Licht	im Einklang sein	das kratzt mich nicht
Einsicht	eine leise Ahnung haben	handhaben
Aussicht	es findet Widerhall	in den Griff bekommen
strahlend	wie ein Donnerwetter	Belastung
hell	in den höchsten Tönen	Erleichterung
glänzend	brummen	fad
einleuchtend	knistern	anrüchig
rot / schwarz sehen	hören	sauer
grau in grau	Stimme der Vernunft	die Nase rümpfen
trübe		ein gefundenes Fressen
rosarote Brille		
unter die Lupe nehmen		
ins Auge stechen		

Die Übersetzung dieser Aussage:	visuell	auditiv	kinästhetisch
Ich verstehe Sie (nicht).	Mir ist (nicht) ganz klar, was Sie meinen.	Ich habe Ihr Anliegen (nicht) verstanden.	Ich kann es (nicht) ganz nachvollziehen.
Ich möchte Ihnen etwas mitteilen.	Ich möchte Ihnen etwas zeigen, Ihnen einen Überblick geben.	Ich möchte, dass Sie auf das hören, was ich Ihnen sage.	Ich möchte, dass Sie mit mir / meiner Situation in Kontakt kommen.
Beschreiben Sie mir mehr von Ihrer gegenwärtigen Situation.	Beschreiben Sie mir das Bild, das Sie jetzt sehen.	Berichten Sie mir noch etwas genauer, was Sie mir damit sagen möchten.	Erzählen Sie mir, was Sie (dabei) erlebt haben.

Die Übersetzung dieser Aussage:	visuell	auditiv	kinästhetisch
Verstehen Sie, was ich gesagt habe?	Haben Sie sich ein klares Bild von ... machen können?	Können Sie mit meinen Äußerungen im Einklang sein? Hört sich das gut für Sie an?	Können Sie das, was ich Ihnen gesagt habe, nachvollziehen?

Übung: Gegenseitiges Ausloten der bevorzugten Kanäle

Natürlich müssen die Mediatoren auch ihren eigenen bevorzugten Kanal kennen, damit sie sich bewusst sind, welche Art der Schilderungen der Medianden für sie besser hörbar sind und auf welchem Kanal sie selbst besser kommunizieren. Damit das Erleben der Allparteilichkeit oder vielgerichteten Parteilichkeit des Mediators wiederum von allen Medianden gleichermaßen empfunden werden kann, schalten Mediatoren die weiteren Kanäle beim Zuhören und Kommunizieren bewusst dazu.

Das Setting umfasst einen Erzählenden (Mediator A) und zwei oder mehr Zuhörende (Mediator B und Mediator X).
Mediator A fühlt sich ein und berichtet so authentisch-emotional wie möglich,
- zuerst kurz von einer Situation, in der er sich ausgesprochen wohl gefühlt hat (5 Minuten)
- und danach von einer Situation, in der er sich ausgesprochen unwohl gefühlt hat (5 Minuten).

Mediator B und Mediator X hören zu und geben anschließend Feedback zu den folgenden Fragen:
- Welche Sprachmuster benutzt A besonders häufig? An welchen Stellen wurde das besonders sichtbar?
- Gibt es Unterschiede hinsichtlich der Kanäle bei den beiden Situationen?

Öffnende Formulierungen

Unter allen aktivierenden und inhibierenden Interventionen in der Mediation, kommt der Sprache eine zentrale Rolle zu. Ganz besonders kann dies anhand der sogenannten Mini-Max-Interventionen (Prior 2009) verdeutlicht werden. Der Tunnelblick und die Enge der Denk- und Handlungsräume, die durch absolute Formulierungen entstehen, können mit «kleinsten» Veränderungen in der Sprache des Mediators, insbesondere beim Reframing und der Formulierung von systemischen Fragen, deutlich geöffnet werden.

Folgende Formulierungen unterstützen die Ressourcenorientierung im Prozess:

Präsentierte Formulierung	Reframing
■ Aber	■ … und gleichzeitig …
■ … ob	■ Unter welchen Umständen, was genau, welche und wie?
■ Weg von	■ Hin zu
■ Nicht mehr	■ Statt dessen, sondern
■ Immer	■ Noch nicht
■ Noch nie	■ Bisher (in diesen Situationen) nicht
■ Er ist	■ Er tut / verhält
■ Du bist (Vorwurf)	■ Ich brauche (Anliegen)

«Vielleicht» und beabsichtigte Vagheit

Es ergibt sich aus der Kontaktnähe zum Medianden und dem Gespür, in welchem inneren Prozess er sich befindet, ob im Moment das differenzierte Paraphrasieren und Verbalisieren für den Medianden nützlicher ist oder die beabsichtigte Vagheit des Mediators.

Sehr langsam gesprochene, vage formulierte Teilsätze, die Wörter wie «vielleicht», «können» oder «möglicherweise» beinhalten, geben dem Medianden Raum für innere Suchprozesse, um dann seine eigene Sinngebung hinzuzufügen und diese zu artikulieren.

Pausen

Sprechpausen des Mediators und sein zugewandtes Schweigen (ohne den Medianden dabei anzustarren) können ebenso hilfreich sein. In der «Stille» kann für den Medianden Klarheit entstehen, indem er den geschützten Raum bekommt, sich selbst zu spüren, seine Gedanken zu entdecken, sie entstehen zu lassen und zu formulieren.

Offenheit und Neugier

Klienten setzen mit den Schilderungen ihrer Wirklichkeiten den «hypnotischen Rahmen» für den Mediator. Dieser hypnotische Rahmen besteht häufig aus den ausschließlichen Tunnelblick-Kategorien von Entweder-Oder. Es ist die Aufgabe des Mediators, diesen hypnotischen Rahmen nicht zu übernehmen, um sich nicht mit den gleichen Einschränkungen im Denken zu belegen, in denen die Medianden aus dem Konfliktkontext heraus gefangen sind.

Das Bewahren von Unabhängigkeit, Offenheit und respektvoller Neugier gegenüber den alten und neuen Wirklichkeiten der Medianden ermöglicht sich der Mediator zum Beispiel in den möglichkeitserweiternden Denkräumen des (negierten) Tetralemma (Varga von Kibéd 2009). Das Tetralemma als Hintergrundfolie in der Haltung und im Ausdruck des Mediators heißt, dass er im Kopf ständig zwischen diesen Perspektiven und

Möglichkeiten oszilliert:
- das «Eine» – das Vertraute, das subjektiv Richtige, das Sichere
- das «Andere» – das Andere, das Fremde, das Abgelehnte
- «Beides» – die Integration von oder eine (übersehene) Verbindung zwischen «das Eine» und «das Andere»
- «Keines von Beiden» – etwas ganz Anderes, etwas Neues
- die Nichtposition – Keines von alledem, stattdessen Überraschung und Kreativität

Rituale

Seeding für eine mediative Haltung

Wer die mediative Haltung als «Lebenshaltung» versteht, kann seine Aufmerksamkeit für den empathischen und ressourcenorientierten Umgang mit sich selbst und anderen jeden Morgen zum Beispiel mit dem folgenden Vers von Thich Nhat Hanh aktivieren:

Ich öffne die Augen und lächle,
ein neuer Tag liegt vor mir.
Ich gelobe auf alle Wesen
mit den Augen des Mitgefühls zu schauen.

Ritual für das eigene Wohlbefinden

Mediationen sind komplexe Prozesse mit unvorhersehbaren Dynamiken; der Mediator kann unter Stress geraten, sodass der Zugang zu seinen mediativen Kompetenzen erschwert oder blockiert wird. Rituale der Selbststärkung vor einer Mediation können für schwierige Situationen einen hilfreichen Ressourcen-Anker bilden.

In diesem Zusammenhang teilt die Autorin hier ihr eigenes kleines Ritual, das ihr vor Mediationen hilft, sich an wichtige Ressourcen zu erinnern und sich diese «in den Raum zu holen»:

Ich blicke über die rechte Schulter nach hinten und visualisiere die Personen, die mir Kraft geben, von denen ich inspiriert werde und die mich wertschätzen. Meistens visualisiere ich meine wichtigsten Lehrer. Ich betrachte einen Augenblick ihre Gesichter, lächle sie an und nehme sie «virtuell» mit in den Raum. Nach der Mediation blicke ich wieder zurück, würdige ihre Unterstützung und verabschiede mich von ihnen – bis zum nächsten Mal.

Es hilft vor allem dann, wenn keine Co-Mediation möglich ist und die Entlastung nur von einem selbst kommen kann. Im Prinzip spielt es keine Rolle, welches Ritual gepflegt wird, bevor Mediatoren in eine Mediation gehen. Wichtig ist jedoch, sich selbst gegenüber achtsam zu sein. Mediatoren sollten immer dafür sorgen, dass es ihnen gut geht, sie sich wohl und gestärkt fühlen, denn sie leisten anspruchsvolle Arbeit – und sie strahlen ihre eigene Befindlichkeit auch in den Prozess aus.

Plädoyer für die Selbsterfahrung

Selbstreflexion, Intervision, Supervision und die kontinuierliche Übung in den zahlreichen Gelegenheiten im Alltag und im Umgang mit anderen sind wichtige Helfer für den Mediator zur Verinnerlichung einer authentisch ressourcenorientierten Haltung.

Ganz besonders nützlich ist es auch, wenn Mediatoren immer wieder selbst als Medianden mit realen Problemen und echter Betroffenheit Mediation erleben. Das Verständnis für Menschen in Konflikten, für Verbündungsstrategien von Medianden, emotionale Berg- und Talfahrten – und viele Erfahrungen mehr – wird durch diese Selbsterfahrung erweitert.

Nachfolgend der Bericht der Autorin über Erfahrungen in Mediationen, in denen sie als Mediandin teilgenommen hatte.

Ich als Mediandin

Es wäre für mich eine schwierige Vorstellung, als Mediatorin zu arbeiten, ohne jemals «auf der anderen Seite» gesessen zu haben.

Als Vorbemerkung sei erwähnt, dass es in den Mediationen, die ich initiiert hatte, um reale Konflikte und Anliegen mit echter Betroffenheit ging. Auch wussten alle Mediatoren, dass ich im Berufsleben selber auch als Mediatorin tätig bin.

Von mir empfundene Stolpersteine im Prozessverhalten der Mediatoren, gebe ich später in der gleichen Absicht wieder, wie ich nachfolgend meinen eigenen inneren Notstand in den Konflikten offenlege – nämlich, um unter Kollegen voneinander und miteinander zu lernen.

Geständnisse und (Selbst-)Erkenntnisse

- Es fing zum Beispiel damit an, dass sich alles in mir sträubte, zum vereinbarten Mediationstermin zu gehen. Ich hatte überhaupt keine Lust, mit «John» über die geplatzte Zusammenarbeit zu reden, eigentlich wollte ich nur schmollen, verdrängen oder motzen, je nach Tagesform.
- Es ging weiter, indem ich mich selber übertreiben hörte: «nie hatte das geklappt»; «immer holte ich die Kohlen aus dem Feuer».
- Und dann war da noch der Sog, so ein richtig starker Sog, stärker als ich, zu versuchen, die Mediatoren, oder wenigstens einen der Mediatoren, auf meine Seite zu bekommen. Ich habe dafür sachlich-eloquent-beherrscht argumentiert, vorgetragen und mich mächtig (erfolglos) angestrengt, die Mediatoren zu beeinflussen, damit sie erkennen, dass nur meine Sicht der Dinge die richtige sein kann.

- In einer anderen Mediation wiederum waren meine Ohnmachtsgefühle aus dem vorausgegangen Konflikt so groß, dass ich es fast nicht ertragen konnte, die andere Person überhaupt reden zu hören. Es erschien mir alles verlogen und selbstgefällig, was «Mary» sagte – und ich hatte überhaupt keine Lust, ihr das Recht auf eine andere Sichtweise einzugestehen.
- Mir wurde erst durch das Paraphrasieren und Verbalisieren des Mediators bewusst, wie sehr mich «Mary's» Verhalten gekränkt hatte und welches angestaute Ungerechtigkeitserleben – sehr zu meinem Erstaunen – in mir tobte.
- Wie erleichtert war ich, dass ich endlich einmal im geschützten Rahmen aussprechen konnte, wie es mir unter den Rationalisierungen und eloquenten Argumenten, die ich mir zurechtgelegt hatte, tatsächlich ging.

Peinlich? Für eine Mediatorin nicht angemessene Reaktionen? Vielleicht. Auch wenn die neuronalen Attacken, die mich in den Mediationen ereilt haben, mittlerweile wissenschaftlich hergeleitet, begründet und somit salonfähig sind, besteht sicherlich und weiterhin und immerzu persönlicher Reflexionsbedarf. Gleichzeitig habe ich sehr viel Demut und Respekt vor dem Prozess, den die Medianden miteinander durchlaufen, und vor der Arbeit des Mediators mitgenommen. Ich habe auch sehr viel mehr Verständnis gewonnen für mögliche Verhaltensstrategien von Medianden an Mediationen und wie diese Strategien motiviert sein können.

Dass sich das eigene Menschen- und Konfliktbild im Prozess wiederfindet und es von elementarer Bedeutung ist, welchen Prozesszielen ich in der Mediation folge, zeigte sich für mich in folgenden Erfahrungen, die ich, als Mediandin, in Mediationen erlebt habe.

Stolpersteine und Störungen

Besonders schwierig wurde die für mich ohnchin schon belastende Situation dann, wenn die Mediatoren

- mich nicht zu einer Mediation eingeladen, sondern vorgeladen haben;
- die erste Sitzung im Wesentlichen den Lebenslauf der Mediatoren, den theoretischen Phasenverlauf der Mediation und standardisierte Spielregeln zum Inhalt hatte und ich auf meinem «Dampf» sitzenblieb;
- mich bereits beim ersten Satz «gewaltfrei» paraphrasierten, ohne dass ich «das Schlechte» aussprechen konnte;
- die Redewendungen des anderen übernommen haben, um mein Empfinden oder Erleben zu spiegeln;
- mich schon sehr früh im Prozess zur Zustimmung über Gemeinsamkeiten bewegen wollten, bevor ich in meiner Unterschiedlichkeit zum anderen richtig gehört und gesehen war;
- mich bei Reaktanz mit Regeln «zur Ordnung ermahnten»;

- meine Interessen und Bedürfnisse in generische und sehr allgemeine Wörter umformulierten, die mich und meine Anliegen nicht abbildeten;
- Reaktionen als «unnormal» ansahen und sich dies in Formulierungen wie «… und wie könnten Sie jetzt normal darauf reagieren …?» niederschlug;
- Sätze sagten, wie: «Denken Sie nicht auch, dass …» oder «Jetzt hat Herr X doch aber jetzt gerade gesagt, … könnten Sie da nicht auch einlenken?»;
- im Bestreben gute Formulierungen zu finden, ausgiebig mit den Rücken zu mir am Flip verweilten;
- derart viele Themen notierten, dass wir nach acht Flipchartblättern alle keinen Überblick mehr hatten, worum es ging;
- die Mediationssitzung wegen des abgelaufenen Zeitfensters eher abrupt beendeten und ich in eine Art Vakuum entlassen wurde.

Die Reflexionen dieser Erfahrungen und meiner eigenen Stolpersteine als Mediatorin führen mich zu dieser Auffassung:

- Stress und Unsicherheiten sind nicht negierbare Realitäten in der Prozessführung.
- Das Arbeiten nach einem schematisierten Ablauf gibt grundsätzlich Orientierung für die Klärungsdramaturgie, und der Rückzug auf eine künstliche Mediator-Außenposition gibt vermeintliche Sicherheit. Doch wenn eines der Hauptargumente für die Mediation ist, dass vor allem auch nicht-justiziable Themen bearbeitet werden können, dann kann diesen Anliegen der Medianden nicht nur mit einem «technischen» Verfahren begegnet werden, in dem der Mediator eine «neutral-moderierende» Rolle einnimmt, um diese Anliegen von einer Außenposition zu managen (unsere Spiegelneuronen machen hier sowieso nicht mit).
- Die Beziehung zwischen Mediator und Medianden ist die wichtige Kraft im Mediationsprozess. Der Mediator oszilliert ständig zwischen Nähe, im Sinne des Kontaktes, und Distanz, im Sinne der Perspektive.
- Die achtsame Präsenz und die Zugewandtheit des Mediators sowie sein Vertrauen in die Ressourcen der Medianden und des Mediandensystems helfen ihm, «jede» Situation in der Mediation zu halten.
- Der Mediator selbst mit seiner wertschätzenden und interessierten Haltung ist eine der wichtigsten und wirksamsten Interventionen im Prozess.

Mein Fazit zu den Selbsterfahrungen als Mediandin: Neben der tatsächlichen und befreienden Konfliktbeilegung beinhaltet jede Mediation, die ich selbst aktiv nachfrage, für mich wunderbare Reflexions- und Lernmöglichkeiten über Mediationsprozesse und mich selbst – als Privatperson und als Mediatorin.

Teil C
Ausgewählte Interventionen aus der Transfer-orientierten Mediation

«Kaum übt man es 1100 Mal,
schon geht's leichter.»

Matthias Varga von Kibéd

Ausgewählte Interventionen

Das Interventionsspektrum, das in der Transfer-orientierten Mediation zur Anwendung kommen kann, ist groß. Nachfolgend sind einige der Interventionen näher spezifiziert, die im Theorie-Teil erwähnt wurden. Dort, wo es sinnvoll ist, sind sie nach ihrer besonderen Eignung in den Phasen des InSyst-Modells gekennzeichnet, können aber je nach Kontext und Absicht einzeln oder in Kombination auch zu einem anderen Zeitpunkt angewendet oder angepasst werden. Richtige oder falsche Interventionen gibt es nicht. Wichtig sind
- der reflektierte Einsatz der Interventionen durch den Mediator,
- seine Bewusstheit für die potenzielle Wirkkraft der Intervention,
- seine Haltung von Wertschätzung, Offenheit und Achtsamkeit,
- sein Gespür für das richtige «Timing» und
- die vertrauensvolle Arbeitsbeziehung mit den Medianden.

Präsenz und Resonanz

Die Präsenz und Resonanz des Mediators bilden die wesentliche Grundlage in der Zusammenarbeit mit den Medianden. Die Präsenz und Resonanz des Mediators werden für den Medianden spürbar durch
- sein authentisches, tiefes Interesse, den Medianden verstehen zu wollen,
- seine verbale und nonverbale Empathie,
- seine offene und wertschätzende Haltung, die sich unter anderem energetisch ausdrückt, und auch
- zugewandtes, aufmerksames Schweigen.

Aktives Zuhören

Das aktive Zuhören ist mehr als das verständnisvolle Nicken beim Zuhören. Es besteht aus:
- körperlicher Zugewandtheit und Augenkontakt,
- passivem Zuhören mit Aufmerksamkeitssignalen wie Nicken etc.,
- Paraphrasieren: Zusammenfassen der Inhalte, unter Verwendung der vom Medianden gewählten Schlüsselausdrücke und Sinneskanal-spezifischen Wörter.
- Verbalisieren oder Spiegeln = Etikettieren und Adressieren der Gefühle. Beim Verbalisieren adressiert der Mediator die Emotionen, die mit explizit oder implizit in den Aussagen enthalten sind. Ist die Arbeitsbeziehung zwischen Mediator und Mediand eine vertrauensvolle und von echter Interessiertheit des Mediators, wird der Mediand auch ein «falsches» Etikettieren seiner Emotionen nicht als Störung empfinden, sondern als Hilfestellung bei seinem inneren Suchprozess.

Compliments

Das aufrichtige Würdigen der Ressourcen, Lösungsversuche und Bemühungen des Medianden in Form von wertschätzenden Beobachtungen (Compliments) durch den Mediator, hilft, den Stress des Medianden zu reduzieren und seine (Selbst-)Wahrnehmung zu erweitern.

Reframing

Die aktuelle Bedeutung, die ein Ereignis für den Medianden hat, steht immer in einem bestimmten Kontext. Mit der Veränderung des Bezugsrahmens können auch Bedeutungen verändert oder erweitert werden.

Reframing zielt darauf, als problematisch empfundenes Verhalten aus dem verengten Fokus einer einzig möglichen Sichtweise zu lösen und dessen Sinnhaftigkeit und Nützlichkeit zu entdecken. Die Haltung für das Reframing ist: «In welchem Zusammenhang könnte das ... sogar nützlich sein?», «Wofür könnte es gut sein, dass ... ?»

Umgang mit starken Emotionen und Reaktanz

Die Perspektive der Transfer-orientierten Mediation

Über die Definition, die Bedeutung und die Entstehung von sowie theoretische Strategien zum Umgang mit Emotionen gibt es eine Reihe von fundierten, aufschlussreichen und lesefreundlichen Schriften (siehe Quellenverzeichnis und Lesetipps).

Der Fokus nachfolgender Ausführungen liegt daher auf einem aus der Praxis geborenen, konkret-pragmatischen Umgang mit starken Emotionen und Reaktanz im Mediationsprozess. Da sowohl starken Emotionen wie auch Reaktanz in der Mediation in sehr ähnlicher Haltung und Weise begegnet werden kann, werden diese beiden Begriffe für diese Darstellung (!) als Arbeitsdefinition (!) austauschbar verwendet.

Anstelle des Arbeitens mit Zensur ...

Das Arbeiten mit der Zensur von Emotionen kann in bestimmten Kontexten von den Medianden ausdrücklich gewünscht sein (z.B. Mediation zwischen Organisationen, Scheidungsmediation) und kann so funktionieren, dass der Mediator eine stark regulierende Rolle einnimmt (Sachlichkeitsgebote und Spielregeln) und Emotionen explizit oder implizit als Störungen in «seinem» Prozess auf dem Weg zur Vereinbarung mit Ermahnung ahndet. Damit wird den Medianden die Bandbreite der zugelassenen Reaktionen schnell klar. Sie können sich entweder entgegen aller Emotionen diesen selbst auferlegten Regeln unterwerfen, mitmachen und ihren Konflikt bis zu einem gewissen Grad funktional-kosmetisch beilegen oder die Mediation abbrechen. Es kommt auch vor, dass es nicht die Medianden sind, die diese Zensur erwarten, sondern, dass der Mediator dies aus seinem Prozessverständnis oder einer Überforderung heraus so festlegt und praktiziert.

… erfolgt das Arbeiten mit Emotionen

Der in diesem Buch verfolgte Ansatz der Prozessführung und des Umgangs mit Medianden ist hingegen ein anderer. Emotionen werden als zentrale Kraft für Veränderung und Berührung verstanden. Der an der Transformation und am Transfer orientierte Mediator, der im Prozessfluss den Medianden folgt und ihre Interaktionen fokussiert, kann bei all den «Unbekannten» immer wieder unter Stress geraten. Anliegen, Dynamiken, Interaktionsmustern, Beeinflussungsversuchen durch die Medianden und vielem mehr, gilt es, authentisch wertschätzend und vielgerichtet parteilich zu begegnen. Die Konzentration des Mediators auf sein Innen, auf das Außen, auf das Dazwischen, das Vermutete und auf das Entstehende widerspiegelt die Komplexität seiner Aufgaben. Eine starke Entladung von Emotionen oder Reaktanz im Prozess kann beim Mediator zusätzlichen Stress und auch Angst auslösen. Das Limbische System des Mediators schickt sodann herzliche Grüße aus der Urzeit und plädiert lautstark für Angriff, Flucht oder Totstellen.

Basisarbeit beim Mediator: Das Kohärenzgefühl

In der Konsequenz heißt das, bevor der Mediator etwas für die Medianden tun kann, muss er erst etwas für sich getan haben, um professionell handlungsfähig zu bleiben. Dabei wird das Interventionsspektrum, also die Anzahl beherrschter Techniken, häufig überbewertet und als Einstiegsebene für den Umgang mit Emotionen betrachtet.

Es sind jedoch andere Vorarbeiten notwendig, quasi auf höherer Ebene. Sie bestehen zum Beispiel in der Steigerung des eigenen Kohärenzgefühls, das wiederum das Empfinden von Stress reduziert – was dann wiederum das Limbische System nicht weckt.

Das Kohärenzgefühl setzt sich zusammen aus Bedeutsamkeit, Verstehbarkeit und Bewältigbarkeit. Auf den Prozess übersetzt heißt das, der Mediator muss in Bezug auf starke Emotionen und Reaktanz

- die Haltung haben, dass diese Reaktionen für den Prozess sinnvoll und bedeutsam sind,
- auf einer Meta-Ebene die Hintergründe für die Reaktionen verstehen sowie
- Interventionen für das Auffangen und Halten von starken Emotionen kennen.

Abbildung 18: **Umgang mit starken Emotionen und Reaktanz**

Die Haltung ist die Basis des Umgangs mit Emotionen. Erst dann kann das Hintergrundwissen entsprechend integriert werden und daraus können schlussendlich Interventionen gesetzt werden, die, wenn dieser Untergrund stimmt, «nie» falsch und verschärfend sein werden, sondern höchstens für den Medianden im Moment nicht passend. Der Mediand wird dann diese «unpassende» Intervention erstens als Versuch des Mediators empfinden, ihn zu verstehen und zweitens als Reflexions- oder Suchgelegenheit entgegennehmen, um zu seinen eigenen Antworten zu kommen.

Haltung: Bedeutsamkeit der Emotionen

Der Mediator erlebt Dynamiken und Emotionen, die sich im Prozess zeigen, als wertvoll und bedeutsam. Jedes Verhalten ist in einem bestimmten Kontext sinnvoll. Es dient in einem weiteren Sinne der Überlebenssicherung und der Befriedigung der psychoemotionalen Grundbedürfnisse (Verbundenheit und Entwicklung) und kann sich auf vielfältige Art und in vielen Symptomen äußern. Starke Emotionen und Reaktanz sind «der Stoff, aus dem die Türen sind». Sie sind Kommunikationsangebote des Medianden und können unter anderem auf Tabuthemen, vom Mediator Verpasstes, wichtige Hindernisse, fehlende Strategien zum Umgang mit Neuem, Unsicherheit, Angst, ungehörtes Leid, Normverletzungen hinweisen.

In dieser Haltung kann der Mediator starke Emotionen und Reaktanz
- achtsam, empathisch und nicht bewertend annehmen,
- angstfrei in den Klärungsprozess einladen,

- als Energie und Türöffner willkommen heißen,
- wertschätzend neugierig (nicht-wissend) «kontaktieren und explorieren»
- und somit für den Prozess und die Klärung utilisieren.

Hintergrundwissen: Verstehbarkeit der Dynamik

Der Mediator versteht auf einer Meta-Ebene typische Konfliktdynamiken und –Verhaltensweisen, er kennt neurobiologische und psychologische Zusammenhänge und Wechselwirkungen (siehe Teil A des Buches) und hat dies in Bezug auf den Mediationsprozess reflektiert. Vor diesem Hintergrundwissen kann er die ihm passend erscheinende Intervention wählen.

Interventionen: Bewältigbarkeit der Situation

Im Umgang mit starken Emotionen und Reaktanz geht es – vor allem bei unmittelbarem Auftauchen der Gefühle – weniger darum, viel zu tun als viel mehr darum, in entsprechender Haltung und mit entsprechendem Hintergrundverständnis präsent und zugewandt zu sein. Es geht also auch nicht darum, sofort in «gewaltfreie» Sprache umzuformulieren oder die Bedürfnisse zu adressieren, sondern dem Drastischen Raum zu geben und die Gefühle beim Verbalisieren – zunächst – in genau dieser Weise wiederzugeben.

«Sofortmassnahmen»

1. Entschleunigen, Resonanz geben und empathisches Spiegeln

- *«Moment bitte, das möchte ich genau verstehen, für Sie ist das, was Sie hier jetzt gerade erleben / hören unerträglich / kaum auszuhalten?»*
- *«Was habe ich verpasst / nicht gut gehört / übersehen?»*
- *«Ich möchte das gern nachfragen, ich kann sehen, dass Sie das gerade sehr bewegt: Was ist im Moment schwierig?»*
- *«Was ist jetzt da?»*
- *«Es ist ganz deutlich spürbar, wie Sie das bewegt / ärgert / wütend macht …»*
- *«Ich kann ganz deutlich wahrnehmen / spüren / hören / sehen, wie sehr Sie das belegt / bewegt / berührt.»*
- *«Das löst in Ihnen ganz viel aus – mögen Sie mir etwas dazu sagen?»*
- *«Können wir da genauer hinschauen – ich merke, das ist Ihnen ganz wichtig / da steckt sehr viel Verletzung / Wut / Ohnmacht drin.»*

2. Wertschätzendes, achtsames Konkretisieren

- *«Worauf bezieht sich Ihre Wut?»*
- *«Können Sie mir sagen, was es ist, dass das in Ihnen ausgelöst hat?»*
- *«Welche Situation wurde für Sie gerade nochmals lebendig?»*

- «Welche Bilder tauchen in Ihnen auf?»
- «Was müsste ich erleben, damit ich mich jetzt so fühle wie Sie?»
- «Welche Befürchtung steht für Sie klar im Raum?»

3. Reframing und Entlastung

- «Sie haben offenbar schon viel über Lösungen nachgedacht, und es ist Ihnen ganz wichtig, hier deutlich zu machen, welchen Stellenwert das hat.»
- «Da steckt viel Energie / Leidenschaft / Kraft drin, Ihnen ist das ein großes Anliegen, das hier klar zu sagen.»
- «Sie bringen sehr viel Engagement und Energie in den Prozess, Sie sind sehr offen mit Ihren Äußerungen, das ist für die Klärung sehr wichtig.»
- «Ich verstehe das als wichtige Information über im Moment wohl noch übersehene Aspekte, dass Sie hier entschieden nein sagen. Sie weisen da auf etwas hin, das unbedingt beachtet werden will und bisher noch nicht genügend oder gar nicht sichtbar geworden ist.»
- «Danke, dass Sie das übernommen haben, diesen wichtigen Aspekt hier einzubringen.»

Diese drei Schritte sind eine Art «stabile Seitenlage», von der aus dann weiter gearbeitet werden kann. Bei dieser stabilen Seitenlage geht es in keiner Weise um das Unterdrücken oder Verharmlosen der Gefühle oder um das Brechen von Widerstand. Es geht darum, dem Gefühl, der Reaktanz den nötigen Platz zu verschaffen, sodass die Äußerung dieser Spannung weniger heftig sein muss und dadurch differenziert besprechbar wird.

Differenziertes Weiterarbeiten

In Zusammenhang mit dem weiteren Vorgehen ist grundsätzlich alles erlaubt, was den Medianden helfen kann, sich selbst zu klären und auszudrücken. Nachfolgend einige Beispiele, wie nach der stabilen Seitenlage in der Klärung oder der Exploration der starken Emotionen oder der Reaktanz weitergehen kann:

- Pause (im Sinne: Stille), «Aushalten», Warten
- Pause (im Sinne: Unterbrechung)
- Lösungsfokussiertes Fragen nach Steve de Shazer, also Fragen nach Unterschieden, die Wunderfrage, Konkretisierungen, Skalierungsfragen
- Zirkuläres und hypothetisches Fragen
- Erklärungsmodelle zur Entlastung anbieten, Entpathologisierung
- Konfliktbild aus der Außenperspektive anbieten, z.B. mit Aufstellungsfiguren
- Doppeln
- Arbeit mit Wahrnehmungspositionen
- Split in Einzelgespräche, Zusammenführen und Doppeln durch Mediator
- Verantwortung einfordern, (wie) soll / kann es weitergehen
- …

Beim reflektierten Intervenieren ist die achtsame und ressourcenorientierte Haltung des Mediators entscheidend – dann kann keine Intervention «danebengehen», sie kann schlimmstenfalls in der beabsichtigten Wirkung verpuffen, ohne jedoch das Arbeitsbündnis zu stören, da der Mediand die aufrichtige Absicht des Mediators, ihn zu verstehen, deutlich empfinden und wahrnehmen kann.

Doppeln

Das Doppeln ist eine der Techniken aus Jacob Levy Moreno's Psychodrama. Der Mediator wird gewissermaßen als «Dolmetscher» und «Zwischen-den-Zeilen-Hörer» tätig, indem er in direkter Sprache für die Konfliktparteien spricht. Das Doppeln hilft in der Mediation den Prozess zu verlangsamen und den Streitdialog zwischen den Konfliktparteien zu vertiefen. Indem der Mediator stellvertretend für die Parteien deren wirkliche Gefühlslage und Anliegen ausspricht, trägt die Methode des Doppelns zur Klärung und Entgiftung der Beziehung bei (Thomann 2008b.)

Zum wirkungsvollen Doppeln sollte der Mediator
- ein Gespür für Unvollständigkeit haben,
- zwischen den Zeilen lesen und Ober- und Untertöne heraushören,
- das Vermisste ergänzen,
- das Angedeutete drastifizieren können.

Korrektes Doppeln

1. Der Mediator fragt von seinem Stuhl aus: «Darf ich mal neben Sie kommen und an Ihrer Stelle etwas zu «X» sagen und Sie sagen mir dann, ob das so stimmt?»
2. Erst nach der expliziten Erlaubnis tritt der Mediator neben die Person, geht in eine hockende Position und spricht in Ich-Botschaften (inkl. Duzen, falls das der Umgang zwischen den Konfliktparteien ist) zum Konfliktpartner.
3. Nach jedem Satz, mindestens aber zum Abschluss, fragt der Doppelnde die gedoppelte Person: «Stimmt das?».
4. Nur bei spontanem und klarem «Ja» dürfen ausgesprochene Sätze so stehen bleiben. Andernfalls nimmt der Doppelnde die Aussage sofort mit dem Satz «Nein, das stimmt nicht – wie stimmt es denn?» zurück. Der Gedoppelte formuliert nun, und der Doppelnde kann hierzu Satzanfänge anbieten.
5. Der Doppelnde tritt nicht in eine Diskussion mit dem Gedoppelten, sondern lässt bei «Falschheit» der Aussage sofort seine Hypothesen fallen.
6. Der Mediator geht nach dem Doppeln auf seinen Platz zurück und stellt erst von dort den angesprochenen «Kontrahenten» eine Frage wie «Wie reagieren Sie darauf? Was sagen Sie dazu?»

Beim Doppeln geht es nicht nur um die Verbalisierung emotionaler Erlebnisinhalte, sondern auch um die Ergänzung, Klärung und Drastifizierung von Sache, Selbstaussage, Beziehung und Appell (Thomann 2008a).

Die Gewaltfreie Kommunikation

Das von Marshall B. Rosenberg entwickelte Modell der Gewaltfreien Kommunikation (GfK) ist
- eine Kommunikationsmethode,
- eine Haltung gegenüber sich selbst und anderen Menschen,
- das Verständnis, dass hinter jedem Verhalten das Bestreben steht, ein Bedürfnis zu befriedigen.

Mit dem GfK-Modell ist es möglich, zu entschleunigen, zu präzisieren und zu Ich-Aussagen zu gelangen. Es hilft zu unterscheiden zwischen dem Bedürfnis und der «Strategie» (Idee), d.h. der Art und Weise, wie jemand versucht, seine Bedürfnisse zu befriedigen.

Die Kommunikation erfolgt dabei nach den folgenden vier Prinzipien:

1. Beobachtungen und Bewertungen / Interpretationen trennen

Was konkret hat er / sie (beobachtbar) getan, das Dich stört?

Verifizieren, dass es sich um eine Beobachtung handelt:
- Nur Zahlen, Daten, Fakten
- Keine Bewertungen
- Keine Interpretationen
- Keine Pauschalisierungen

2. Gefühle ausdrücken

Wie fühlst Du in Dir in Verbindung mit diesen konkreten Handlungen? Was ist lebendig in Dir (siehe Gefühlswortschatz)?

Verifizieren, dass es sich um ein Gefühl handelt:
- Handelt es sich bei einem Ausdruck der Form «Ich fühle mich xy / Ich habe das Gefühl, xy» um ein echtes Gefühl? Um das zu prüfen:
  - Gibt es einen «Täter"? Dann ist die Wahrscheinlichkeit hoch, dass es sich nicht

um ein Gefühl, sondern um eine Interpretation oder Bewertung handelt.
- Den Satz umformulieren in die Form «Ich bin (aus mir heraus) xy". Wenn der Satz sinnvoll ist und einen Gefühlszustand (und nicht z.B. eine Einschätzung oder kognitive Bewertung) darstellt, handelt es sich um ein Gefühl.

3. Bedürfnisse nennen

Welches Bedürfnis hast Du in dieser Situation?

Verifizieren, dass es sich um ein Bedürfnis handelt (und nicht z.B. um eine Strategie, die der Bedürfnisbefriedigung dienen soll):
- Es gibt viele (und nicht nur genau eine) Möglichkeit, das Bedürfnis zu erfüllen.
- Die Erfüllung des Bedürfnisses ist frei von der Mitwirkung (bestimmter) Dritter.
- Die Erfüllung des Bedürfnisses ist frei von spezifischen Orts- und Zeitangaben.
- Das Bedürfnis ist positiv formulierbar (nicht nur als die Abwesenheit von etwas).

4. Wunsch oder Bitte äußern

Welchen konkreten Wunsch, welche klare Bitte hast Du an den anderen, welche konkrete Handlung wäre Dir wichtig?

Verifizieren, dass es sich um eine Bitte handelt:
- Jetzt und hier erfüllbar (keine «frommen Wünsche»).
- Keine Forderungen, d.h., keine Androhung von Sanktionen.
- Gewünscht werden können eine bestimmte Strategie, eine bestimmte Handlung, eine konkrete Entscheidung.

Gefühls- und Bedürfniswortschatz

Marshall B. Rosenberg spricht von angenehmen (nicht: positiven) und unangenehmen (nicht: negativen) Gefühlen. Und er unterscheidet «echte» Gefühle von sogenannten «Pseudogefühlen» (auch strategisierenden Gefühlen). Pseudogefühle sind (vermeintliche) Gefühlswörter, die implizieren, dass es einen «Täter» geben muss, der diese Gefühle auslöst. Nachfolgend der Gefühls- und Bedürfniswortschatz nach Marshall B. Rosenberg:

Angenehme Gefühle, die da sein können, wenn Bedürfnisse erfüllt sind	Unangenehme Gefühle, die da sein können, wenn Bedürfnisse nicht erfüllt sind	Pseudogefühle !!! (enthalten Interpretationen, Einschätzungen, Bewertungen des Verhaltens des anderen)	Bedürfnisse
erregt	düster	angegriffen	Abwechslung
heiter	schlaff	ausgebeutet	Aktivität
sanft	abwesend	ausgenutzt	Akzeptanz
absorbiert	einsam	bedroht	Anerkennung
erstaunt	kleinmütig	benutzt	Aufmerksamkeit
hoffnungsvoll	schlecht	betrogen	Austausch
selig	ängstlich	bevormundet	Ausgewogenheit
aktiv	elend	eingeengt	Authentizität
erwartungsvoll	konfus	eingeschüchtert	Autonomie
interessiert	ärgerlich	festgenagelt	Beitrag leisten
sicher	krank	gequält	Bewegung
angeregt	schuldig	gezwungen	Beständigkeit
fasziniert	alarmiert	gestört	Bildung
involviert	kribblig	herabgesetzt	Effektivität
sorglos	schwermütig	hintergangen	Ehrlichkeit
aufgeregt	angespannt	in die Enge getrieben	Einfühlung
frei	erschöpft	manipuliert	Entspannung
lebhaft	träge	missbraucht	Entwicklung
stolz	angstvoll	missverstanden	Freiheit
behaglich	lethargisch	niedergemacht	Freude / Spaß
freudig	traurig	provoziert	Frieden
leichten Herzens	apathisch	sabotiert	Geborgenheit
überglücklich	faul	übergangen	Gesundheit
belebt	matt	unter Druck gesetzt	Gemeinschaft
friedlich	überlastet	unterdrückt	Glück
liebevoll	bekümmert	ungewollt	Harmonie
überrascht	furchtsam	uninteressant	Identität
berührt	mutlos	unwichtig	Initiative
froh	verdrossen	verlassen	Integrität
lustig	belastet	vernachlässigt	Inspiration
überschwänglich	gehemmt	vernichtet	Intensität
bewegt	neidisch	vertrieben	Klarheit
fröhlich	verloren	zurückgewiesen	Kultur
mitteilsam	besorgt		Kongruenz
unbekümmert	gelangweilt	nicht	Kontakt
dankbar	nervös	■ beachtet	Konzentration
gebannt	verwirrt	■ ernst genommen	Kraft
motiviert	bestürzt	■ geachtet	Kreativität
unternehmungslustig	gemein	■ gehört	Lebensfreude
energievoll	niedergeschlagen	■ gesehen	Liebe
geborgen	verzagt	■ verstanden	Menschlichkeit
munter	betrübt	■ unterstützt	Mitgefühl
vertrauensvoll	gleichgültig	■ respektiert	Nähe
enthusiastisch	passiv	■ wertgeschätzt	Natur
gelassen	verzweifelt		Offenheit
mutig	bitter		Originalität
wach	Hass		Ordnung
erfüllt	pessimistisch		Orientierung

Angenehme Gefühle, die da sein können, wenn Bedürfnisse erfüllt sind	Unangenehme Gefühle, die da sein können, wenn Bedürfnisse nicht erfüllt sind	Pseudogefühle !!! (enthalten Interpretationen, Einschätzungen, Bewertungen des Verhaltens des anderen)	Bedürfnisse
glücklich	widerwillig		Respekt
neugierig	deprimiert		Ruhe
zärtlich	hilflos		Selbstbestimmung
erleichtert	Scham		Selbstverantwortung
großherzig	wütend		Selbstverwirklichung
optimistisch	desinteressiert		Sicherheit
zufrieden	irritiert		Sinn
erlöst	ungeduldig		Schutz
gutmütig	zornig		Sexualität
ruhig	durcheinander		Spiritualität
	melancholisch		Struktur
	unruhig		Transparenz
	feindselig		Verantwortung
	miserabel		Verbindlichkeit
	unsicher		Verbundenheit
	frustriert		Vergnügen
	müde		Vertrauen
	unstet		Verständigung
			Wärme
			(persönliche) Weiterentwicklung
			Wertschätzung
			Zugehörigkeit

Die Gewaltfreie Kommunikation kann eingesetzt werden als Möglichkeit
- der Selbstklärung – worum geht es mir? Welches Bedürfnis meldet sich in mir über diese Emotion? Um was für ein Gefühl handelt es ich überhaupt?
- sich selbst gegenüber anderen zu artikulieren, um zum Beispiel eine Störung oder ein Anliegen auszudrücken.
- die Aussagen anderer zu hören und innerlich entgegenzunehmen.

Marshall B. Rosenberg sagte in einem Seminar: «Egal, wie andere Menschen ihr Leid oder eine Spannung zum Ausdruck bringen, ich versuche alles in diesen vier Schritten zu hören und nachzufragen. Man kann es auch so vergleichen, etwas wird irgendwie gesagt und ich höre einfach eine Simultanübersetzung in «Gewaltfrei» (Rosenberg 2006, mdl., Übers. d. Autorin).

Systemische Fragetechniken

Fragen sind Einladungen an die Medianden zur Reflexion und Selbstklärung, zum Formulieren ihrer Anliegen, zum (Wieder-)Entdecken ihrer Ressourcen, von wechselseitigen Bezügen und Handlungsräumen. Fragen stellt der Mediator in der Haltung des respektvollen «Nichtwissens». Das Nichtwissen bezieht sich auf die innere Landkarte der Medianden, ihrer Mentalen Modelle und Konstruktionen. Für Fragen gilt das Gleiche wie generell in der Kommunikation: Absicht ist nicht gleich Wirkung. Eine beabsichtigte Aussage oder Frage kann die beabsichtigte Wirkung zeigen, davon kann aber nicht ausgegangen werden, denn der Empfänger decodiert die Botschaft – und entscheidet damit über ihren Inhalt (Schulz von Thun 2008).

Eine orientierende Strukturierung von Fragen kann nach der Absicht und der Form erfolgen:

Unterscheidung nach Absicht der Frage

- Verhalten und Verhaltensmuster explorieren
- Emotionen verstehen
- Erklärungen (Konstruktionen) nachvollziehen
- Konfliktfeld(er) abstecken
- Lösungen fantasieren
- Ausnahmen und Unterschiede sichtbar machen
- Ressourcen ins Bewusstsein holen
- Bewertungen verstehen
- Verschiedene Zeitebenen oder Zeitempfinden beleuchten

Unterscheidung nach der Frageform

- **Präzisierungsfragen: Konkretisierung und Fraktionieren der Anliegen**
    - «In welchen Situationen ist Herr xy Ihrer Meinung nach unzuverlässig? Können Sie ein(ige) Beispiel(e) nennen? Was ist genau passiert?»
    - «Was müsste konkret passieren, dass Sie zu einer anderen Einschätzung kommen?»
    - «Was genau ist für Sie schwierig an dieser Situation?»

- **Hypothetische Fragen: Befreiung aus der Tunnelsicht**
    - «Stellen Sie sich vor, Sie könnten das Projekt neu starten, was würden Sie als prioritär ansehen? Welche Ideen hiervon könnten in der aktuellen integriert oder angepasst werden?»
    - «Angenommen, Sie würden bei der nächsten Besprechung einmal nicht moderieren, was würde dann passieren?»

- **Zirkuläre Fragen: Erweiterung der Perspektiven**
  - «Wenn Ihre wichtigsten Klientengruppen von diesem Konflikt wüssten, wie würden diese reagieren?»
  - «Was würde Ihr Vorgänger Ihnen für eine Lösung empfehlen?»
  - «Was würde Ihre Kollegin sagen, was Ihre Stärke in dieser Aufgabe ist?»
  - «Was ist aus Sicht Ihres Mitbewerbers für die Zukunft dieses Bereichs wichtig?»

- **Reflexive Fragen: Motive und Fantasien transparent machen**
  - «Was ist Ihre Erklärung, dass sich der Konflikt so verschärft hat?»
  - «Was vermuten Sie, steht hinter diesen Spannungen?»
  - «Was glauben Sie, warum diese Konflikte immer wieder auftauchen?»
  - «Welche Fantasie oder Vermutung haben Sie hierzu?»

- **Lösungsfokussierte Fragen: Unterschiede, Fortschritt, Ausnahmen und Ressourcen sichtbar machen**
  - «Was ist im Moment gut und soll so bleiben?»
  - «Woran würden Sie erkennen, dass der Konflikt gelöst ist?»
  - «Wann gab es in der Vergangenheit eine Ausnahme, tauchte dieser Konflikt nicht auf – was war da anders, wer hat sich wie verhalten?»
  - «Ausnahmen, in denen es besser oder gut ging?»
  - «Wie geht es aktuell? Wie viel Prozent gut, wie viel akzeptabel, wie viel sofort verändern?»
  - «Welche Ideen hätten Sie jetzt, was Ihnen hier guttun würde? Was kommt wohl am ehesten in Frage?»
  - «Was wären Anzeichen einer Verbesserung? Was noch?»
  - «Was wäre dann anders für Sie und wie würden Sie sich dann verhalten? Wer würde das bemerken? Wer noch?»
  - «Was könnten Sie zu einem Gelingen beitragen / welche Ihrer Fähigkeiten in herausfordernden Situationen könnten Sie hier einsetzen?»

Die Lösungsfokussierten Fragen, die ihren Ursprung in der Lösungsfokussierten Kurzzeittherapie haben, die von Steve de Shazer und Insoo Kim Berg entwickelt wurde, sollen aufgrund ihrer Bedeutung für mediatives Arbeiten an dieser Stelle vertieft werden.

Lösungsfokussierte Fragen

Lösungsfokussierte Fragen richten sich anstelle einer Ursachenforschung für das Problem, die tiefer in die Problem-Trance führen würde, auf eine Los-Lösung vom Problem, eine Konzentration auf vorhandene und vergessene Ressourcen und das Imaginieren von ge-lösten Zuständen. Die Fragen erhellen die Wechselwirkungen zwischen dem Verhalten / den Handlungen der beteiligten Personen und können die Medianden zu anderen Denkweisen und neuen Handlungsalternativen anregen. Typische Fragen beziehen sich daher auf:

Verhalten

- «Was tut jeder Einzelne dazu, um diese Situation herbeizuführen?» (nicht: «Wie ist die Situation?»)
- «Welche Verhaltensweisen der Beteiligten tragen zum gemeinsamen Ziel mehr bei, welche weniger?» (nicht: «Wie schätzen Sie diese Menschen ein?»)
- «Wie verhält sich der Konfliktbeteiligte derzeit?» (nicht: «Wie ist dieser Mensch?»)
- «Welche Verhaltensweisen zeigt dieser Beteiligte derzeit?» (nicht: «Welche Qualitäten, Schwächen hat diese Person?»)

Unterschiede und Ausnahmen (Ressourcen)

- «In welchen Momenten, Kontexten trat das Problem nicht auf?»
- «Was haben Sie da anders gemacht, als Sie es im Moment machen?»
- «Was haben Sie dazu beigetragen, dass es nicht längst viel schlimmer geworden ist?»
- «Immer gleich stark? Gibt es Momente, in denen es weniger stark ist?»

Skalierungen

Die in der lösungsfokussierten Kurzzeittherapie eingesetzte Arbeit mit Skalen unterstützt auch den Mediator darin, in den Kontexten und Wirklichkeiten der Medianden zu bleiben und nicht mit eigenen Maßstäbe von zum Beispiel «guten oder «schlechten» Zuständen oder Entwicklungsfortschritten in Konflikt zu geraten. Skalierungsfragen helfen den Medianden, Zustände einzuschätzen, ohne sie genau inhaltlich erklären zu müssen, Veränderungen festzustellen und in – meist – bewältigbaren kleinen Schritten zu denken. Beispiele:

- «Auf einer Skala von 0 bis 10, 0 bedeutet diese Klärung ist komplett aussichtslos und 10 bedeutet das Gegenteil, wo auf dieser Skala stehen Sie jetzt? ((Und nachfragen, um sicherzugehen, dass es nicht die Beurteilung des Mediators ist:)) *Was ist für Sie eine gute Zahl, um hier in den Prozess einsteigen zu können? Wie könnten Sie dieser Zahl einen Schritt näher kommen?*»
- «*Auf einer Skala von 0 bis 10, wenn 0 dafür steht, dass dieser Konflikt Sie überhaupt nicht belastet und 10 dafür steht, dass die Belastung schier unerträglich ist – wo würden Sie sich im Moment einordnen?* ((Um einzuordnen, wo die Abweichung gegenüber der «normalen» Belastung liegt:)) *Wo auf der Skala ordnen Sie sich aufgrund der Komplexität Ihrer Aufgaben als Führungsperson sonst ein? Was brauchen Sie, damit die Belastung um einen Punkt sinkt? Woran würden Sie das erkennen? Was können Sie hierfür tun?*»

Exemplarische Fragestellungen für das In-Take-Gespräch mit dem Vorgesetzten (De-iure-Auftraggeber)

Kontakt

- Vorstellung und Funktion / Rollen / Zusammenarbeit
- Kontaktnahme bisher / Ziele von heute
- Was ist das Ziel der Intervention – Klärung? «Schöner trennen»? Regelung …?

Fragen

1. Wer ist involviert, wer ist betroffen?
2. Was wurde bisher unternommen? Mit welcher Resonanz bei wem?
3. Welche Maßnahmen wurden getroffen?
4. Weshalb sind Sie der Ansicht, dass die Situation in der Organisation dringend verbessert werden muss? (Betroffene, Beteiligte, Konflikttemperatur, Themen)
5. Welches sind die zwei oder drei stärksten Ereignisse, nach denen sich die Situation maßgeblich verschlimmert hat?
6. Warum haben Sie sich jetzt für eine Mediation entschieden?
7. Was hat sich verändert?
8. Wer müsste teilnehmen und was sind Ihre Ziele für die Klärung (eigene Ziele, Ziele für die Organisation). Was denken Sie, was haben andere für Ziele? Welchen Beitrag können Sie und die anderen zur Zielerreichung leisten?
9. Was lässt sich verändern und was lässt sich nicht verändern?
10. Können Sie uns ein Thema nennen, dass sich aufgrund der gegebenen Strukturen nicht verändern lässt?
11. Was darf während der Klärungssitzung nicht passieren?
12. Was brauchen Sie / die anderen Teilnehmenden für Bedingungen, um mit den Mediatoren und mit den anderen während der Klärungssitzung zusammenarbeiten zu können?
13. Was soll Ihres Erachtens mit den Ergebnissen der Klärungssitzung passieren?
14. Woran werden Sie erkennen, dass die Klärung erfolgreich verlaufen ist?
15. Woran werden das die Teilnehmer erkennen?
16. Was passiert, wenn die Mediation durch die Teilnehmer abgebrochen wird?
17. Welche Informationen haben welche Teilnehmer, was das weitere Vorgehen betrifft?
18. Auf einer Skala von 0 bis 10 – wie schätzen Sie die Motivation der Teilnehmer ein, sich auf ein Klärungsgespräch einzulassen / gut mitzuarbeiten?
19. Wo auf der Skala steht Ihre Motivation?
20. Gibt es Punkte in unserem Gespräch, die vertraulich behandelt werden müssen?
21. Was habe ich vergessen zu fragen?

Beispiele für Interventionen in der Phase 1 – Check-in & Boarding

Selbstklärung bezüglich Motivation und Ziele

Unerwünschtes (Nicht-Ziele) aussprechen

Vielen Medianden ist es zu Beginn der Mediation noch nicht möglich, ihre Anliegen oder ihre Motivation für eine Klärung im Sinne von Zielformulierungen zu benennen. Es kann einfacher sein, das auszudrücken, was nicht passieren soll. Die Methode der unerwünschten Zukunft (Glasl 2004) kann in diesen Fällen bei der Selbstklärung helfen – und durch das gemeinsame Nicht-Ziel eine weitere Eskalation zwischen den Medianden vermeiden:

- *Wohin kann die entstandene Situation schlimmstenfalls abdriften, wenn wir jetzt nicht konstruktiv miteinander nach (Zwischen-)Lösungen suchen?*
- *Wie würde es uns konkret emotional und körperlich gehen, wenn die Situation abdriften würde (das Verhängnis seinen Lauf nimmt), was würden wir uns rückwirkend wünschen?*
- *Was genau ist für alle unerwünscht?*
- *Wofür würden wir verantwortlich zeichnen müssen? Welche Schritte hätten wir unterlassen?*
- *Was kann jeder von uns hier und jetzt beitragen, damit die unerwünschte Zukunft nicht eintritt?*
- *Welche Sofortmaßnahmen sind allenfalls zu ergreifen, gibt es etwas, das sofort zu unterlassen ist?*

Soziometrien

Die von Jacob Levy Moreno (Psychodrama) entwickelten Soziometrien mit ihren differenzierten Ausprägungen und Techniken finden in Therapie, Beratung, Coaching, Supervision und Gruppenprozessen breite Anwendung. Der Einfachheit halber wird hier jedoch summarisch von «der Soziometrie» gesprochen, wie sie oft in Mediationen eingesetzt wird.

Die Soziometrie-Arbeit eignet sich in der Transfer-orientierten Mediation insbesondere, um zu Beginn des Prozesses offizielle und inoffizielle Strukturen in der Gruppe sowie Anliegen und Betroffenheiten abzubilden. Außerdem sind Soziometrien als eine Art «lebendige Statistik» eine gute Möglichkeit, dass alle Gruppenmitglieder gleichzeitig angesprochen und sichtbar werden können. Soziometrien dienen dem Mediator (und der Gruppe) als erste Orientierung, welche Konfliktthemen, Dynamiken und Wahrnehmungen im Raum sind.

Diese Art und Weise, den Medianden umgehend eine Plattform der Sichtbarkeit und Bedeutsamkeit ihrer Anliegen zu geben, und die lösungsfokussierten Interviews im

Rahmen der Soziometrie, kann rasch die Natur der Mediation spürbar machen und die Entscheidung, sich auf den Prozess einzulassen (oder nicht), erleichtern.

Das Vorgehen beim Arbeiten mit «Extrempolen»

Der Mediator markiert im Raum zwei «Extrempole». Extreme Pole (Aussagen) sind wichtig, damit die Medianden genügend Möglichkeiten haben, ihre Position zu finden und Unterschiede sichtbar zu machen. Liegen die Aussagen zu «brav» beieinander, ist die Soziometrie wenig aussagekräftig.

Der Mediator geht entlang einer gedachten Linie am Boden nacheinander zu jedem der beiden Pole, platziert dort einen Bodenanker (Moderationskarte, Kreuz aus Klebband, Stuhl, etc.) und verdeutlicht jeweils die Bedeutung dieser Position (in Form einer Ich-Aussage).

Beispiel:

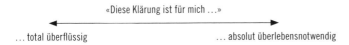

… total überflüssig   … absolut überlebensnotwendig

«Diese Klärung ist für mich …»

Danach werden die Medianden gebeten, «Position» zu beziehen, indem sie den für sie persönlich geltenden «Stand-Punkt» zwischen diesen beiden Polen einnehmen. Es kommt immer wieder vor, dass sich mehrere Medianden auf einen Punkt entlang der gedachten Linie stellen wollen, dann gibt der Mediator den Hinweis, dass sich die Medianden die ganze Breite des Raums nutzen können, um sich nebeneinanderzustellen.

Der Mediator interviewt je nach Anzahl der Medianden alle oder nur einige davon; es gilt abzuschätzen, wie lange den Medianden das Stehen zuzumuten ist.

Wichtig ist, dass mindestens beide Extrempole sowie die Mitte interviewt werden. Häufig macht es Sinn, an den Polen mit der Befragung zu beginnen und dann in die Mitte zu wechseln. Je nach Kontext kann es jedoch auch gute Gründe geben, die Reihenfolge der Befragten zu verändern.

Fragenbeispiele sind:
- *«Sie stehen hier, weil …?»*
- *«Sie haben diesen Ort gewählt, weil …?»*
- *«Mit diesem Stand-Punkt bringen Sie zum Ausdruck, dass …?»*

Die Kommunikation läuft jeweils zwischen dem Mediator und dem Befragten und soll in erster Linie die Anliegen hervorholen. Das heißt, der Mediator paraphrasiert und verbalisiert das Gehörte.

In sehr eskalierten Situationen kann es sowohl an den Extrempolen oder in der Mitte zu drastischen Aussagen in Bezug auf Resignation («das nützt doch alles nichts mehr, es ist so vieles schon passiert …»), Hoffnungslosigkeit («ich weiß gar nicht, was das hier noch soll») oder Demotivation kommen («wir haben jetzt schon so oft über alles gesprochen, ich hab echt die Nase voll, ich bin nur hier, weil ich muss»). Es ist nicht die Aufgabe des Mediators die Medianden zum Prozess zu überreden, wohl aber, mit ihnen zu explorieren, ob ihre absolute Haltung tatsächlich in ihrem Sinne ist:

- «Welcher kleine Nutzen könnte sich hier für Sie zeigen?»
- «Welchen wichtigen Grund könnte es dennoch für Sie geben, dass Sie sich an der Klärung beteiligen?»
- «Dennoch sind Sie hier …?»
- «Was könnte Sie dazu bewegen, einen kleinen Schritt in die andere Richtung zu machen?»
- «Was wäre für Sie wichtig, damit Sie trotz der großen Belastung hier mitarbeiten können?»
- «Wäre es Ihnen lieber, den Prozess eine Weile lang zu beobachten und später einzusteigen oder vielleicht auch einfach im Bedarfsfall mit wichtigen Informationen oder Sichtweisen zu ergänzen?»

Bei einer Mediation zwischen Organisationen oder zwischen «verfeindeten» Teams oder «Lagern» löst die folgende Soziometrie sehr häufig Überraschung aus:

In den meisten Fällen finden sich «alle» in der Mitte oder nahe der Mitte wieder. Die Überraschung besteht darin, dass sichtbar wird, dass alle trotz der Dämonisierung der anderen, auch eigene Anteile im Konflikt mehr oder weniger differenziert reflektiert haben. Diese Information kann das Arbeitsbündnis für den Klärungsprozess stärken. Das «Zugeben» des eigenen Anteils sollte vom Mediator jedoch nicht damit verwechselt werden, dass dies auch schon eine Anerkennung der Anliegen der anderen bedeutet. Bis dahin ist es oft noch ein langer Weg.

Soziometrische Aufstellungen ermöglichen es Medianden, aus einer polaren Konfrontation zu einer differenzierteren Auseinandersetzung zu kommen.

Intrinsische Motivation entdecken

Die Wunderfrage

Eine besondere Wirkung kann die von Steve de Shazer und Insoo Kim Berg im Rahmen ihrer Lösungsfokussierten Kurzzeittherapie entwickelten Wunderfrage haben. Die Medianden können mit dem Zustand, in dem ihr Problem gelöst ist, in Kontakt gebracht werden. Die Wunderfrage eignet sich in der Transfer-orientierten Mediation zum Beispiel sehr gut dazu, die Motivationsanteile aufzuspüren und erlebbar werden zu lassen, die intrinsisch sind. Der Kontakt mit dem Wunder kann einen Sehnsuchtssog zu dem auslösen, was den Medianden auf der Bedürfnisebene wichtig ist. Von da können die intrinsischen Motivatoren weiter exploriert werden.

Die Arbeit mit der Wunderfrage kann verdeckt oder offen stattfinden. Offen würde bedeuten, dass der Mediator die Frage stellt und der Dialog danach offen stattfindet. Verdeckt würde bedeuten, dass die Medianden die Fragen des Mediators für sich stichwortartig aufschreiben oder zeichnen – und ihr Wunder nur ihnen bekannt ist.

Die Wunderfrage wird jedoch oft falsch und in sehr abgekürzter Form zitiert. Das «Wunder» kann dann erlebt werden, wenn der Mediator sie eher als Prozess, denn als Frage versteht (Daimler 2008) und die «Dramaturgie» der Frage eingehalten wird. Es ist wichtig, dass diese Frage betont ruhig, in etwa tieferer Stimmlage und langsam, mit vielen Sprechpausen gestellt wird:

Die Dramaturgie wird für den Leser nachfolgend in Bemerkungen in Doppelklammern gekennzeichnet:

((Ankündigung des Ungewohnten, «aktives Pacing», also eine Vorwegnahme, wie diese Frage empfunden werden kann)) «*Ich möchte Ihnen jetzt … eine vielleicht etwas … ungewöhnliche, vielleicht überraschende … und vielleicht sogar schwierige Frage stellen: …* ((Ankern im Vertrauten und Einbettung der Frage in den Alltag der Medianden. Da dieser uns jedoch nicht unbedingt bekannt ist, ist es wichtig, das Wort «vielleicht» ausgiebig einzusetzen. Einleitung der Imagination)). *Wenn Sie sich jetzt vorstellen, dass diese Sitzung vorbei ist … und dass Sie … später … dorthin gehen, wo Sie heute Nacht schlafen werden … und Sie tun das, was Sie noch vorhatten zu tun … vielleicht essen Sie noch etwas … Vielleicht denken Sie über den Tag nach … Vielleicht lesen Sie noch etwas … Vielleicht ruhen Sie sich auch einfach nur aus … Und jetzt … werden Sie langsam müde, … Sie machen sich bettfertig … und gehen zu Bett … und nach einer Weile schlafen Sie ein …* ((Einleitung des Lösungszustands, der in die Gegenwart geholt wird)) *und angenommen … in dieser Nacht … während Sie schlafen … geschieht etwas Ungewöhnliches … vielleicht sogar so etwas wie ein Wunder …* ((aktives Pacing)) *und das wäre ja wirklich ungewöhnlich … wenn alles, … was Sie hierher geführt hat … plötzlich verschwunden ist … einfach so …* ((Zurückführung in die Realität)) *Und nun erwachen Sie wieder … und Sie wissen ja gar nicht, dass das Wunder geschehen ist, weil Sie ja geschlafen haben …* ((Mitnahme des Zustands in die Gegenwart)) *woran bemerken Sie, dass dieses Wunder geschehen ist …?*»

Dann beginnt ein explorierender Dialog, indem das Wunder in allen Details angeschaut wird:

- *Und woran noch?*
- *Was wäre dann anders?*
- *Woran würden Sie erkennen, dass sich etwas verändert hat?*
- *Was wäre noch anders? Was noch?*
- *Wer bemerkt das? Wie reagiert diese Person?*
- *Wer würde das noch bemerken?*
- *Wer würde wie darauf reagierten? Und wie reagieren Sie jeweils darauf? …*
- *Und wie reagieren Sie dann, wenn Sie es an x erkennen?*
- *An welchem Verhalten von Ihnen merken andere, dass sich etwas verändert hat?*
- *Wie möchten Sie dieses Wunder nennen oder symbolisieren, sodass Sie hier immer wieder anknüpfen können? Dass es für Sie lebendig bleibt, warum Sie sich hier einlassen wollen?*

Mit dem Explorieren des gelösten Zustands können die Medianden ihre intrinsische Motivation für die Klärung entdecken. Das Wunder kann im Verlauf des Prozesses immer wieder explizit oder verdeckt mit einbezogen werden.

Beispiele für Interventionen in der Phase 2 – Expedition & Discovery

In der Transfer-orientierten Mediation können Klärung und Reflexion beispielsweise über den unterschiedsbasierten und lösungsfokussierten Dialog oder die Aufstellungsarbeit erfolgen.

Unterschiedsbasierte und Lösungsfokussierte Fragen

Nachfolgende lösungsfokussierte Beispielfragen sind aus den verschiedenen Aus- und Weiterbildungen (Lösungsgeometrisches Interview, Einstiegsinterviews) bei Matthias Varga von Kibéd und Insa Sparrer zusammengestellt und teilweise von der Autorin für die Mediation angepasst worden.

Auslegeordnung, Muster, Zirkularitäten, Ziele formulieren

- *Woran würden Sie merken, dass das Problem gelöst ist?*
- *Woran noch?*
- *Was wäre stattdessen da?*
- *Wer würde sich dann anders verhalten?*
- *Wer noch?*
- *Was könnten Sie tun, damit es noch schlimmer wird?*
- *Was noch?*
- *Was könnten die anderen tun, damit es noch schlimmer wird?*
- *Wie können Sie zuverlässig erreichen, dass die anderen alles dazu tun, dass es schlimmer wird?*
- *Was sind erste Anzeichen einer Verschärfung?*
- *Was tun Sie in der Problemsituation, was Sie sonst nicht tun?*
- *Was tun Sie da immer gleich? Was tun andere immer gleich?*
- *Was müsste wer tun, damit Sie das von Ihnen unerwünschte bezeichnete Verhalten nicht mehr zeigen müssten?*
- *Wer hat etwas davon, dass der Konflikt aufrechterhalten bleibt?*
- *Wem nutzt der Konflikt?*
- *Welchen Sinn könnte es für Sie machen, den Konflikt aufrechtzuerhalten?*
- *Was ist anders, wenn Sie diesen Konflikt gelöst haben?*
- *Was spricht dafür, dass Sie den Konflikt lösen … und was dagegen?*
- *Was macht es Ihnen schwer, sich von diesem Konflikt zu trennen?*
- *Was würden Sie vermissen?*

- *Welches könnte ein Ziel sein, das Sie erreichen wollen, das vollständig unter Ihrem Einfluss steht?*

- Welches Ziel wollen Sie innerhalb der unveränderlichen Situation, Rahmenbedingungen und Menschen erreichen?
- Wenn wir davon ausgehen, dass Sie (diese Rahmenbedingung, dieses Verhalten anderer, diese Vorgabe, …) nicht ändern können, wie könnten Sie anders damit umgehen?
- Und wenn es doch ein Ziel gäbe? Was würden Sie vermuten, welches das wäre?
- Welches Ziel noch?
- Welches ist am wichtigsten, welches am dringlichsten?
- Welches dieser Ziele wollen Sie als Erstes anschauen?
- Was genau wollen Sie bis wann erreichen (Teilziele)?

Zielzustands- und Lösungsexplorationen

- Woran würden Sie merken, dass Sie Ihr (Teil-)Ziel erreicht haben?
- Woran noch?
- Was wäre dann stattdessen da?
- Wer würde es an welchem Verhalten von Ihnen noch merken?
- Wie würden diese reagieren?

- Was haben Sie bis jetzt schon getan, um den Konflikt zu lösen?
- Anhand welcher Kriterien haben Sie bei Ihren bisherigen Lösungsversuchen entschieden, dass diese nicht passen?
- Welche Lösungsansätze, die Sie bisher noch nicht gedacht haben, gibt es noch?
- Welche Kriterien sind allen diesen Vorschlägen gemeinsam? Welcher Gedanke oder welche Eigenschaft oder anderes verbindet sie?
- Gibt es noch weitere Kriterien, die Sie beachten wollen?

- Wer außer Ihnen wäre von der Lösung auch noch betroffen?
- Wer würde mehr, wer weniger, wer gar nicht von der Lösung profitieren?
- Welche Auswirkungen hätte es, wenn Sie die Lösung bereits morgen umsetzen würden? Und womit würden Sie konkret beginnen?

- Was würde Ihr Kollege sagen, das Sie tun müssten, um den Konflikt zu lösen?
- Was würde Ihre Kollegin sagen, das Sie tun müssten, um der Lösung einen Schritt näher zu kommen?
- Wer sagt was, in welcher Form zu wem (nicht mehr), wenn Ihr Ziel erreicht ist?
- Was tun Sie, was tun andere, wenn Ihr Ziel erreicht ist?
- Was unterlassen Sie, was unterlassen andere, wenn Ihr Ziel erreicht ist?

Organisationale Perspektive – Gestaltungsräume

- Welches genaue Ziel haben Sie für sich, für die Leitung Ihrer Abteilung, die Atmosphäre und Kultur, das Sie in Ihrer Abteilung erreichen möchten?

- *Was werden Sie wann genau dafür tun?*
- *Was werden Sie jetzt als Erstes tun?*
- *Was werden Sie ab morgen einführen? Was werden Sie anders machen?*
- *Was werden Sie beibehalten?*
- *Welches sind Ihre ersten konkreten Schritte, um dies für andere sichtbar zu machen?*

ABC-Themencluster

Eine Möglichkeit, Themen zu ordnen und gleichzeitig Handlungsspielräume sichtbar zu machen, ist, die Themen nach
- A – kann von uns «hier und jetzt» durch die Medianden autonom gelöst werden,
- B – kann nur unter Einbezug von Dritten / weiteren Entscheidungsgremien gelöst oder geklärt werden,
- C – entzieht sich unserem Einfluss / kann oder muss gänzlich durch andere gelöst werden,

zu clustern und sich in der Sitzung um die A-Themen zu kümmern.

Die B- und C-Themen bleiben sichtbar, werden jedoch «geparkt», um das Vorgehen hierfür zu einem späteren Zeitpunkt zu besprechen.

Beispiele für die Aufstellungsarbeit im Prozess

Selbstklärung und Perspektiven erweitern

Die Arbeit mit Wahrnehmungspositionen

Der Mediand nimmt bei dieser aus dem Neurolinguistischen Programmieren (NLP) stammenden Methode verschiedene Beobachtungspositionen ein, um Interaktionen aus unterschiedlichen Sichtweisen zu verfolgen:
- In der ersten Position ist der Handelnde völlig mit dem eigenen Wahrnehmen und Verhalten identifiziert bzw. assoziiert.
- In der zweiten Position identifiziert er sich mit dem Interaktionspartner, d.h. er nimmt die Interaktion aus dessen Blickwinkel wahr. Diese Position ist die Basis für Empathie.
- Die dritte Position ist die klassische Meta-Position, der Standpunkt eines Beobachters, der die Interaktion zwischen der ersten und der zweiten Position verfolgen kann.
- Die vierte Position ist die eines «Meta-Beobachters», eine weitere Dissoziationsstufe.

Diese Arbeit, mit je vier Bodenankern pro Mediand, kann zur Klärung und Erweiterung der Perspektiven beitragen und entweder

- **offen und nacheinander**
  Die Medianden durchlaufen die Positionen nacheinander (jeder mit eigenen Bodenankern) und äußern sich auf den verschiedenen Positionen. Dabei bekommen die Medianden jeweils Einblicke in die innere Landkarte und die Empfindungen des anderen,

oder

- **verdeckt und parallel**
  Die Medianden werden vom Mediator gleichzeitig durch ihr eigenes Bild geführt. Dabei spüren sie die Unterschiede auf den Positionen, äußern sich jedoch nicht unmittelbar, sondern erst nach den beiden Durchläufen,

erfolgen.

Anleitung der Medianden

1. Position (Ich-assoziiert, ganz im eigenen Erleben, emotional assoziiert)
Wenn Sie sich ganz hineinversetzen in diese Situation, wie ist das? Was spüren Sie?

2. Position (Du-assoziiert, sich in das Gegenüber hineinversetzen und auf die 1. Position schauend)
Wie fühlen Sie sich? Wie nehmen Sie die 1. Position wahr?

3. Position (Ich-dissoziiert, sich selbst als Beobachter von außen betrachten oder über die Schulter blicken, sein eigenes Verhalten und die Situation mit Abstand erleben und kommentieren)
Und wenn Sie sich dabei beobachten, wie Sie «x» tun, was fällt Ihnen auf?

Zurück zur 1. Position
Und wenn Sie aus Ihren Beobachtungspositionen wieder in Ihre ursprüngliche Position (1. Position) wechseln, was hat sich verändert? Was ist neu, anders, gleich, welche anderen oder zusätzlichen Gefühle, Eindrücke, Informationen haben Sie jetzt?

4. Position (Meta-Position) (Nicht-Identifikation – eine Position «meta» zu allen Zuständen; ein Hier- und Jetzt-Zustand, von dem aus der Mediand in alle möglichen anderen Zustände hinein- und hinauswechseln und das System mit Abstand betrachten kann. Position der emotionalen Freiheit)
Kommen Sie bitte einmal an diesen speziellen Ort hier, wo Sie jenseits allen direkten Geschehens sind – was sehen Sie, welche Beziehungen, welche Muster, welche Verhaltensweisen?

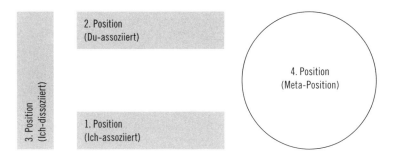

Ressourcen und Handlungsfähigkeit

Arbeit mit dem Ressourcen-Anker

Die Ressourcen der Medianden sollen ins Bewusstsein geholt und in der schwierigen Situation eingesetzt werden. Hierfür definiert jeder Mediand für sich im Raum drei Plätze (Gambler 2001):
- Problemplatz
- Ressourcenplatz
- Beobachterplatz

Anleitung 1:
«Stellen Sie sich bitte auf den Beobachterplatz und denken Sie an die eben geschilderte Konfliktsituation, die sich auf dem Problemplatz abspielt. Sie sehen sich selbst dort in dieser Szene zu, als ob Sie auf eine Filmleinwand schauen. Welche Ressourcen, also Fähigkeiten, bräuchten Sie dort, die für Sie hilfreich wären?»

Anleitung 2:
«Erinnern Sie sich jetzt bitte an eine Ressourcensituation, wo Sie die benötigten Fähigkeiten voll zur Verfügung hatten. Stellen Sie sich jetzt auf den Ressourcenplatz und erleben Sie die Szene mit allen Sinnen. Wenn Sie die Ressourcensituation intensiv erleben und Ihre Fähigkeiten klar erkennen können, machen Sie sich bitte einen Anker (z.B. zwei Finger gegeneinander drücken).»

Anleitung 3:
«Gehen Sie bitte jetzt mit diesem Anker (und den dazugehörigen Fähigkeiten) auf den Problemplatz und geben Sie sich den Raum, um vielleicht Veränderungen zu entdecken.»

Anleitung 4:
«Kehren Sie jetzt bitte auf den Beobachterplatz und schauen Sie, was da ist:
- *Was ist neu, anders? Was ist gleich geblieben?*
- *Welche Ressourcen werden Sie in die Gegenwart mitnehmen?*
- *Was brauchen Sie, um diese zu aktivieren?»*

Erweiterung der Perspektiven und Möglichkeitsräume

Verdeckte Tetralemma-Arbeit

Diese für die Mediation adaptierte Intervention basiert auf der von Matthias Varga von Kibéd und Insa Sparrer entwickelten Systemischen Strukturaufstellung des Tetralemma.

Die Tetralemma-Aufstellung «dient (…) der Vereinigung von Gegensätzen, der Klärung von Standpunkten, (…) der Aufhebung von Blockaden und der Sichtbarmachung von Übersehenem». (Daimler 2008, S.110)

In der Mediation kann eine – sehr reduzierte Form der ursprünglichen – Tetralemma-Arbeit zum Beispiel dann durchgeführt werden, wenn für alle Medianden eine intensive Selbstklärung und -artikulation erfolgt ist, um sich dann in Richtung Anerkennung der Anliegen der anderen Beteiligten zu bewegen.

Diese Arbeit kann verdeckt erfolgen, das heisst, die Medianden werden vom Mediator angeleitet, äußern sich aber nicht verbal, sondern lassen die Eindrücke und Veränderungen innerlich wirken und können neue Perspektiven, Ideen oder anderes in sich entstehen lassen. Nach der Aufstellung wird der mediative Dialog fortgeführt, und die Veränderungen können in das erweiterte Verständnis für sich selbst und füreinander, in den Perspektivenwechsel und die Sicht auf mögliche Handlungsräume einfließen.

In der Aufstellung wird mit Bodenankern gearbeitet, zum Beispiel Moderationskarten. Pro Mediand werden 5 Karten vorbereitet:
1. «Das Eine»
2. «Das Andere»
3. «Beides»
4. «Keines von Beiden»
5. Die fünfte Position

Mögliche Anleitung an die Medianden:
«Im Moment liegen Ihre unterschiedlichen Situationen innerhalb dieses Konflikts nebeneinander auf dem Tisch. Sie haben voneinander gehört, welches Ihre Verletzungen, Anliegen und Interessen sind. Möglicherweise hat das gegenseitige Zuhören, das vielleicht nicht immer einfach war, Ihre Sicht auf den Konflikt verstärkt oder verändert. Ich möchte Sie einladen, dass Sie sich einen Augenblick Zeit nehmen, um Ihren momentanen Stand nochmals zu gegenwärtigen. Sie machen also im Prinzip so etwas wie eine stille Einzelarbeit, alle zur gleichen Zeit, und ich führe Sie da durch. Bitte nehmen Sie diese vorbereiteten Ovale (Moderationskarten) und legen Sie sie nach dieser Ordnung auf den Boden.

Das Oval «Das Eine», repräsentiert Ihre Sicht der Dinge, und es liegt gegenüber von dem Oval «Das Andere», das die Sichtweisen des anderen repräsentiert. Das Oval «Beides» repräsentiert beide Sichtweisen, also «Das Eine» und «Das Andere». Es ist ein «Sowohl-als-auch» und liegt wiederum gegenüber vom Oval «Keines von Beiden», das so etwas wie ein «Weder-noch» ist. Etwas abseits von alledem liegt die 5. Position, sie steht für eine Erweiterung oder einen Wechsel des Themas, um etwas bisher nicht Berücksichtigtes. Nehmen Sie sich genügend Platz und legen Sie die Ovale hin, danach wandern Sie von der 1. zur 2. Position, dann zur 3. und zur 4. Sie können hin- und herpendeln, Sie können eine Position auslassen, wenn Sie wollen und Sie können auch die 5. Position besuchen. Versuchen Sie jedoch, sich jedes Mal, wenn Sie sich auf Oval stellen, an dieser Position einzulassen und zu spüren, was dort ist, was anders ist, was sich verändert. Nehmen Sie auch wahr, was sich jeweils verändert hat, wenn Sie die Position erneut besuchen. Es gibt kein Richtig und kein Falsch. Nehmen Sie sich Zeit und lassen Sie diese kleine Reise einfach auf sich wirken.»

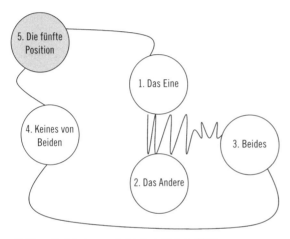

Abbildung 19: **Tetralemma-Aufstellung** (Daimler 2008)

Grundprinzipien der Aufstellungsarbeit

Die Grundprinzipien der Systemischen Strukturaufstellungen (Daimler 2008) sollten auch für «kleine» Aufstellungsarbeiten übernommen werden. Einige sind nachfolgend erklärt:

- Die Aufstellungsarbeit wird vom Mediator als 1) Gastgebender 2) absichtslos 3) in einer Haltung der vielgerichteten Parteilichkeit begleitet – der Mediator will den Medianden durch die Aufstellungsarbeit weder «etwas Bestimmtes klarmachen» noch will er sie einer Verhaltens- oder Sichtweise «überführen».
- Die Arbeit erfolgt nach dem lösungsfokussierten Ansatz, vor allem gilt die Grundannahme, dass die Medianden Experten für ihr System sind und alle Ressourcen für eine Lösung bereits in sich tragen.
- Aufstellungen sind ein sehr intuitiver Prozess.
- Entsprechend entstehen nicht richtige oder wahre Bilder, sondern die – derzeitigen – Perspektiven der Medianden.
- Das aufgestellte Bild ist also eine Externalisierung des momentanen inneren Bildes (der Wirklichkeitskonstruktion) der Medianden.

- Aufstellungen können überaus kraftvolle Erlebnisse auslösen. Entsprechend wichtig ist es, als Mediator nicht zu psychologisieren, zu deuten, zu interpretieren. Es geht um das Entstehenlassen im Medianden, um die Wirkung und vor allem Veränderung von Perspektiven und den Dynamiken hieraus. Entsprechend begleitet der Mediator die Medianden behutsam mit Fragen nach Veränderungen und Unterschieden an den verschiedenen Positionen.

Der Rollentausch

Beim Rollentausch (Psychodrama) wechselt der Mediand A die Rolle mit Mediand X – hier muss auch ein physischer Wechsel erfolgen, das heisst auch die Sitzordnung muss getauscht oder ein dritter Ort für diese Intervention bestimmt werden. Die Medianden übernehmen Namen und die typischen Verhaltensweisen des jeweils Anderen und verdeutlichen so ihre Wahrnehmung des anderen.

Der Rollentausch wird vom Mediator vorgeschlagen, um den Medianden ein besseres Verständnis für die gegenseitigen Schwierigkeiten und Probleme zu ermöglichen. Der Tausch ermöglicht es Medianden, sich selbst mit den Augen des anderen zu sehen und Differenzen zwischen Selbst- und Fremdwahrnehmung zu erkennen. Das eigene Verhalten und verdrängte Anteile am Konflikt können aus der Distanz der neuen Rolle reflektiert – und im besten Fall – angenommen werden. Durch den Rollenwechsel «als Spiel» kann das gegenseitige Einfühlen leichter und sicherer erfolgen. In einem weiteren Schritt können die Medianden die Rolle des anderen so spielen, wie sie es sich wünschen würden, dass es in der Interaktion ablaufen könnte.

Anschließend streifen die Medianden die angenommene Rolle (achtsam) wieder ab und kehren in ihr Selbst zurück (auch physischer Wechsel). Dann werden neue Erkenntnisse oder veränderte Sichtweisen aus dem Rollentausch besprochen:

«Was ist neu?», «Was ist anders?», «Was ist gleich geblieben?»

Der Rollentausch kann, wenn der Prozessverlauf es zulässt, insofern intensiviert werden, als der Mediator beginnt, die Medianden – in ihren vertauschten Rollen – nach ihrer Wahrnehmung und ihren Anliegen in Bezug auf den anderen (schlussendlich sich selbst) zu befragen. Bei diesem Vorgehen sollte der Mediator den Eindruck haben, dass die Medianden für einen expliziten Perspektivenwechsel bereit sind. «Das System» (die Medianden) würden dies jedoch sowieso zurückmelden, wenn dies noch nicht möglich wäre. Häufig sind Aussagen wie:

«Ich weiss nicht, was Sie meinen …», «Was soll ich jetzt machen? Das ist aber komisch.», «Mir fällt aber nichts dazu ein.»

zuverlässige Indikatoren, dass der Mediator die Medianden im Prozess überholt hat respektive noch anderes vorher geklärt, gehört oder angesprochen werden muss.

«Hausaufgaben»

Hausaufgaben sind eine typische Intervention aus der Lösungsfokussierten Kurzzeittherapie. Im InSyst-Modell der Transfer-orientierten Mediation werden sie zur Gestaltung des Zwischenraums, in dem die Medianden probehandeln und Selbstwirksamkeit erleben können, eingesetzt.

Die Hausaufgaben dienen der Prozessstärkung und -dynamisierung. Es findet eine Fortsetzung der Prozessarbeit im Alltag der Medianden statt, und diese verbindet die Dynamik von Sitzung zu Sitzung.

Der Kreativität des Mediators in Bezug auf Hausaufgaben sind keine Grenzen gesetzt, gleichwohl sollten die Aufgaben natürlich sinnvoll und hilfreich für die Medianden sein.

In der Transfer-orientierten Mediation wird unterschieden zwischen

- **Beobachtungsaufgaben** (jeder Mediand für sich)
  Beispiele:
  «Fragen Sie sich am Morgen, wo auf einer Skala von 0 bis 10 Sie in Ihrem Befinden in Bezug auf den Konflikt stehen, wenn 0 meint, grauenvoll schlecht und 10 meint himmelhoch jauchzend. Fragen Sie sich dann, wo Sie am Abend auf der Skala stehen möchten – und beobachten Sie, wie Ihnen das gelingt. Erzählen Sie mir das nächste Mal davon.»
  «Suchen Sie sich einen halben Tag bis zur nächsten Sitzung aus, an dem Sie so tun als ob, der Konflikt gelöst ist. Beobachten Sie, wie Sie sich dann verhalten, wie es Ihnen geht und was sich sonst noch verändert. Bringen Sie diese Beobachtungen das nächste Mal mit.»

- **reflexiven Hausaufgaben** (jeder Mediand für sich)
  Beispiele:
  «Wann war die Situation schon einmal weniger schlimm? Wie haben Sie sich da verhalten, und wie haben sich die anderen verhalten? Wer hat da was zu wem gesagt? Was war anders?»
  «Wie könnten Sie zuverlässig erreichen, dass die Situation weiter eskaliert? Was müsste wer tun oder zu wem sagen, damit das gut gelingt?»

- **interaktionellen Hausaufgaben** (die Medianden miteinander)
  Beispiele:
  Gesprächskonferenz: Die Medianden nehmen sich bis zur nächsten Sitzung x-mal 20 – 30 Minuten Zeit, um nach folgendem strukturierten (Selbst-)Gespräch miteinander in Kontakt zu bleiben:
  - *Wie geht es mir im Moment?*
  - *Was läuft gut und soll so bleiben?*
  - *Was braucht Aufmerksamkeit?*

- *Was kann ich dafür tun?*
- *Was wünsche ich mir konkret von Dir in diesem Zusammenhang?»*

Die Medianden sprechen nacheinander, diskutieren die Fragen nicht, sondern hören einander nur zu. Nach der Selbstbeantwortung dieser Fragen endet diese interaktionelle Hausaufgabe mit dem Abschluss: *«In welcher Stimmung verlasse ich diesen Raum?»*

Die Medianden bringen ihre Reflexionen zu dem, was gut geklappt hat und welchen Stolpersteinen sie begegnet sind, mit in die nächste Mediationssitzung.

Transfervorbereitung: Die Medianden besprechen ihre Erkenntnisgewinne aus dem Mediationsprozess und überlegen sich, welche Gewinne für ihr Team relevant und im Moment wichtig sein könnten. Sie überlegen sich, wie sie diese Erkenntnisse weitergeben wollen (Metaphern-Geschichte, kontextualisiert, …) und bringen diese Ideen in die nächste Mediationssitzung, an der möglicherweise auch der Vorgesetzte teilnimmt.

Beispiele für Interventionen in der Phase 3 – Integration & Transfer

Ankern über den Dialog und die Somatischen Marker

Beispielfragen

Nachfolgend ist eine Auswahl an Fragen, die der Mediator den Medianden stellt, die von ihnen möglichst über alle Sinneskanäle beantwortet werden sollten, um den Transfer der persönlichen Entwicklungsgewinne besser zu verankern:

- *«Woher wissen Sie, dass das eine weiterhin bedeutsame Erkenntnis für Sie ist? Woran genau wollen Sie sich erinnern? Was beflügelt Sie? Was ist dann besser? Welche bisherigen Glaubenssätze / Fähigkeiten können Sie dabei unterstützen?»*
- *«Wie lassen Sie sich selbst immer wieder wissen, dass Sie über diese Erkenntnisperle verfügen?»*
- *«Was lässt Sie wissen, dass Sie sich an diese Perlen erinnern sollten?»*
- *«Wie können sie diese aktivieren»?*
- *«Woran erkennen Sie, dass diese Perle in Ihnen aktiv ist? Was hören Sie, was sehen Sie, was riechen Sie, …? Welche Gefühle gehören dazu?»*
- *«Wie geht es Ihnen dann, wo werden Sie das spüren, wo am meisten, wie können Sie das verstärken?»*
- *«Wie kann jemand von außen erkennen, dass Ihre Erkenntnisperlen im Einsatz sind? Wie können Sie Ihre Umgebung in die Erinnerungshilfe einbeziehen?»*
- *«Was tun Sie, wenn Ihnen das unerwarteterweise nicht gelingen sollte?»*

- «Was könnte Sie in Zukunft daran hindern, sich diese Erkenntnis zu bewahren und weiterhin umzusetzen? Warum könnte es sich lohnen, die Erkenntnis in Ihnen lebendig zu behalten?»

Ankern über die Aufstellung

Gestaltungsebenen

Die Gestaltungsebenen (oder Logischen Ebenen) nach Gregory Bateson und Robert Dilts haben ein breites Einsatzspektrum in Coaching, Beratung und Supervision. In der Transfer-orientierten Mediation werden sie zum Ankern von zum Beispiel beabsichtigen Verhaltensänderungen der Medianden aufgrund von neuen Einsichten und persönlichen Entwicklungsgewinnen herangezogen.

Die sechs Ebenen *(s. nachfolgende Abbildung)* werden unter Einhaltung der Reihenfolge (!) als Bodenanker ausgelegt, zusätzlich wird das Ziel gelegt. Jeder Mediand legt seine eigenen Bodenanker. Besonders kraftvoll ist diese Intervention, wenn parallel und offen gearbeitet werden kann, das heisst, wenn die Medianden ihren eigenen und die Prozesse der anderen oder des anderen miterleben können (eher für ein Zweier- bis Vierer-Setting geeignet).

Auf dem Bodenanker «Ziel» stehend, formuliert jeder Mediand seine wichtigste Erkenntnis aus dem Prozess, die er verfügbar halten möchte und welches Ziel damit verbunden ist. Er beschreibt auch, welche somatischen Marker sich bei der Zielbeschreibung bemerkbar machen.

Anschließend führt der Mediator die Medianden, die sich über die Bodenanker physisch von Ebene zu Ebene bewegen. Der Start ist auf der Ebene «Sinn & Aufgabe». Der Mediator stellt die dazugehörigen Fragen und bittet die Medianden, intensiv in die Antworten einzutauchen (Gedanken, Bilder, Emotionen, Körperempfindungen) und diese so detailliert wie möglich zu beschreiben. Wird offen gearbeitet, dann teilen die Medianden ihre Gedanken hierzu nacheinander mit.

Das Ziel ist es, dass die Medianden ihr Ziel assoziiert und in einem möglichst ganzheitlichen Rahmen erleben.

Nach dem Besuch der letzten Ebene «Umgebung & Kontext» gehen die Medianden zurück auf ihr Ziel und berichten, was sich nach dem Durchlaufen der Ebenen verändert hat (Bilder, Gedanken, Emotionen, Körperempfindungen) und was sie allenfalls noch benötigen, um das Ziel noch stärker zu machen – zum Beispiel welche Primes (Erinnerungshilfen) sie sich noch setzen wollen.

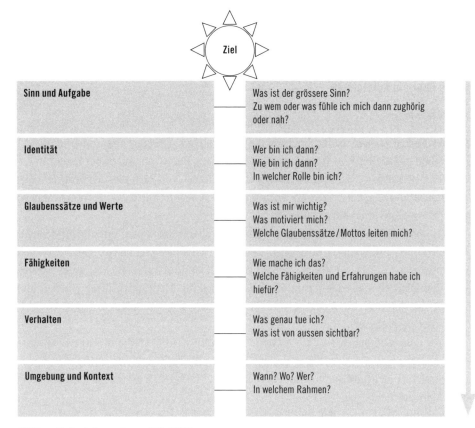

Abbildung 20: **Gestaltungsebenen** (Dilts 2004)

Metaphern

Im Transfer-orientierten Prozess können die Erkenntnisgewinne der Medianden für den persönlichen Transfer oder auch für den Transfer in das Heimatsystem in Metaphern oder Metaphern-Geschichten gespeichert werden.

Die Medianden können die Metaphern in einem brainstormartigen Dialog miteinander entwickeln. Der Mediator kann den Prozess anstoßen, indem er zum Beispiel fragt:

«*Welche Bilder / Filme / Tiere / Landschaften / Pflanzen / Märchen / Lieder / Mottos fallen Ihnen dazu ein?*»

«*Wenn Sie Ihren gemeinsamen Weg als Reise / Wetterbericht / Hausbau / Wanderung / Planetensystem beschreiben müssten, wie würde der aussehen?*»

Die Medianden werden primär ihren bevorzugten Sinneskanal für die Erarbeitung der Metapher(n-Geschichte) einsetzen. Sobald das Metaphern-Gerüst steht, sollten die anderen Sinneskanäle in der Beschreibung und Verfeinerung der Geschichte einbezogen werden, um die Geschichte besser zu verankern.

Der Mediator kann ebenfalls Ideen für Metaphern oder Bilder eingeben, die die Medianden dann für sich maßschneidern können, indem er beispielsweise eine vorgefertigte Bildkartei zur Anregung in die Runde gibt oder auch so etwas sagt wie:

«*Das, was Sie da schildern / was Sie sich nachhaltig merken wollen, erinnert mich an ...*»

Hierfür ist es natürlich wichtig, als Mediator selber viele Metaphern, Märchen, Aphorismen und Gleichnisse zu kennen.

Symbole und Rituale

In der Transfer-orientierten Mediation können Medianden miteinander Rituale entwickeln, die als haltgebende Helfer, zum Beispiel gewünschte Veränderungen in der gemeinsamen Interaktion markieren und den Zusammenhalt fördern. Häufig kommt es vor, dass Medianden die interaktionellen Hausaufgaben (z.B. die strukturierte Gesprächskonferenz) ritualisieren. Zwischen Ritualen und Gewohnheiten sollte unterschieden werden:

Gewohnheiten sind Handlungen
- mit einem geregelten, wiederholbaren Ablauf,
- ohne besondere Aufmerksamkeit,
- praktisch ausgerichtet,
- ohne Gefühlsbeteiligung, «automatisch»,
- ohne bewusste Bedeutung, nur zweckmäßig.

Rituale sind Handlungen
- mit einem geregelten, wiederholbaren Ablauf,
- mit hoher Aufmerksamkeit,
- mit Symbolisierungen zelebriert,
- mit emotionaler Beteiligung,
- mit persönlichem Sinn gefüllt.

Beim Transfer von Entwicklungsgewinnen in den Alltag der Medianden sollen aufgrund der Wirkkraft Rituale und nicht Gewohnheiten erarbeitet werden. Rituale können nicht beiläufig oder nebenher durchgeführt werden, sondern brauchen eine hohe Aufmerksamkeit. Ihr Kern sind Symbolisierungen (z.B. durch Gesten, Gegenstände, Musik, Düfte), die in sinnlich wahrnehmbarer Gestalt Gefühle und Beziehungen ausdrücken und formen (Fischedick 2004). Im Falle der strukturierten Gesprächskonferenz wären das der ungestörte Raum, die Gesten zum Sprechen und zum Zuhören, die Art des Zuhörens, die «Stimmungsantwort» und der gegenseitige Dank am Ende der Konferenz.

Ritualisierte Gesten

Ritualisierte Gesten sind als Miniatur-Rituale zu verstehen. Die in einer Prozess-Sequenz von Skizze 2 (Teil D des Buches) beschriebene «Therapeutische Praline» ist eine solche ritualisierte Geste, die es erlaubt, Vielschichtiges, das vorher vereinbart wurde, auszudrücken. Die Medianden hatten der Pralinen-Geste folgende Informationen attribuiert:

- Die «schenkende» Person signalisiert der «beschenkten» Person Gesprächsbedarf.
- Die schenkende Person ist sich bewusst ist, dass die Gesprächsinhalte ein Abrutschen in frühere Muster bewirken könnten und knüpft mit dieser ritualisierten Geste an gemeinsame Abmachungen an, sodass das bevorstehende Gespräch behutsam und besonders achtsam durchgeführt wird.
- Die beschenkte Person muss innerhalb eines Arbeitstages reagieren. Liegen zwei Pralinen dort, ist der Reaktionsbedarf sehr unmittelbar.
- Die Praline darf nicht abgelehnt werden.
- Für das folgende Gespräch würden sie sich explizit eine Stunde Zeit nehmen, auf «neutralem» Boden, zum Beispiel in einem Sitzungszimmer, wo sie nicht gestört würden.
- Das Gespräch verläuft entlang der Fragen der bereits eingeübten «Gesprächskonferenz».
- Wird das Gespräch zu schwierig, darf es vorübergehend unterbrochen, aber nicht abgebrochen werden.

Kreativität und Individualität sind die Weggefährten, um eine solche Geste oder ein solches Ritual miteinander zu entwickeln. Die Medianden erleben dies grundsätzlich als lustvollen und verbindenden Prozess.

Teil D
Die Praxis der Transfer-orientierten Mediation

«Der einzige Mensch, der sich vernünftig benimmt, ist mein Schneider. Er nimmt jedesmal neu Maß, wenn er mich trifft, während alle anderen immer die alten Maßstäbe anlegen in der Meinung, sie paßten auch heute noch.»

George Bernard Shaw

Exemplarische Praxisanwendungen der Transfer-orientierten Mediation

Prozess-Sequenzen und Ausschnitte

Nachfolgend sind Prozess-Sequenzen und Ausschnitte exemplarischer Praxisanwendungen des entwickelten Modells beschrieben. Die Darstellung dieser durch die Autorin mediierten, realen Prozesse erfolgt anonymisiert und quasi im Zeitraffer. Die Skizzierung der Prozess-Sequenzen beschränkt sich auf Ausschnitte ausgewählter lern- und transferorientierter Interventionen, die in der Praxis bei den Medianden eine Befreiung aus der Mentalen Verengung, Entlastung, Bewegung gezeigt und Reflexionen sowie neue Ideen angeregt haben. Die Absicht ist nicht, eine Nabelschau im Sinne von «best practices» oder einer Verkündung des einzig richtigen Vorgehens, sondern das Teilen von Praxiserfahrungen und Umsetzungsmöglichkeiten im Zusammenhang mit dem InSyst-Modell.

Mediationen, die nach dem InSyst-Modell, seinen Meta-Zielen und Arbeitsprinzipien durchgeführt wurden, führten in der Praxis zu einem spürbar veränderten und «flow-artigen» Prozessverlauf gegenüber dem ursprünglich erlernten Arbeiten nach dem Phasenmodell des interessenbasierten Verhandelns. Unterschiede bezogen sich zugunsten des InSyst-Modells vor allem auf die

- Stabilisierung der Arbeitsbeziehung,
- verbindende Kontaktaufnahme zwischen den Medianden,
- Intensivierung ihres Dialogs,
- Reduktion von emotionalen Explosionen, die neue Verletzungen auslösten,
- fließenderen Sitzungen mit Vorwärtsbewegungen,
- nachhaltige Stabilisierung der Erkenntnisse und Ergebnisse.

Transfer-orientierte Mediation kann ebenfalls interessenbasiertes Verhandeln beinhalten, wählt hierzu jedoch den Weg über die Transformation der Interaktion und der Beziehung zwischen den Medianden. Häufig weicht bei den Medianden das unmittelbare Interesse am Verhandeln der Konfliktthemen der Ahnung, dass es zwischen ihnen um etwas Dahinterliegendes, sehr Menschliches geht, und sie ergreifen sehr gern die Möglichkeit, im Prozess als Person sichtbar und gehört zu werden.

Sehr häufig sind die Medianden fasziniert oder «magisch anzogen» von dieser Meta-Ebene ihrer Situation und fragen aktiv danach, hier mehr zu explorieren, zu verstehen, auszuprobieren. Alles – alles – was bisher in Mediationen auf der Meta-Ebene angeboten wurde, damit die Menschen in Konflikten das Gefühl von Ohnmacht und Gefangenschaft in engen Spielräumen reduzieren oder gar loswerden können, Selbstwirksamkeit erleben und mögliche Handlungsoptionen (wieder-)erkennen können, wurde umgehend aufgenommen und von den Medianden weitergeführt.

Skizze 1 – Konflikte bei der Co-Leitung eines Teams, CH-Privatunternehmen, 400 Mitarbeitende

Ausgangslage

Ein Team von 24 Mitarbeitenden wird in Co-Leitung von Frau F und Frau S geführt. Frau F ist seit 17 Jahren im Unternehmen; Frau S ist seit einem Jahr dabei. Frau F hatte einen Teil des Teams, 14 Personen, jahrelang allein geleitet; nach der Zusammenlegung mit einem anderen Team zu der heutigen Grösse von 24 Mitarbeitern, entschied die Geschäftsleitung, Frau F eine formal gleichberechtigte Co-Leitung, Frau S, über ein Stelleninserat ausgesucht, an die Seite zu stellen.

Präsentierter Konflikt

Es gab Diskrepanzen im Kommunikations-, Arbeits- und Führungsstil zu Lasten des Teams. Die gegenseitigen Vorwürfe waren Eifersucht, schlechter Stil, Kampf um Beliebtheit, Ausgrenzen der jeweils anderen Co-Leiterin, Zurückhalten von Informationen, Intrigieren der einen bei Abwesenheit der anderen. Beide fühlten sich von der jeweils anderen genötigt, auf «die Ungeheuerlichkeiten ebenfalls zu reagieren».

(…)

Entlastungsangebot zu Beginn

«… was ich auch noch bei Ihnen beiden heraushöre, ist, dass es Sie vor allem auch belastet, wie Sie da hineingeraten sind. Sie fühlen sich ohnmächtig dem Sog des Geschehens ausgeliefert. Das entspricht nicht Ihren Kompetenzen. Sie sagen, Sie müssen mehr daran denken, als Sie wollen. Mein Eindruck ist auch, dass bei Ihnen beiden Wut und Empörung darüber, was hier passiert, vieles von dem steuern, wie Sie die Dinge empfinden. Das ist eine typische Konfliktdynamik, in die alle hineingeraten können – mir fällt da ein Modell ein, das Ihnen veranschaulichen könnte, wo Sie beide jetzt vielleicht stehen. Sind Sie interessiert?»

Kurzes Skizzieren der Eskalationstreiber und neurobiologischer Auswirkungen am Flipchart.

- Beobachtete Wirkungen: Entschleunigung, Konzentration, (gemeinsames) interessiertes Nachfragen, unmittelbare Verknüpfung mit Berufsalltagskontext, erste kleine gemeinsame Sicht auf die Dinge. In dem Moment, als Verhalten als «normales Konfliktverhalten» erklärt wurde (allparteilich), war Kampf um Schuld/Unschuld (in die jeweilige Reaktion getrieben worden zu sein) und um die Anerkennung des Opferstatus im Gegensatz zur Anfangssequenz der Konfliktschilderung deutlich vermindert.

(…)

Sensibilisierung für und Aufgaben zum Reflexions- und Lernprozess

«*In dem Maße, in dem es uns gelingen wird, mehr Klarheit und vielleicht sogar Auflösung in Ihre Situation zu bringen, in dem Maße möchten Sie vielleicht auch darauf schauen, wie und warum Sie das erreichen konnten, wie Ihnen das gelungen ist.*»

Am Ende der 1. Sitzung wurde geklärt, welche kleine, konkrete Geste in den nächsten drei Tagen gegenüber der jeweils anderen Kollegin gezeigt werden könnte, um zu signalisieren, dass die Konfliktklärung trotz aller Belastung von beiden grundsätzlich gewünscht wird.

(…)

Am Ende der 2. Sitzung haben die Medianden reflexive Hausaufgaben erhalten: «*Was mich noch interessiert, um Sie beide besser zu verstehen, ist wie Sie bestimmte Dinge sehen, deshalb bitte ich Sie, sich vor der nächsten Sitzung Zeit zu nehmen, um Antworten auf folgende Fragen zu finden: 1) Was bedeutet mir diese Arbeit und für welche Leistungen / Fähigkeiten wünsche ich mir Anerkennung von meiner Co-Kollegin? 2) Was, denke ich, bedeutet diese Arbeit für meine Co-Kollegin? Für welche Leistungen / Fähigkeiten könnte ich meiner Co-Kollegin Anerkennung geben? Es würde mir sehr helfen, wenn Sie diese Reflexionen in die nächste Sitzung bringen könnten. Geht das für Sie?*»

- Beobachtete Wirkungen: Über die pay-pay-Geste (Frau F hat Frau S ein «Süßgebäck», das diese so liebt, mitgebracht; Frau S hat den Altpapierstapel von Frau F für sie in den Sammelraum getragen) haben beide amüsiert berichtet, da diese Gesten offenbar Verwirrung im System (ihrem Team) ausgelöst haben. Es gab einen Moment des Lachens zwischen den beiden. Die Ergebnisse aus den reflexiven Hausaufgaben haben beide offensichtlich sehr berührt – und zwar von den eigenen Bedürfnissen sowie von der (indirekten) Anerkennung der Kollegin; es kam zu einer direkten aufmerksamen Zuwendung zwischen den beiden Kolleginnen; beim Hinausgehen hielt eine der anderen die Tür explizit auf.

(…)

Im weiteren Verlauf schien es für den Gesamtkontext hilfreich, wenn die Wirkungsweise einiger systemischer Grundprinzipien (Metaprinzipien, Varga von Kibéd 2009) verstanden würden, wie z.B. «Anerkennung der zeitlichen Reihenfolge» und «Anerkennung des Neuen zur Stärkung des Systems». Diese Prinzipien wurden als Erklärungsmodell angeboten, aufgrund des Interesses entsprechend skizziert und die Frage gestellt: «*Könnte das für Ihre Situation vielleicht Relevanz haben oder sehen Sie ganz andere Zusammenhänge?*»

- Beobachtete Wirkungen: Entlastung und Aufwertung für die jeweilige Stellung, was den Übertritt in ein gemeinsames Reflektieren des gemeinsamen Konfliktverhaltens ermöglichte. Frau S sagte spontan: «Meine Tochter war neun Jahre alt, als mein Sohn geboren wurde. Plötzlich war sie völlig aus dem Fokus, und alle haben sich nur noch um das Baby gekümmert. Meiner Tochter ging es in der Schule zusehends schlechter, und auch zu Hause nahm sie immer weniger an gemeinsamen Dingen teil. Es hat einige Zeit gedauert, bis ich gemerkt habe, wie vernachlässigt sich meine Tochter fühlte, das war schlimm. (…) und hier ist es auch ein bisschen so? Das tut mir leid, das ist nicht meine Absicht.» Frau F erwiderte: «Na ja, eigentlich finde ich es ja ganz gut, wenn Dinge, die wir bisher immer auf eine Weise getan haben, durch jemand Neues neu betrachtet werden. Aber deshalb ist ja nicht alles schlecht, was bisher war.» Beide wünschten sich einen «Neuanfang» miteinander, da sie sich «eigentlich ganz nett» fanden.

(…)

Die interaktionellen Hausaufgaben gingen dahin, zu versuchen, auf eine andere, auf eine neue Art und Weise miteinander ins Gespräch zu kommen und zu überlegen, welche bevorstehenden Aufgaben ihr neu füreinander entdecktes Verständnis beeinträchtigen könnten und welche Möglichkeiten sie sich ausdenken wollten, um nicht in die Konfliktdynamik zu geraten oder früher auszusteigen – und das nächste Mal von diesen Erfahrungen zu berichten. Sie entschieden sich dafür, unmittelbar nach der Mediationssitzung für eine Stunde zusammen in ein nahe gelegenes See-Café zu gehen und beim Kaffee miteinander zu reden.

- Beobachtete Wirkungen: Es wurde eine offenbar fast zweistündige «Kaffeepause», in der sie sich Folgendes überlegt hatten: Sie haben ihre Schreibtische gegenüber – wann immer es für die eine schwierig sein sollte, würde sie ein kleines, hölzernes Ruderboot in die Mitte des Schreibtischs stellen. Sie würden dann versuchen, innerhalb des Arbeitstages zusammenzukommen, um «wie im See-Café» miteinander zu reden.

(…)

Explizierung Lernen und Ideen für den Transfer

«Wenn Sie auf den Weg zurückschauen, den Sie jetzt miteinander gegangen sind …, welches waren für Sie wichtige Momente oder Wendepunkte, wie konnte Ihnen diese Veränderung gelingen, was nehmen Sie mit?»

- Beobachtete Wirkungen: Gemeinsames Reflektieren und Diskutieren des Weges, der Erklärungsmodelle, die sie «oben in ihren Schubladen haben wollten», der Wendepunkte und gegenseitiger Ideenaustausch, an die sie sich künftig erinnern könnten. Für sie blieb das kleine Modellruderboot, das sie nun finden wollten, das zentrale Symbol. Sie nahmen sich auch vor, monatlich ins See-Café zu gehen, um diese neue Verbindung zu pflegen.

(…)

Skizze 2 – Neuer Vorgesetzter und langjähriger Mitarbeiter mit Spezialwissen im Konflikt, CH-Privatunternehmen, 2000 Mitarbeitende

Ausgangslage

Im Rahmen einer Reorganisation wurde das Team X (neun Personen) auf drei von einander abhängige Bereiche aufgeteilt. Jeweils vier Personen kamen in die Bereiche F und G. Nur eine Person, Herr B, aus dem Team X kam in den Bereich H, der von einer neu eingestellten Führungsperson, Herrn A, geleitet wurde. Herr B ist ein langjähriger Mitarbeitender mit viel Spezialwissen und hoher Anerkennung innerhalb seines ursprünglichen Team X und bei seinen Kunden. Herr A wurde «teuer eingekauft», hatte schon einige Reorganisationen gemanaged und eine langjährige Führungserfahrung. Innerhalb von vier Monaten kam es zwischen Herrn A und Herrn B zu einer «massiven Eskalation».

Präsentierter Konflikt

Starkes gegenseitiges Misstrauen, Verschwörungsideen von beiden Seiten (Herr A: Herr B unterwandert alle Vorgaben mithilfe seines «Ex-Teams X»; Herr B: Herr A hetzt das neue Team gegen ihn auf, grenzt ihn aus), Sabotagevermutungen, mündlicher Kommunikationsabbruch, es wurde nur noch via Mail verkehrt, ohne Begrüßung und Verabschiedung.

(…)

Anstoßen von Reflexionen / Selbstklärung

Nach der ersten Sitzung erhielten die beiden Medianden reflexive Hausaufgaben, deren Ergebnisse sie mit in die nächste Sitzung bringen sollten: *«Für Sie beide ist die Situation sehr belastend und unerwünscht. Von Ihnen habe ich verstanden, … und von Ihnen habe ich verstanden, … Das zeigt ganz deutlich, wie es Ihnen im Moment geht. Damit ich noch besser verstehen kann, wie Sie eventuelle Auswirkungen des Konflikts beurteilen, bitte ich Sie, mir beim nächsten Mal anhand dieser Fragen weiteren Aufschluss über das zu geben, was Ihnen wichtig ist respektive, was Sie auf keinen Fall wollen. Sehen Sie eine Möglichkeit, das zu machen?»*

Nachdem das bejaht wurde, erhielten die Medianden die «Unerwünschte Zukunft» (Glasl 2004) als reflexive Hausaufgabe zu skizzieren und diese Gedanken in die nächste Sitzung mitzubringen.

- Beobachtete Wirkungen: Einbeziehung der organisationalen Ziele und Rahmenbedingungen, anstelle der rein persönlichen Betrachtung ihres Konflikts. Erstaunen über die ähnliche Sicht zur unerwünschten Zukunft.

(…)

Gestaltung des Transfers

Nach der weiteren Arbeit an den unterschiedlichen Themen, gelungenen Perspektivenwechseln und der Wiederherstellung von Vertrauen, ging es im Folgenden darum, die Ergebnisse auch in der spezifischen Kontextdynamik (gespaltene Teams, Lagerbildungen, viele Betroffene – hier sollten später noch Team-Mediationen stattfinden) aufrechtzuerhalten.

Die interaktionelle Hausaufgabe bis zur nächsten Mediationssitzung zehn Tage später beinhaltete drei Gesprächssitzungen nach vorgegebenem Ritual miteinander (in Anlehnung an die Ehekonferenz nach Gordon) – als Probehandeln. Sie sollten alle zwei bis drei Tage zusammensitzen, exakt 20 Minuten. Sie sollten nacheinander je 10 Minuten folgende Fragen beantworten, ohne dass der Zuhörende unterbrechen, kommentieren, reagieren durfte: a) Wie geht es mir? b) Was läuft gut? c) Was braucht Aufmerksamkeit? d) Was kann ich dafür tun? e) Welche Handlung wünsche ich mir von Dir in diesem Zusammenhang konkret? Die Erfahrungen sollten sie zurück in die Mediation bringen.

- Beobachtete Wirkungen: Neue Verbundenheit durch die gemeinsamen Erfahrungen (u.a. dass es für beide schwierig war, nichts zu kommentieren und dass es interessant war zu hören, was der andere zu berichten hatte). Beide hatten den Eindruck, mit der Gesprächskonferenz (so wurde sie genannt) ein wichtiges Instrument zur Aufrechterhaltung des neu gewonnenen Vertrauens zueinander zu haben – und insbesondere auch in anspruchsvollen Zeiten (Ressourcenknappheit durch Arbeitsüberlastung) dies gezielt einzusetzen, um den Kontakt zueinander nicht zu verlieren. Verwirrung und Erstaunen in den Teams, Herrn A und Herrn B immer wieder miteinander im Gespräch zu sehen, deutliche Entspannung der Gesamtsituation. Herr A und Herr B hatten miteinander besprochen, dass in zukünftigen Teamsitzungen die ersten drei Fragen der Gesprächskonferenz an alle gestellt werden sollten.

In dieser Sitzung feierten Mediator und Medianden diese Entwicklung, indem sie mit Kaffee und Mineralwasser auf die Entwicklung anstießen. Dabei sagte der Mediator: *«Mich erinnert das, was Ihnen miteinander gelungen ist, an eine Geschichte, die ich kürzlich gelesen habe. Interessiert Sie das?»* Die Medianden waren interessiert, und der Mediator erzählte ihnen die folgende Geschichte:

Himmel und Hölle

Auf seiner Wanderung von einem Ende der Welt zum anderen kam ein junger Bursche an vielen seltsamen Plätzen vorbei. Doch die seltsamsten waren zwei Orte, die so weit auseinanderlagen wie Himmel und Hölle.

Der erste Ort war eine Höhle. In dieser gab es jede Menge Leute. In der Mitte der Höhle standen riesige Kessel in denen sich leckeres Essen befand. Doch die Leute in dieser Höhle sahen alle merkwürdig krank aus. Blass und ausgezehrt. Bei näherer Betrachtung konnte man beobachten, dass sich alle vergeblich bemühten, mit riesigen Löffeln die Nahrung aus dem Kessel zu holen. Dies gelang, doch waren die Löffel so lang – dass die Arme zu kurz waren, um sie in den Mund zu stecken. Jeder Bewohner dieser Höhle quälte sich mit diesen großen Löffeln, doch sosehr sie sich auch bemühten, es gelang ihnen nicht, die Nahrung bis zum Mund zu führen. Nach Jahren der Wanderung erreichte der Bursche wieder eine Höhle. Auf den ersten Blick sah sie aus wie die erste. Doch die Bewohner dieser Höhle waren wohlgenährt und gesund. Sie machten einen sehr zufriedenen Eindruck. Ein paar standen ebenfalls um den Kessel, in dem sich das leckere Essen befand. Auch diese Höhlenbewohner hatten unglaublich lange Löffel – aber diese Menschen, sie fütterten einander...

- Beobachtete Wirkungen: Gemeinsames Lachen der Medianden und einander zugewandtes nachdenkliches Nicken. Eine Wirkung, die sich nach der Mediation zeigte: Der Vorgesetzte, Herr A, berichtete mir, dass Herr B und er sich in der Teamsitzung, in der sie über ihre Konfliktbeilegung informierten, die drei Fragen der Gesprächskonferenz einführten, eine besondere Einleitung überlegt hatten. Sie hatten jeder einen langen Ast, an dessen Ende ein Löffel festgemacht war und vor ihnen eine simulierte Suppe und «spielten» den Unterschied zwischen «Himmel» und «Hölle» aus der Metapher vor.

(…)

Am Ende der letzten Sitzung schien es für die Rückkehr in die schon entspannte, aber noch unbearbeitete Kontextdynamik wichtig, nochmals «letzte» Befürchtungen respektive eventuell gewünschte «Rückfallprophylaxe» zu thematisieren: «*Jetzt haben Sie einige Informationen und wichtige Erfahrungen miteinander, wie Sie bei sich anbahnenden oder manifesten Konflikten, bei Ihnen selbst oder bei anderen, darauf schauen können, was passiert, um mit diesen wiederentdeckten Ressourcen zu intervenieren oder um Auswirkungen entsprechend zu gestalten – gibt es etwas, das Sie jetzt noch einmal genauer anschauen möchten, das Ihnen, wenn Sie an die nächsten Wochen denken, noch leises oder lautes Unbehagen bereitet?*»

- Beobachtete Wirkung: Gemeinsames Überlegen und Besprechen, gegenseitige Rückversicherungen in Bezug auf das neue Wissen. Sie wollten eine Notfallbremse für arbeitsintensive Zeiten; etwas womit sie einander auch in hektischen Momenten schnell und eindeutig signalisieren konnten, dass Gesprächsbedarf besteht zu einem schwierigen Thema.

Das Finden der Notfallbremse lief wie folgt: «*Ich habe im Arbeitskontext immer wieder einmal mit einfachen Symbolen für so eine Bremse gearbeitet. Ich weiß nicht, ob das auch für Sie eine Möglichkeit sein könnte?*» Es folgte die gemeinsame Entwicklung einer «Therapeutischen Praline» (Isebaert 2008, mdl.), die so funktionieren sollte: Herr A liebte geröstete

Mandeln; Herr B liebte getrocknete Feigen. Herr A würde also ein Päckchen getrocknete Feigen kaufen und Herr B ein Päckchen geröstete Mandeln. Sollte Herr A Gesprächsbedarf haben oder eine Störung feststellen, würde er Herrn B eine getrocknete Feige auf den Schreibtisch legen, die signalisieren würde, dass Herr A Herrn B in «schwieriger» Angelegenheit sprechen möchte und beide entsprechend den Regeln der Gesprächskonferenz miteinander reden sollten. Umgekehrt ebenfalls. Sie fanden das «spaßig, lecker und unauffällig».

- Beobachtete Wirkungen: Im Nachgespräch nach sechs Monaten brachten beide fröhlich ihre noch ungeöffnete Packung Mandeln und Feigen mit. Zudem aß das Team in der Zwischenzeit einmal pro Woche gemeinsam zu Mittag und hatte drei der Gesprächskonferenz-Fragen in dieses neue «Gefäß» hineingetragen.

Skizze 3 – Langjähriges und neues Geschäftsleitungsmitglied im Konflikt, CH-Nonprofit-Organisation, 80 Mitarbeitende

Ausgangslage

Frau H, langjähriges Geschäftsleitungsmitglied, zuständig für den Bereich Marketing und Vertrieb, hat in ihrer Karriere in dieser Organisation schon viele Erfolge gefeiert. Frau H ist bekannt für ihre Spontaneität, Kreativität und großen Arbeitseinsatz, auch in der Freizeit. Herr P, Geschäftsleitungsmitglied seit einem Jahr und für den Bereich Finanzen und Controlling zuständig, war zuvor in einem internationalen Unternehmen tätig. Aus familiären Gründen hatte dieser seine Karriere «down-gesized» (Originalton des Medianden), um zu geregelten Zeiten daheim zu sein.

Präsentierter Konflikt

Frau H fühlte sich von Herrn P in einer bisher nicht gekannten Art und Weise kontrolliert und schikaniert, sie empfand Herrn P als kleinkarierten Bürokraten, der eine «ruhige Kugel schiebt». Sie, die sich derart für die Organisation einsetzte, war nicht länger bereit, «mit so jemanden» zusammenzuarbeiten, der «vom Arbeiten keine Ahnung» hatte; sie sei bereits belastet genug. Herr P fand die Verhältnisse, die er im Marketing antraf, «unprofessionell und unstrukturiert». Er wolle sich mit der emotionalen Art von Frau H nicht länger herumärgern, er wolle nur noch schriftlich kommunizieren, wenn die Mediation nicht klappen würde.
(…)

Würdigen des Leids

Da es für beide spürbar dringend und wichtig war, ihre – richtige – Sicht der Dinge aufzuzeigen und mit möglichst vielen Beispielen zu belegen, wurde diesem Bedürfnis entsprechender Raum gegeben. Sie wurden gebeten, die drei Ereignisse aus der Vergangenheit zu schildern, nach denen sich ihr Verhältnis deutlich verschlechtert hatte und welche Kränkungen sie dabei erfahren hatten.

(…)

Externalisieren der gegenseitigen Bilder und Fantasien

Die Kommunikation war stark besetzt mit personifizierten Zuschreibungen, Abwertungen und der Idee von absoluten Wahrheiten. Die Einladung, das jeweilige Selbstverständnis und die gegenseitigen Ideen zur Rolle des anderen zu externalisieren, wurde mit Interesse aufgenommen. Die Medianden erhielten je fünf Moderationskarten, die jeder von ihnen nach nachfolgendem Schema (hier nur einmal abgebildet) in einem eigenen Bild auf dem Boden auslegen sollte, sodass zwei Bilder nebeneinanderliegen würden.

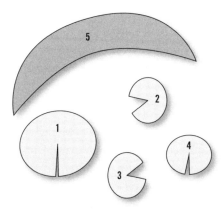

Anschließend waren sie eingeladen, die folgenden Fragen für sich zu beantworten, indem sie sich zur Unterstützung in ihrem Bild auf die jeweilige Moderationskarte mit der entsprechenden Nummer stellen würden. Sie sollten sich nach jeder Frage kurz Notizen machen. Die Fragen lauteten:

1. *Wie verstehe ich meine Rolle?*
2. *Was glaube ich, wie versteht die andere Person meine Rolle?*
3. *Wie verstehe ich die Rolle der anderen Person?*
4. *Was glaube ich, wie die andere Person ihre Rolle versteht?*
5. *Warum ist mir meine eigene Rolle, wie oben definiert, wichtig?*

Sie wurden dann gebeten, einander die Antworten zu «präsentieren», ohne die Präsentation des anderen zu kommentieren. Dann gab es eine kurze Pause von 15 Minuten.

- Beobachtete Wirkungen: Wechsel der Wahrnehmung von personifizierter Willkür auf Funktionsträger mit unterschiedlichen, teils widersprüchlichen organisationalen Zielsetzungen. Weitung des Verständnisses und Beginn von «Ich wusste gar nicht, dass Du ...»-Diskussionen in der Pause. Erste Ideen, wie sie sich bei bestimmten erforderlichen Abläufen gegenseitig helfen konnten.

(...)

Plausibilisierung von Unterschiedlichkeit

Frau H und Herr P kamen immer wieder auf bestimmte Verhaltensweisen zu sprechen, die sie vom anderen jeweils «unerklärlich» fanden. Die Sätze begannen typischerweise mit: «*Ja, aber findest Du es denn nicht auch normal, wenn man ...?*». Der Mediator bot ihnen ein Hintergrundmodell als mögliche Plausibilierungshilfe an:

«*Während ich Ihren gegenseitigen Argumenten zuhöre und Ihre Anliegen gut verstehen will, taucht ein Persönlichkeitsmodell, das zwei Psychologen entwickelt haben, in meinem Kopf auf. Es geht da um Grundausrichtungen in Kommunikation und Beziehung und im Umgang mit Krisen und Missstimmungen. Vielleicht kann das noch ein wenig Licht in Ihr gegenseitiges Unverständnis für bestimmte Verhaltensweisen bringen. Vielleicht hat das aber auch mit alledem hier gar nichts zu tun. Was meinen Sie?*» Interessiertes Kopfnicken, das Riemann-Thomann-Modell kennenzulernen.

- Beobachtete Wirkungen: Die Medianden verfolgten die Zeichnung des Modells am Flipchart mit großem Interesse und kamen unmittelbar miteinander in den Dialog darüber, wer welche Grundtendenz in welcher Intensität hatte. Sie teilten ihre Einschätzungen und nannten sich umgehend «Näwe» (für Frau H's Nähe-Wechsel-Tendenz) und «Daudi» (für Herrn P's Dauer-Distanz-Tendenz). Die Stimmung wurde leichter und konstruktiver. Es wurde gelacht und gleichwohl festgestellt, dass der Umgang mit diesen Unterschieden weiterhin schwierig bleiben könnte, insbesondere in Stresssituationen. Gleichzeitig waren sie sich einig, sich gegenseitig nicht mehr pathologisch zu finden, sondern «nur noch manchmal schwierig zu ertragen». Sie stellten sich auch vor, bei komplexen Projekten ihren «Gegenpol» um die eigenen blinden Flecken anzufragen.

(...)

Ergebnisse aus weiteren Mediationsprozessen

Auch in anderen Praxisanwendungen haben insbesondere die nachstehenden Interventionen eine intensivierende oder deblockierende und beschleunigende Wirkung auf den Klärungs- und Transformationsprozess gehabt:

- das frühzeitige Angebot, Erklärungsmodelle für die Konfliktdynamik o.Ä. aufzuzeichnen / verbal zu skizzieren
  - zur Entlastung und somit Befreiung;
  - zur Entdämonisierung der anderen Konfliktpartei(en) und Entpathologisierung der eigenen und anderen Verhaltensweise(n);
  - zur Dissoziation vom Geschehen und Begünstigung, das Gesamtbild zu sehen / andere Sichtweisen nachzuvollziehen;
  - zum Starten von (Selbst-)Reflexion auf der Meta-Ebene;
  - Das «fachliche Etikettieren» der Intervention oder des Erklärungsmodells verstärkt den Prozess des Verstehens und Einordnens.
- Probehandeln als Bestandteil des Lernprozesses
  - zur Unterstützung von Veränderungs- und Selbstwirksamkeitserfahrungen;
  - zur Konstruktion einer neuen gemeinsamen Wirklichkeit und neuen gemeinsamen Erfahrungen.
- Solidarisierende Reflexions- und Lernerfahrungen
  - zur Stärkung der Selbstbestimmung;
  - zur Stärkung der nachhaltigen gegenseitigen Anerkennung;
  - zur Wiederherstellung der Verbindung zwischen den Medianden.
- Arbeit mit Symbolen und Metaphern
  - zur Stärkung der Verankerung der Erkenntnisgewinne;
  - zur Stärkung der Verfügbarkeit der Erlebnisse, des neuen Wissen.
- Hausaufgaben
  - um in Verbindung zu bleiben mit «der Mediation» und als Anker für den begonnenen Lern-/Transformationsprozess.

Besonders kraftvoll wirkt häufig der «institutionalisierte Rückblick» am Ende jeder Sitzung oder am Anfang der nächsten Sitzung sowie als Abschlussbetrachtung und Explizierung der Prozessarbeit:

- *Was hat bewegt, wo waren Wendepunkte, wo haben sich Dinge «auf-ge-klärt»?*
- *Welche Erkenntnisse konnten gewonnen werden?*
- *Was war neu, woran habe ich das erkannt, wo habe ich das gespürt, was sah dann anders aus?*
- *Was waren wichtige Schritte?*
- *Worauf wird es bei der Umsetzung ankommen?*
- *Was war nützlich, was brauche ich jetzt noch?*
- *Wie machen wir weiter bezüglich Bewertung und Diffusion des Gelernten in der Organisation?*

Eine Beobachtung aus der Praxis ist zudem, dass die Medianden auch außerhalb des Mediationsprozesses gehört werden wollen. In den meisten Fällen hat eine große Anzahl von Personen den Konflikt und die Eskalationen zwischen den Medianden erlebt und – wie es noch häufig wahrgenommen wird – die «Sanktion Mediation» als Konsequenz.

- Sie wollen auch vor den anderen Teammitgliedern, die ja häufig den Konflikt oder die Konfliktdynamik spüren, «entpathologisiert» werden,
- und es ist ihnen wichtig, ihr neu erworbenes Wissen zu Konfliktentstehung, -begünstigung, -umfeld, -dynamik oder schwierigen Kontextfaktoren weiterzugeben, um so an der Verbesserung der Konflikt- und Kooperationskultur zu partizipieren und die Störungen, die alle belasten, zu reduzieren.

Exemplarische Formulierungen für den Ebenenwechsel

Nachfolgende Auswahl an Formulierungen, die hier aus Prozessen aus der Praxis extrahiert wurden, soll verdeutlichen, dass der Wechsel zwischen der Klärungs- und Metaebene im Kopf des Mediators vollzogen – und der Mediand hiermit nicht behelligt wird. Für den Medianden verläuft der Prozess im Fluss (für den Mediator idealerweise auch …). Für den Mediator hingegen ist die Unterscheidung der beiden Ebenen für die Hypothesenbildung, die eigene Orientierung und die spätere Reflexion von großer Bedeutung.

Check-in & Boarding

Einleitung

- «Sie sind hier, weil Sie eine Klärung der Situation wünschen. Sie kommen aus einer für Sie schwierigen Zeit von Verletzungen und Enttäuschungen und möchten, dass sich die unangenehmen Gefühle und der Stress so schnell wie möglich auflösen. Meine Aufgabe ist es, Sie dabei zu unterstützen, Klarheit in die Situation zu bringen, so dass Sie für sich – und vielleicht auch miteinander – entscheiden können, was für Sie passende nächste Schritte sein könnten. Vielleicht könnte es dabei wichtig sein zu wissen, wie Klärungsprozesse vor allem emotional ablaufen könnten. Über die Ereignisse und Erlebnisse zu reden, kann sehr entlastend sein. Gleichzeitig kommt es häufig vor, dass es insbesondere nach der ersten Ausgeordnung, in der vieles nochmals aktualisiert wird, wieder schwieriger ist. Meistens ist es dann aber auch so, dass die folgenden Sitzungen immer mehr Entlastung und Klärung bringen. Vielleicht durchlaufen Sie das auch, wie viele andere Menschen in Konfliktsituationen, vielleicht ist es für Sie nochmals anders.»

Allgemeine Entlastung («Entpathologisierung»)

- *«Es gibt Studien, die zeigen, dass der größte Stress in Konflikten daher kommt, wie wir uns in Konflikten verhalten oder auch meinen, verhalten zu müssen. Dass also dieses Verhalten oftmals schwieriger für uns ist, als der Konfliktgegenstand selbst. Das kann daher kommen, dass sich Menschen in Konflikten in einer Art Gefangenschaft oder im ungewollten Bann dieses Konfliktes befinden, dass der Kopf und das Empfinden gefüllt sind mit Abwehrreaktionen und Verletzungen. Dass die Kompetenzen, über die man eigentlich in der Kommunikation und in der Lösung von Herausforderungen verfügt, verstellt sind, nicht abrufbar oder überlagert von Unangenehmem.»*

- *«Die Vorboten der Eskalation können oft leise und schleichend sein. Es werden langsam, aber stetig immer wieder Schwellen überschritten und der Konfliktfluss scheint unaufhaltsam stärker und schneller zu werden. Manchmal kann man sich dann selbst mit seinen eigenen heftigen Reaktionen überraschen. Oder der andere überrascht und verletzt mit einer unerwarteten Reaktion. Häufig gerät man dann in eine Art Konfliktgefangenschaft, die für alle Beteiligten zusehends schwierig zu ertragen ist.»*

- *Niemand von uns ist davon gefeit, in die gefürchteten Konfliktdynamiken hineinzurutschen. Auch nicht Mediationsprofis. Man ist so engagiert für eine Sache, dann treten Störungen auf, immer wieder oder eine besonders kritische, dann ist plötzlich nicht mehr die Sache im Vordergrund, sondern der Gegenspieler gerät als Person ins Visier. Von da an werden die Wahrnehmungen meist schwarz-weißer, enger, es fallen einem immer mehr Dinge ein, die beweisen, wie verwerflich der andere ist und so weiter. Schlussendlich fühlt sich jeder vom anderen zu bestimmten Verhaltensweisen getrieben, und der Blick für andere Handlungsoptionen wird zunehmend verstellt. Der Konflikt kann einen regelrecht dominieren und sehr, sehr schwer belasten. Doch es gibt Auswege. Und offenbar wollen Sie diese miteinander entdecken.»*

Der Mediator muss die richtige Dosierung für entlastende Kommentierungen herausspüren; die Medianden dürfen nicht das Gefühl erhalten, ihre Situation würde hinuntergespielt oder ihr Leid als unumgängliche Lappalie bewertet.

Häufig gibt es auf Ausführungen dieser Art ein Nicken der Medianden. Gibt es keine Reaktion, dann sollte jede weitere Elaboration in diesem Moment unterlassen werden, denn dann sind die Medianden tendenziell noch zu sehr in der «Positionsstarre» gefangen und eher darauf konzentriert, so rasch als möglich, «ihre Unschuld und die Schuld des Gegners» darzulegen. Hier sollte dann dem Prozess aus Sicht der Klienten gefolgt werden. Teile des Statements können, wenn für die Medianden als hilfreich erachtet, zu einem späteren Zeitpunkt eingestreut werden.

Compliments

- «Sie haben sich schon sehr bemüht, die Eskalation nicht weiter voranzutreiben.»
- «Sie haben sich schon viele Gedanken über Lösungen gemacht.»
- «Sie engagieren sich sehr für dieses Thema.»
- «Es beschäftigt Sie sehr, wie die Situation gelöst werden kann.»
- «Die Klärung ist Ihnen sehr wichtig, sie hat einen festen Platz in Ihrer Agenda.»
- «Sie sind bereit, sich auf diesen Klärungsprozess einzulassen, obwohl dieser manchmal auch schwierig sein kann.»

Intrinsische Motivation

- «Dass Sie sich hier in dieser – wie ich von Ihnen verstanden habe, eigentlich unerwünschten – Situation wiederfinden, hat etwas damit zu tun, dass Sie sich sehr für etwas einsetzen, etwas, das Ihnen wichtig ist, das aus Ihrer Sicht zu kurz kommt, vergessen oder übergangen wurde. Oft ist das so eine Art Sehnsucht, wie die Dinge sein sollten, damit man sich selbst wohl fühlen und in einer Art innerer Balance sein kann, glücklich vielleicht sogar. Können Sie diese Sehnsucht beschreiben?»
- «Ich möchte hier gern nachfragen. Ich habe von Ihnen verstanden, und ich kann sehen, dass es für Sie im Moment sehr schwierig ist und Sie sehr aufgebracht sind. Gleichzeitig gelingt es Ihnen, in dieser belastenden Situation den Konflikt nicht noch weiter eskalieren zu lassen. Wie machen Sie das? … Was ist das in Ihnen, das Ihnen als Wert oder Haltung diese Kraft gibt?»
- «Angenommen, Sie hätten die Gelegenheit, sich in einer Art ‚Who is Who' zu beschreiben, was würde da stehen unter den Fragen: Wofür stehe ich? Wofür gehe ich?»

Gesten der Anerkennung

- «Welche kleine – oder auch große Geste, die Sie hier und jetzt machen können, wäre Ihnen möglich, Ihrem Kollegen zu signalisieren, dass Sie keine weitere Eskalation wünschen?»
- «Welche kleine Geste können Sie hier und jetzt machen oder zusagen, die dem jeweils anderen zeigen soll, dass es Ihnen – trotz allem – wichtig ist, dieses Klärungsgespräch zu führen?»
- «An welchem kleinen Zeichen, das Sie jetzt gerade setzen oder zusagen können, könnte Ihr Kollege erkennen, dass Ihnen die Klärung dieser Situation wichtig ist?»

Sensibilisieren für die Lern- und Transfermöglichkeiten

- «Oft ist es auch so, … dass hier im Prozess nicht nur eine Klärung möglich ist, sondern auf dem Weg dorthin … und durch die Art und Weise, wie Ihnen das miteinander gelingen kann, … also als eine Art Nebenwirkung, … Erkenntnisse … wie kleine Perlen

... sichtbar werden, die für Sie auch in zukünftigen Konfliktsituationen hilfreich sein könnten ... Es kann also parallel zur Klärung auch ein Lernen stattfinden, dass für Sie ... und vielleicht sogar Ihr Team ... nützlich sein könnte. Sind Sie vielleicht interessiert, dass wir diese Perlen ... unterwegs einsammeln und schauen, wie sie Ihnen in Ihrem Arbeitskontext nützlich sein können ... oder wäre Ihnen das lieber, ... wenn Sie das eher im Sinne einer Rückschau am Ende Prozesses machen würden ... oder auch einfach lieber gar nicht?»

- «Oftmals gleicht die Konfliktklärung einer Entdeckungsreise. Auf der Reise durch den Konflikt trifft man auf seine vorhandenen, manchmal vergessenen Kompetenzen und exploriert neue Vertiefungen. Das geschieht oft ganz nebenbei, unbewusst. Diesen Gewinn haben Sie also sowieso. Es gibt auch die Möglichkeit, die Entdeckungen bewusst in den Prozess mit einzubeziehen und für einen späteren Gebrauch zu speichern. Wenn Sie möchten, können wir das im Verlauf des Prozesses immer mal wieder anschauen, Sie könnten sich bemerkbar machen, wenn Ihnen etwas bewusst wird oder vielleicht erlaube ich mir hier und da, Sie sozusagen anzustoßen und Sie winken dann ab oder wenden sich dem zu. Ganz wie Sie wollen.»

Expedition & Discovery

Selbstklärung

- «Wenn Sie sich jetzt einmal die Zeit nehmen und zurückdenken, an die drei Ereignisse, nach denen sich Ihr Verhältnis nachhaltig verschlechtert hat, was war da besonders schwierig für Sie, was genau hat bewirkt, dass es für Sie anschließend schlimmer war als vorher? ... Was wäre Ihnen wichtig gewesen? Welchen Unterschied hätte das für Sie gemacht? ... Was hätte Sie vor einem innerlichen Abrutschen in der Konfliktdynamik geschützt? ... Wenn Sie jetzt darauf zurückblicken, was hätten auch Sie selbst vielleicht tun können, um zu verhindern, dass es für Sie schlimmer wird – und welchen Unterschied hätte das für Sie gemacht?»
- «Für Sie ist es schwierig, hier zu sein, es kann auch schwierig sein, hören zu müssen, welche anderen Sichtweisen es auf die Situation gibt. ...Trotzdem bringen Sie die Kraft auf, hier zu sein, ... was ist das, das Ihnen die Kraft gibt, ... welche wichtigen Anliegen stehen dahinter, ... was soll sich für Sie verändern?»
- «Was, denken Sie, gibt es für organisationale Beschränkungen, z.B. durch Strukturen, Prozesse oder so, die hier hineinspielen und uns alle herausfordern, den Handlungsspielraum kreativer zu betrachten, als es im Moment schon der Fall ist?»
- «Wie würde es aus Ihrer Sicht, sagen wir in zwei Monaten sein, wenn sie das hier jetzt nicht zusammen klären? ... Was wäre für Sie dann schwieriger? ... Wie würde sich das äußern? ... Was noch?... Was wäre für Sie dann einfacher? ... Wie würde sich das zeigen? ... Was noch?»

- «Was könnten Sie direkt nach der Sitzung tun, um die Situation zu verschlimmern? ... Und ... was hält Sie davon ab?»
- «Angenommen, dieser Klärungsprozess wäre so nicht zustande gekommen, welche Alternative hätten Sie ergriffen?

Selbstwahrnehmung, Somatische Marker

- «Ist diese Belastung etwas, das für Sie auch körperlich spürbar ist? ... An einem bestimmten Ort oder eher diffus oder nochmals anders? Wo am meisten?»
- «Auf einer Skala von 0 bis 10, wenn 10 bedeutet, sie spüren nichts anderes mehr als diese körperliche Anspannung und 0 dafür steht, das Gefühl ist gar nicht vorhanden, wie stark spüren Sie diese Anspannung körperlich? ... Wo am meisten?»
- «Ist dieses neue Miteinander für Sie auch körperlich spürbar?»
- «Wie geht es Ihrem Magendruck jetzt, nach der Klärung? Hat sich etwas verändert? Was ist jetzt da?»
- «Bleiben Sie einen Augenblick mit Ihrer Aufmerksamkeit bei diesem Gefühl – und genießen Sie, was sich für Sie verändert hat. ... Und vielleicht stellen Sie sich jetzt einmal eine Art Lautstärkeregler vor, mit dem Sie dieses Gefühl stärker und schwächer drehen können, haben Sie Lust damit zu experimentieren? Manche Leute können sich das besser vorstellen, wenn sie dabei die Augen schließen, manche lassen sie ganz gern offen. Tun Sie das ganz so, wie es für Sie am angenehmsten ist, um in diesem guten Gefühl zu bleiben ... spielen und experimentieren Sie einen Augenblick mit diesem Regler. ... Nehmen Sie Unterschiede wahr?»
- «Wenn Sie an die erste Sitzung denken, und wie es Ihnen da gegangen ist, welches Gefühl war da dominant und welche Körperhaltung war dafür typisch? ... Und heute, was hat sich für Sie seitdem verändert und was ist jetzt da? Welche Körperhaltung ist dafür typisch? Können Sie die noch verstärken?»

Resonanz geben

- «Wenn ich Ihnen so zuhöre, stellt sich in mir so etwas wie eine Unruhe ein. Ist das etwas, das aus Ihrer Situation hier herüberschwappt, was für Sie schwierig ist oder ist das meine Unruhe?»
- «Ihre Atemlosigkeit ist für mich deutlich spürbar.»
- «Ich stelle mir so ein Erlebnis sehr belastend vor.»
- «In mir taucht ein Bild von Einsamkeit auf. Ist das mein Bild oder hat das etwas mit Ihrer Situation zu tun?»
- «Die Anspannung ist für mich deutlich wahrnehmbar.»
- «... und das war ein sehr schwieriger Moment für Sie. Ganz schwer.»

Umgang mit Reaktanz

- «… und was könnte auch noch dagegensprechen?»
- «Weshalb wäre es wichtig, … nicht zu tun?»
- «Was habe ich noch zu wenig gut verstanden?»
- «Was habe ich hier vergessen zu fragen?»
- «Was habe ich noch nicht gut genug gehört?»
- «Was könnte auch noch wichtig sein, … auf keinen Fall zu tun?»

Umgang mit starken Emotionen

- «Sie sind so wütend und gleichzeitig auch verletzt, dass Sie kaum noch Hoffnung für eine konstruktive Klärung haben …? … und zwischendurch möchten Sie einfach gehen, weil Sie das, was Herr Müller sagt, fast nicht ertragen können … ? … was genau macht es für Sie so schwer …? … was würde es für Sie etwas weniger schlimm machen …?»
- «Sie fühlen sich verraten, sind total enttäuscht … und wenn wir davon ausgehen, dass die Restrukturierung nicht rückgängig gemacht werden kann, was hätten Sie in dem Moment gebraucht? Wie könnte es jetzt für Sie besser gehen?»

Räume öffnen

- «… bisher ist es nicht gelungen, …»
- «… im Moment ist es für Sie schwierig, dass …»
- «… in Situationen wie x, y, z möchten Sie lieber, dass …»
- «Für Sie ist es schwer vorstellbar, dass … und gleichzeitig wünschen Sie sich, dass …»
- «… und … für Sie … wäre es wichtig, …?»

Hintergrundmodelle und Plausibilisierungen anbieten

- «Was mir noch dazu einfällt, wobei, ich bin nicht sicher, ob das für Ihre Situation überhaupt relevant ist, es gibt da so ein Modell, das typische Konfliktdynamiken, in die Menschen sehr oft hineingeraten, aufzeigt. Vielleicht hat das mit den Dynamiken Ihrer Situation etwas zu tun … ?»
- «Sie suchen nach Möglichkeiten, einander in Zukunft auf konstruktive Art und Weise zu signalisieren, dass eine Störung vorliegt. Mir fällt dazu ein Kommunikationsmodell ein, es nennt sich «Gewaltfreie Kommunikation», das wird oft gebraucht, um annehmbares Feedback zu formulieren. Ich weiss nicht, wollen Sie … oder es gibt sicher auch andere Ideen?»
- «Ich habe da ein Modell im Hinterkopf, das vielleicht helfen kann, eine wichtige Perspektive in Ihre Situation zu bringen. Vielleicht ist meine Kombination hier aber nicht richtig. Ich weiß es nicht.»

- «Es gibt Dynamiken in Organisationen, die typische Konflikte begünstigen. Insbesondere, wenn Organisationen sich in Übergangsphasen befinden. Als Sie mir das hier geschildert haben, blitzte dieses Erklärungsmodell für einen Augenblick in meinem Hinterkopf auf, ob das wohl hier hineinspielen könnte. Sicher bin ich aber nicht. … Wollen Sie das anschauen?»

Es ist wichtig, dass die Modelle 1) nur angeboten und 2) gleichzeitig als mögliche Erklärung entkräftet werden, denn es geht hier ausschließlich um die Inhalte der Medianden, deshalb ist alles vage, zögerlich, offen formuliert. Sie machen es üblicherweise unverzüglich klar, ob die Plausibilisierung Resonanz bei ihnen gibt, ob sie interessiert und aufnahmefähig sind, oder ob sie ihre eigenen Erklärungen und Plausibilisierungen selber weiter explorieren möchten.

Gesten der Verbindung

- «Mit welcher kleinen, oder auch großen, Geste könnten Sie einander hier und jetzt ein Zeichen geben, dass Sie die Anliegen des anderen verstanden haben, ohne dass dies jedoch Ihre Zustimmung bedeuten muss?»
- «Sie haben mir – einander – sehr offen, und für mich auch sehr berührend erzählt, was für Sie schwierig ist und was Ihnen wichtig wäre. Das ist sehr kostbar. Welche kleine Geste ist Ihnen im Moment gegenüber Ihrem Kollegen möglich, um diese Kostbarkeit zu würdigen?»

Reflexive Hausaufgaben

- «Sie signalisieren mir, dass diese Sequenz für Sie besonders wichtig ist? … Ich lade Sie ein, den von Ihnen angestoßenen Prozess bis zur nächsten Sitzung lebendig zu behalten, wie ist das für Sie? … Fein, dann schlage ich vor, dass Sie sich bis zur nächsten Sitzung die folgende Frage beantworten, geht das? … Wissen Sie schon, Herr X, wann genau Sie sich für diese Reflexion Zeit geben möchten? Und Sie, Herr Y?»
- «Es besteht bei Ihnen beiden offenbar der Wunsch, hier noch etwas mehr Zeit zum Reflektieren zu haben? …. Ich lade Sie ein, sich zu dieser Fragestellung xy bis zur nächsten Sitzung Gedanken zu machen und die drei wichtigsten Punkte, es können auch mehr sein, hierher zurückzubringen. Wie ist das für Sie?»
- «Oft ist es so, dass es ganz wichtig ist, dass das Besprochene und das Gehörte nochmals in Ruhe, fernab jeder Mediationssitzung, von jedem Einzelnen hier reflektiert werden kann. Ich lade Sie ein, sich diese Zeit für sich selbst zu nehmen … und die für Sie wichtigsten Gedanken hier in den Prozess zurückzubringen. Dabei fokussieren Sie bitte auch die Aspekte x, y, z. Geht das so für Sie?»

Integration der reflexiven Hausaufgaben in den Prozess

- «Was bringen Sie aus Ihrer Reflexion zurück, … was ist für Sie besonders deutlich geworden oder hat sich verändert? … Was möchten Sie noch vertiefen oder ergänzen?»
- Was von dem, was Sie in der Zwischenzeit reflektiert haben, möchten Sie hier teilen?»

Interaktionelle Hausaufgaben

- «Sie sind in diesem Prozess einen herausfordernden Weg miteinander gegangen, haben schwierige Situationen gemeistert, Dinge gehört, die für Sie anfänglich schwierig waren, sich geöffnet und konnten dem anderen immer offener gegenübertreten. Das ist Ihnen gelungen. Das gelingt bei Weitem nicht immer … dass Menschen sich trotz schwieriger Situation aufeinander einlassen können. Und wenn Sie sich jetzt anschauen, wo Sie jetzt stehen … wirklich beeindruckend, wie Ihnen das gelungen ist. … Gleichzeitig ist dieses wiedergewonnene Verständnis und Tun miteinander auch jung. Vielleicht auch anfällig für Störungen aus dem normalen Alltagswahnsinn? … Die organisationalen Kräfte- und Spannungsfelder, die eine Eskalation zwischen Ihnen begünstigt haben könnten, sind noch immer vorhanden, und deshalb lade ich Sie ein, Ihr neues Miteinander weiter auszuprobieren. Quasi als Probelauf in der freien Wildbahn … Die Aufgabe ist, dass Sie sich bis zur nächsten Sitzung zweimal zusammensetzen und in einer bestimmten Gesprächsstruktur miteinander reden. Respektive, nicht reden, sondern zuhören. Was ich meine? Ich erkläre das kurz: Sie sprechen nacheinander. Einer von Ihnen beginnt, indem er während maximal 10 Minuten auf diese Fragen antwortet: 1. Wie geht es mir? 2. Was läuft gut? 3. Was braucht Aufmerksamkeit? 4. Was kann bis wann mein Beitrag hierzu sein? 5. Was wünsche ich mir konkret von Dir hierzu? Dann wird gewechselt. Wieder maximal 10 Minuten zu den gleichen Fragen. Jedes Diskutieren ist während dieser 20 Minuten zu unterlassen. Lassen Sie es einfach auf sich wirken. Bitte führen Sie dieses Gespräch zweimal durch, bis wir uns wiedersehen – und bringen Sie Erkenntnisse und sonstige Erfahrungen oder Überlegungen zurück in die nächste Sitzung. Ich gebe Ihnen hier die Fragen noch auf einem Blatt mit. Können Sie das so machen? … Wann wollen Sie diese beiden Gespräche führen?»

Integration der interaktionellen Hausaufgaben in den Prozess

- «Was bringen Sie aus dem Zwischenraum zurück?»
- «Was hat sich in welcher Weise verändert? Was ist gut gelungen? Was war schwierig?»
- «Wie ist das zwischen Ihnen gegangen? Was möchten Sie hier anschauen?»
- «Was lief gut, und was braucht noch Aufmerksamkeit?»

Entwicklungsgewinne sichern

- «Diese Einsicht scheint sehr bedeutsam für Sie. Fast ein bisschen magisch. Ist das etwas, das sie mitnehmen möchten aus diesem Raum? ... Wie möchten Sie das lebendig behalten?»
- «Sie sagen, jetzt sei Ihnen gerade einiges viel klarer geworden, jetzt mache alles Sinn. Gibt es hier etwas, das für Sie eine generelle Bedeutung haben könnte, ... in anderen Situationen auch weiterhelfen könnte? ... Wie wollen Sie sich daran erinnern?»
- «Was hiervon ist für Sie besonders bedeutsam? ... Wie wollen Sie das in Ihren Alltag einbinden?»
- «Was hat Sie besonders berührt und klingt in Ihnen nach? ... Welche Möglichkeiten sehen Sie, das hier im Moment zwischenzuspeichern? Sie könnten es dann ja später nochmals stärker als nützliche Erkenntnis speichern?»
- «Ist das eine von den Erkenntnisperlen, die ich jetzt wie von Ihnen gewünscht für Sie notiere und in dieses Gefäß hier tue, damit Sie das wie besprochen in einer anderen Sitzung nochmals hervorholen und für sich speicherungswürdige Selektionen treffen können? ... Was soll ich genau formulieren?»

Optionen lancieren

- «Was ich noch aus einem anderen, vielleicht ähnlichen Fall erinnere, ist die Möglichkeit, dass ... Oder – war das nochmals ein anderer Kontext? Ich weiss es nicht mehr so genau, vielleicht war es doch anders.»
- «Was mir noch dazu einfällt, aber ich habe da nur eine sehr distanzierte Sicht, ist die Möglichkeit, dass alle bleiben ... oder ... alle gehen ... oder ... was noch?»

Integration & Transfer

Gesamtrückschau und Transfer für das Individuum

- «Wenn Sie jetzt auf Ihren Prozess zurückschauen, sich noch einmal Ihren Weg vergegenwärtigen, was waren die wesentlichen Wendepunkte, Erkenntnisse oder Interaktionen, die Sie deutlich entlastet haben, wo Sie sich befreit fühlten, Momente, in denen es Ihnen möglich würde, sich einander wieder in anderer Form zuzuwenden?»
- «Was davon wollen Sie mitnehmen, speichern, auf keinen Fall vergessen? Wie könnte das gehen?»
- «Was davon kann für Sie auch in anderen Situationen hilfreich sein? ... Wie möchten Sie sich das merken?»
- «Woran haben Sie gemerkt, dass das wichtige Momente oder Wendepunkte waren? Wie hat sich das angefühlt und wo im Körper haben Sie das auch gespürt? Wie möchten Sie diese Gefühle ankern? Was passt gut in Ihren Alltag?»

- «Welche gemeinsamen Erfahrungen wollen Sie mitnehmen und pflegen? Wie können Sie das gestalten? Und wie werden Sie sich daran erinnern?»
- «Welche vergessenen Weisheiten haben Sie in diesem Prozess wiederentdeckt und wie wollen Sie sie speichern?»
- «Welche Entdeckungen haben Sie innerlich weitergebracht? ... Wie möchten Sie diese verfügbar halten?»

Metaphern / Aphorismen / Analogien

- «Die Speicherung von Wissen in Form von Geschichten, Metaphern oder Mottos ist eine sehr alte Tradition, das kennen wir vermutlich alle. Wenn Sie an Ihren ursprünglichen Konflikt denken und den Weg, den Sie gegangen sind, fällt Ihnen dazu eine Geschichte ein?»
- «Welche Bilder, Geräusche oder Bewegungen fallen Ihnen zu dem ein, woran Sie sich erinnern wollen?»
- «Sie möchten verschiedene Erkenntnisse, die Sie aus dem Prozess gewonnen haben, in Ihren Alltag mitnehmen und sich daran erinnern. Gibt es eine Geschichte, ein Märchen, ein Sage, ein Fabelwesen oder ein Tier, das Ihnen dazu einfällt? … Wo zieht es Sie hin?»

Priming

- «Sie sagten, Sie assoziieren diese Erkenntnis mit Sonne. Welche sonnigen oder gelben oder warmen Dinge fallen Ihnen ein, die Sie im Alltag, im Büro, auf dem Nachttisch platzieren könnten und die sie – mit der Zeit unbewusst – an Ihre kleinen Kostbarkeiten, die Sie sich hier im Prozess geschenkt haben, erinnern?»
- «Welche Erinnerungshilfen wollen Sie sich selber geben?»

Rituale anregen

- «Welche kleinen Notfallsignale wollen Sie miteinander verabreden? Diese Signale könnten zum Beispiel bedeuten: Achtung: Gefahr des Abrutschens in alte Muster, lass uns reden – oder: Achtung – ich habe Dir etwas mitzuteilen, das für mich schwierig ist, und ich möchte das besonders achtsam tun? … oder einfach ein anderes Achtung sagen?»
- «Oftmals können kleine Rituale helfen, in alte Dynamiken zurückzufallen oder gewissen Automatismen zu widerstehen. Haben Sie Lust, sich solche kleinen Inseln für eine bestimmte Übergangszeit – oder für immer, wenn Sie wollen – auszudenken und auszuprobieren?»

Seeding

- «Weitere Erkenntnisse werden sich Ihnen früher oder später, bewusst oder unbewusst, präsentieren.»
- «Früher oder später können diese Rituale zu einer liebgewonnenen Routine werden.»

Transfer-Vorauswahl für das Kollektiv

- «Es ist Ihnen gelungen, Ihren Konflikt zu klären. Wie Ihnen das gelungen ist, das haben Sie auch für sich gespeichert. Gibt es Erkenntnisse, die auch für Ihr Team oder vielleicht sogar für die ganze Organisation nützlich sein könnten?»
- «Aufgrund von welchen Kriterien könnten Sie die Erkenntnisse, die Sie weiterreichen möchten, auswählen? ... Wie stellen Sie sich vor, dass das weitergegeben wird – erzählen Sie Ihre gemeinsame tatsächliche Konfliktgeschichte oder verschicken Sie eher eine Mail mit einem Metaphern-Morgengruß oder wie laufen diese Dinge bei Ihnen üblicherweise oder welche anderen Ideen könnten Sie Ihrem Vorgesetzten anbieten?»
- «Was von alledem, was für Sie wichtig war und Sie beibehalten möchten, wäre auch ein Gewinn für Ihr Team? ... Welche Ideen kommen Ihnen in den Sinn, wie diese nützlichen Inhalte weitergegeben werden können?»

Die Beispiele sollen nur eine von vielen möglichen grundsätzlichen Annäherungen widerspiegeln, wie der Wechsel zwischen der Klärungs- und der Meta-Ebene im Dialog erfolgen kann. Es versteht sich von selbst, dass jeder Mediand seine ganz persönlichen Begegnungen im Dialog mit dem Mediator braucht.

Teil E
Anhang

«Es gibt nur eine wahrhafte Freude,
den Umgang mit Menschen».

Antoine de Saint-Exupéry

Nachbemerkung

Die Darstellungen zur Theorie und Praxis der Transfer-orientierten Mediation und ihres InSyst-Modells sind gedacht als Anregungen, vielleicht sogar als Inspirationen oder mögliche Impulsquellen für weitere Diskussion und reflexive Auseinandersetzungen zu den Themen Nachhaltigkeit, Differenzierung und Professionalisierung der Mediation.

Ich freue mich, wenn Sie Lust haben, etwas davon mit mir zu teilen. Meine Mail-Adresse ist *ndk@konfliktkultur.ch*. Großes Interesse habe ich auch an Ihren praktischen Erfahrungen mit dem InSyst-Modell oder Teilaspekten hieraus.

Ich schließe mit einer Metaphern-Geschichte. Sie ist frei erfunden. Augenfällige Übereinstimmungen mit dem Transfer-orientierten Modell, der Prozesskonzeption oder dem Aufgabengebiet des Transfer-orientierten Mediators sind selbstverständlich beabsichtigt.

Eine Metaphern-Geschichte zur Transfer-orientierten Mediation

Über Frostbeulen und Sonnensteine

Es liegt in der Natur der Dinge, dass der in Europia domestizierte homo conflictus immer wieder mit einem seiner Stammeskollegen aneinandergerät; manchmal auch mit mehreren. Geschieht das, so breitet sich eine solch unerträgliche Hitze in seinem Körper aus, dass er sich umgehend nach Sibiria zurückzieht, einem kargen, kalten Land, das wohltuenden Temperaturausgleich verspricht. Je weiter der homo conflictus sich in das Landesinnere von Sibiria begibt, desto kälter und wohltuender – zumindest für den Moment, und desto weniger groß scheint die Gefahr, dass ihn der verhasste Stammeskollege findet. Doch auch der Stammeskollege hat sich mit seiner Körperhitze tief in das Landesinnere von Sibiria hineingewagt, und auch er sucht dort nach Linderung.

Doch schon bald zeigt sich Sibiria kälter, dunkler und bedrohlicher als erwartet. Die Pfade zurück nach Europia sind unwegsam, von Neuschnee, Geröll und riesigen Eisplatten verschüttet. Jeder offene Weg führt nur weiter hinein in die Kälte. An den Füßen der zerstrittenen Stammeskollegen zeigen sich die gefürchteten Sibiria-Frostbeulen. Frostbeulen, die deshalb so gefährlich sind, weil sie ihre Form verändern und wandern können, bis sie den ganzen Körper mit schmerzhaften, hässlichen Stellen bedecken. Sibiria-Frostbeulen sind nur schwer kurierbar. Und so sucht jeder der zerstrittenen Stammeskollegen nach Wegen, wie er für sich aus diesem Elend entrinnen kann, um dann in Europia nach Möglichkeiten zu suchen, mit diesen Frostbeulen zu leben, sie auszuhalten oder wegzuschneiden.

Und während sie umherirrten, mit unerträglichen Schmerzen und stinkenden Wunden an den Füßen, zogen sie sich weitere Krankheiten zu, sie waren dehydriert, fiebrig und hatten stechende Kopfschmerzen. Sie konnten kaum noch sehen und hören, und sie rochen erbärmlich.

Sibirianer, die ihnen begegneten, waren tief betroffen von ihrem Leid und rieten ihnen dringend, noch in Sibiria einen kundigen Frostbeulen-Heiler aufzusuchen. Dieser Homo mediator, wie sie ihn nannten, hätte zwar nicht selbst die heilende Medizin, aber er sei versiert und geübt, die erforderlichen Heilkräuter entlang eines ostwärts verlaufenden Erdgürtels aufzuspüren, sodass die Leidenden diese sammeln und anschließend damit wohlriechende Wickel machen könnten.

Die zerstrittenen Stammeskollegen suchten gemeinsam den Homo mediator auf und trugen ihm mit letzter Kraft ihr Leid vor und was sie schon alles – jeder für sich – erfolglos versucht hatten. Sie baten ihn, ihnen die Heilkräuterpfade zu zeigen, damit sie endlich Linderung erfahren könnten. Der Homo mediator, der schon viele Heilkräuterexpeditionen geleitet hatte, hörte ruhig zu und fragte sie, ob sie wirklich bereit seien, diese Pfade gemeinsam zu entdecken. Die Stammeskollegen bestätigten dies, wenn auch mürrisch. Der Homo mediator willigte also ein, sie zu den bunten, heilversprechenden Kräutern zu führen. Doch damit sie genügend Kraft für die Expedition haben würden, linderte er zuerst ihr Fieber und die stechenden Kopfschmerzen. Er gab ihnen zu essen und zu trinken. Sie wuschen sich mit klarem Wasser und halfen einander in die weißen Kaftane, die der Homo mediator ihnen gab. Dann erklärte er ihnen das Wirkprinzip der Heilkräuter: Es gäbe keine Rezeptur, die für alle funktioniere, sondern die individuell wirksame Mischung zur Heilung der Frostbeulen würde sich erst unterwegs zeigen. Bevor sie starteten, drückte der Homo mediator den beiden Stammeskollegen je ein Tagebuch in die Hand, in dem sie ihre Reise dokumentieren und vor allem die Heilkräuter ihrer speziellen Mixtur zeichnen sollten.

Der Homo mediator führte sie alsdann zur Mutterpflanze der Heilkräuter, denn hier begannen alle Heilungspfade. Er bedeutete den Stammeskollegen, die Mutterpflanze nacheinander zu riechen, sorgsam anzusehen und anschließend zu berühren. Über die Berührung erhielten sie jeweils ihre ganz persönlichen Hinweise, welches Heilkraut als nächstes hinzuzufügen ist und dieses nächste Heilkraut würde wieder die nächsten Informationen durch Berührung preisgeben. Die Stammeskollegen gaben die erhaltenen Hinweise jeweils an den Homo mediator weiter an, der diese puzzleartig zusammenfügte und sie dann wieder zum nächsten Pfad führte und ihnen beim Suchen ihres nächsten Krautes half. Die Stammeskollegen waren so auf die einsetzende Linderung der schmerzenden Frostbeulen fixiert, dass sie nur an das Finden des nächsten Heilkrauts denken konnten. Wie der Homo mediator es schaffte, die Hinweise zu interpretieren, die benötigen Pfade zu finden und die inneren Bilder mit den zahlreichen Heilkräutern am Wegrand abzugleichen, das entging ihrer Aufmerksamkeit gänzlich.

Mit fortschreitender Heilung der Frostbeulen begann sie jedoch die Arbeit des Homo mediators zu faszinieren, und sie ließen sich erklären, wie der Homo mediator die Hinweise lesen, die Pfade finden und die Heilkräuter identifizieren konnte. Unter der schützenden Hand des Homo mediators begannen sie umgehend damit, diese neuen Erkenntnisse auszuprobieren und umzusetzen. Die Stammeskollegen halfen einander sogar weiter, wenn der eine oder der andere ins Grübeln geriet. Sie hatten zunehmend Spaß daran, miteinander zu rätseln und zu lernen. Schon nach kurzer Zeit beherrschten sie diese Kunst so gut, dass sie ihre persönlichen Mixturen zusammengestellt und aufgetragen hatten. Ihre Frostbeulen waren kaum noch zu erkennen. Sie bedankten sich beim Homo mediator und schickten sich an, den Heimweg anzutreten. Der Homo mediator lud sie ein weiterzureisen, nach Fernostia. Dort könnten sie lernen, selber Heiltinkturen herzustellen, die sie, wenn die Körperhitze sie wieder einmal nach Sibiria zwingen würden, entweder mitnehmen könnten oder dafür einsetzen könnten, die Körperhitze zu regulieren. In Fernostia würden sie auch lernen, neue Pfade zu den farbgewaltigen Heilkräutern zu finden. Das begeisterte die nun nicht mehr zerstrittenen Stammeskollegen so sehr, dass sie sich festen Schrittes vom Homo mediator nach Fernostia führen ließen.

Dort erlernten sie sowohl das Mixen ihrer sehr spezifischen Tinkturen sowie eine Art Notfalltinktur, die im Bedarfsfall den ersten Schmerz lindern und die starke Verbreitung *der Frostbeulen verhindern könnte. Sie bestrichen gegenseitig ihre noch rauen Füße mit den duftenden Tinkturen und erfreuten sich des herrlichen Anblicks der wieder unversehrten Haut. Gleichwohl stiegen Sorgen in ihnen auf: Wie könnten die Tinkturen haltbar gemacht und erneuert werden? Der Homo mediator lud sie wiederum ein, mit ihm weiterzuziehen, nach Hawaiikiki, einer magischen Sonneninsel, um dort die traditionsreichen Konservierungsverfahren der Einwohner zu beobachten, die sie für ihre Lava-Ernte einsetzen. Daraus könnten die Stammeskollegen alsdann wichtige und passende Schlüsse für die Konservierung ihrer Tinkturen ziehen.*

Schon bei ihrer Ankunft hörten sie den vergnügten Lärm der Einwohner, und sie beobachteten aufmerksam ihre Rituale. Schnell erkannten sie eines der Hauptgeheimnisse der Konservierung: regelmäßiges Schütteln und wöchentliche Sonneneinstrahlung. Gemeinsam mit dem Homo mediator zogen sie sich dann zurück und diskutierten die ganze Nacht am Lagerfeuer, lasen in ihren Reisetagebüchern, riefen ihre Erinnerungen an Sibiria und Fernostia mit allen Sinnen wach, alles, was sie gesehen, gehört, gerochen und gefühlt hatten, wie die heimische Kost geschmeckt hatte – und fanden in all den Erzählungen und gemeinsamem Schwelgen schließlich ihre ganz eigene Lösung wie Haltbarkeit und Erneuerung der Tinktur in Europia funktionieren könnten: Sie würden Muscheln und Perlen von Hawaiikiki mitnehmen, um sich selbst und sich gegenseitig daran zu erinnern, regelmäßige Schüttel-Rituale durchzuführen. Sie würden Sonnensteine vor ihre Betten legen, um daran zu denken, die Tinktur regelmäßig in die Sonne zu stellen und auf ihren Füllstand zu überprüfen. Damit würden sie vermeiden, je wieder so tief nach Sibiria gehen zu müssen.

Sie verabschiedeten sich vom Homo mediator und kehrten beflügelt vom Erlebten und ausgerüstet mit Tinktur, Muscheln, Perlen und Sonnensteinen nach Europia zurück – wissend, dass sie nie mehr derartige Frostbeulen befürchten müssen. Und sie würden ihrem Stamm von ihrer Reise berichten und ihren Kollegen bei Bedarf von der Notfalltinktur abfüllen, damit diese ihren nächsten Aufenthalt in Sibiria, der ja aufgrund der Hitzeentwicklung im Körper zweifelsohne kommen würde, weniger schmerzhaft erleben müßten.

Lesetipps

Mediative Haltung, Selbstkompetenz, Reflexion

- Bowling, Daniel & Hoffman, David (2003). Bringing Peace into the Room. San Francisco.
- Gilligan, Stephen G. (2004). Liebe Dich selbst wie Deinen nächsten. Heidelberg.
- Glasl, Friedrich (2007). Selbsthilfe in Konflikten (5. überarb. u. erw. Auflage). Bern.
- Satir, Virgina (2004). Kommunikation. Selbstwert. Kongruenz. Paderborn.
- Simon, Fritz B. (2009). Vom Navigieren beim Driften. Heidelberg.
- Watzke, Ed (2004). Äquilibristischer Tanz zwischen Welten. Mönchengladbach.
- Wilber, Ken (2004). Eine kurze Geschichte des Kosmos. Frankfurt.

Psychologie und Emotionen

- Damasio, Antonio R. (2005). Der Spinoza-Effekt: Wie Gefühle unser Leben bestimmten. München.
- Damasio, Antonio R. (2007). Descartes' Irrtum. Berlin.
- Montada, Leo & Kals, Elisabeth (2007). Mediation – Ein Lehrbuch auf psychologischer Grundlage. Weinheim.

Hirnforschung, Motivationspsychologie und Flow

- Bauer, Joachim (2008). Prinzip Menschlichkeit. München.
- Hüther, Gerald (2006). Bedienungsanleitung für ein menschliches Gehirn. Göttingen.
- Siegel, Daniel (2007). Das achtsame Gehirn. Schönau.
- Storch, Maya (2009). Machen Sie doch was Sie wollen. Bern.

Organisationales Lernen und Leadership

- Beck, Don E. & Cowan Christopher C. (2008). Spiral Dynamics – Leadership, Werte und Wandel: Bielefeld.
- Cloke, Kenneth & Goldsmith, Joan (2000). Resolving Personal and Organizational Conflict. Stories of Transformation and Forgiveness. New York.
- Cloke, Kenneth & Goldsmith, Joan (2003). The Art of Waking People up. Cultivating Awareness and Authenticity at Work. New York.
- Schein, Edgar H. (2003). Organisationskultur. The Ed Schein Corporate Culture Survival Guide (2. korr. Auflage). Bergisch Gladbach.
- Senge, Peter et al. (2004). Das Fieldbook zur Fünften Disziplin (4. Aufl.). Stuttgart.

- Wheatley, Margaret J. (2005). Finding our Way – Leadership for an Uncertain Time. San Francisco.

Interventionen und Fragetechniken

- Prior, Manfred (2009). MiniMax-Interventionen (8. Aufl.). Heidelberg.
- Gambler, Paul (2001). Mehr von dem, was wirkt. Olten.
- Radatz, Sonja (2006). Einführung in das systemische Coaching. Heidelberg.
- Rosenberg, Marshall B. (2007). Gewaltfreie Kommunikation. Paderborn.
- Schulz von Thun, Friedemann (2008). Miteinander reden 3. Reinbek.
- Sparrer, Insa (2007). Einführung in Lösungsfokussierung und Systemische Strukturaufstellungen. Heidelberg.

Aufstellungsarbeit

- Daimler, Renate (2008). Basics der Systemischen Strukturaufstellungen. Hamburg.
- Sparrer, Insa (2006). Wunder, Lösung und System. Heidelberg.
- Sparrer, Insa & Varga von Kibéd, Matthias (2009). Ganz im Gegenteil. Heidelberg.
- Polt, Wolfgang & Rimser, Markus (2006). Aufstellungen mit dem Systembrett. Münster.

Metaphern und Geschichten

- Bucay, Jorge (2007). Komm, ich erzähl Dir eine Geschichte. Frankfurt.
- Bucay, Jorge (2009). Geschichten zum Nachdenken. Frankfurt.
- Hammel, Stefan (2009). Handbuch therapeutischen Erzählens. Zug.
- Peseschkian, Nossrat (2008). Der Kaufmann und der Papagei: Orientalische Geschichten als Medien in der Psychotherapie. Frankfurt.
- Shah, Idries (2001). Die Karawane der Träume. Basel.
- Shah, Idries (2005). Die fabelhaften Heldentaten des weisen Narren Mulla Nasrudin. Freiburg.
- Trenkle Bernhard (2009). Die Löwengeschichte. Heidelberg.
- Watzke, Ed (2008). Wahrscheinlich hat diese Geschichte gar nichts mit Ihnen zu tun. Mönchengladbach.
- Wilk, Daniel (2008). Auf den Schultern des Windes schaukeln. Heidelberg.

Verzeichnis der Abbildungen

Abbildung 1: Fragestellung zur Konzeption eines Transfer-orientierten Mediationsprozesses	19
Abbildung 2: Mediative Kompetenzen oder Mediator?	33
Abbildung 3: Das Mediation Meta-Model	34
Abbildung 4: Determinanten für die Modell-Präferenz des Mediators	36
Abbildung 5a: Bisheriger «Wirkungsradius» der Mediation	43
Abbildung 5b: Wirkungsradius der Transfer-orientierten Mediation	44
Abbildung 6: Lernformen	52
Abbildung 7: Die Entstehung von Mentalen Modellen	53
Abbildung 8: Wissensumwandlung	55
Abbildung 9: Stufen des Organisationalen Lernens	59
Abbildung 10: Bewertungssysteme des Menschen	62
Abbildung 11: Meta-Ziele der Transfer-orientierten Mediation	72
Abbildung 12: Typische Veränderung der Anliegen im Prozessverlauf	75
Abbildung 13: Die 3-2-1-Prozessarchitektur des InSyst-Modells	76
Abbildung 14: Phasenziele und Gewinne der Transfer-orientierten Mediation	98
Abbildung 15: Bottom-up Transfer- und Lernprozess	100
Abbildung 16: Modifiziertes «Mediation Meta-Model»	105
Abbildung 17: Selbst- und Fremdwahrnehmung: Das JoHari-Fenster	117
Abbildung 18: Umgang mit starken Emotionen und Reaktanz	142
Abbildung 19: Tetralemma-Aufstellung	165
Abbildung 20: Gestaltungsebenen	170

Quellenverzeichnis

Alexander, Nadja (2008). The Mediation Metamodel – Understanding Practice. In: Conflict Resolution Quarterly 26, no.1 (S. 97–123). San Francisco.
Antonovsky, Aaron (1997). Salutogenese: Zur Entmystifizierung der Gesundheit. Tübingen.
Argyris, Chris (1999). On Organizational Learning (2. Aufl.). Massachusetts.
Argyris, Chris & Schön, Donald A. (2008). Die Lernende Organisation (3. üb.arb. Aufl.). Stuttgart.
Ballreich, Rudi et al. (Hrsg.). (2007). Organisationsentwicklung und Konfliktmanagement: Innovative Konzepte und Methoden. Bern.
Bauer, Joachim (2005). Warum ich fühle, was Du fühlst. Hamburg.
Bauer, Joachim (2006). Prinzip Menschlichkeit. Hamburg.
Bauer, Joachim (2009). Mitschrift Hirnforschungssymposiium. Heidelberg.
Beck, Don E. & Cowan Christopher C. (2008). Spiral Dynamics – Leadership, Werte und Wandel: Bielefeld.
Bergmann, Gustav & Daub, Jürgen (2006). Systemisches Innovations- und Kompetenzmanagement. Wiesbaden.
Bingham, Lisa B. (2003). Mediation at work: Transforming Workplace Conflict at the United States Postal Service. IBM Center for the Business of Government (S. 1–46). Washington D.C.
Boos, Frank. & Heitger, Brigitte (Hrsg.).(2004). Veränderung – systemisch. Stuttgart.
Bowling, Daniel & Hoffman, David (2003). Bringing Peace into the Room. San Francisco.
Breidenbach, Stephan (1995). Mediation. Köln.
Brown, Juanita et al. (2005). The World Café: Shaping Our Futures Through Conversations That Matter. Berkshire.
Bush, Robert A. B. & Folger, Joseph P. (1996). Transformative Mediation and Third-Party Intervention: Ten Hallmarks of a Transformative Approach to Practice, In: Mediation Quarterly 13, no. 4 (S. 266–275). San Francisco.
Bush, Robert A. B. & Folger, Joseph P. (2005). The Promise of Mediation (new and revised edition). San Francisco.
Cloke, Kenneth & Goldsmith, Joan (2000). Resolving Personal and Organizational Conflict. Stories of Transformation and Forgiveness. New York.
Cloke, Kenneth & Goldsmith, Joan (2003). The Art of Waking People up. Cultivating Awareness and Authenticity at Work. New York.
Csikszentmihalyi, Mihaly (2008). Flow: Das Geheimnis des Glücks (18. Aufl). Stuttgart.
Daimler, Renate (2008). Basics der Systemischen Strukturaufstellungen. Hamburg.
Damasio, Antonio R. (2005). Der Spinoza-Effekt: Wie Gefühle unser Leben bestimmten. München.

Damasio, Antonio R. (2007). Descartes' Irrtum. Berlin
Dilts, Robert B. & McDonald, Robert (2004). Und dann geschieht ein Wunder. Tools of the Spirit. Paderborn.
Dörflinger-Khashman, Nadia (2009). Medianden als Quelle organisationalen Lernens. Master Thesis. Mörigen.
Duss-von Werdt, Joseph (2005). homo mediator. Stuttgart.
Duss-von Werdt, Joseph (2007). Seminarmitschrift: Wissenschaftliche Beiträge zur Praxis der Mediation. Bern.
Essers, Juup & Schreinemakers, Jos (1996). The Conceptions of Knowledge and Information in Knowledge Management. Würzburg.
Fischedick, Heribert (2004). Die Kraft der Rituale. Freiburg.
Folger, Joseph P. & Bush Robert A. B. (2001). Transformative Mediation and Third Party intervention: Ten Hallmarks of Transformative Mediation Practice. In: Conflict Resolution Quarterly 13, no. 4 (S. 20–36). San Francisco.
Gambler, Paul (2001). Mehr von dem, was wirkt. Olten.
Geissler, Harald (1995). Grundlagen organisationalen Lernens. Weinheim.
Gilligan, Stephen G. (2004). Liebe Dich selbst wie Deinen nächsten. Heidelberg.
Gilligan, Stephen G. (2009). Seminarmitschrift: Evolution of Consciousness II. Bielefeld.
Glasl, Friedrich & Lievegoed, Bernard (2004). Dynamische Unternehmensentwicklung (3. überarb. u. erw. Auflage). Bern.
Glasl, Friedrich (2007). Selbsthilfe in Konflikten (5. überarb. u. erw. Auflage). Bern.
Glasl, Friedrich (2009). Seminarmitschrift. Bern
Hage-Malsch, Sabine (2007). Personalisiertes Wissensmanagement: Knowledge-Cafés – ein Tool mit Potenzial, in: wissensmanagement – Das Magazin für Führungskräfte, 5/07, (S. 26–28).
Hammel, Stefan (2009). Handbuch therapeutischen Erzählens. Zug.
Heimerl, Peter (2006). Einleitung – Von Organisationen um die Ecke zur Expedition zwischen Räume. In: Heimerl, Peter et al. (Hrsg.) Expedition statt Organisation (S. 9–24). Bern.
Heintel, Peter (2007). Seminarmitschrift: Wissenschaftliche Beiträge zur Praxis der Mediation. Bern.
Hüther, Gerald (2006). Bedienungsanleitung für ein menschliches Gehirn. Göttingen.
Hüther, Gerald (2009). Biologie der Angst (9. Aufl.). Göttingen.
Hüther, Gerald (2009). Mitschrift Hirnforschungssymposium. Heidelberg.
Humpl, Bernd (2004). Transfer von Erfahrungen. Wiesbaden.
Isebaert, Luc (2008). Seminarmitschrift: Arbeit mit Ritualen und Metaphern. München.
Kerntke, Wilfried (2004). Mediation als Organisationsentwicklung, Bern.
Kim, Daniel H. (1993). The Link between Individual and Organizational Learning. In: Sloan Management Review (S. 37–50). Massachusetts.

Klimecki, Rüdiger et. al. (1994). Entwicklungsorientiertes Management. Stuttgart.
Kolb, David A. (1984). Experiential Learning. New Jersey.
Lammers, Willem (2006). Chefsache – Essays für Manager und Managerinnen. Chur.
Mandl, Heinz et al. (1997). Situiertes Lernen in multimedialen Lernumgebungen. In: Issing L. & Klimsa, P. (Hrsg.): Information und Lernen mit Multimedia (2. überarb. Aufl., S. 167–178). Weinheim.
Mohl, Alexa (2002). Der Meisterschüler (2. Aufl.). Paderborn.
Montada, Leo. (2006a). Seminarmitschrift: Wissenschaftliche Beiträge zur Praxis der Mediation. Bern.
Montada, Leo (2006b). Vortrag und Dokumentation: Mythen in der Mediation, anlässlich des 4. Streitschlichterkongress. Bergisch-Gladbach.
Montada, Leo & Kals, Elisabeth (2007). Mediation – Ein Lehrbuch auf psychologischer Grundlage (2. vollst. überarb. Auflage). Weinheim.
Moreno, Jacob L. (2001). Psychodrama und Soziometrie (2. Aufl.). Frankfurt.
Nagl, Anna (1997). Lernende Organisation: Entwicklungsstand, Perspektiven und Gestaltungsansätze in deutschen Unternehmen. Eine empirische Untersuchung. Aachen.
Nhat Hanh, Thich (2006a). Nimm das Leben ganz in Deine Arme. München.
Nhat Hanh, Thich (2006b). Liebe heisst mit wachem Herzen leben. Freiburg.
Nonaka, Ikujiro & Takeuchi, Hirotaka (1995). The Knowledge Creating Company. New York.
Pätzold, Günter & Lang, Martin (1999). Lernkulturen im Wandel – didaktische Konzepte für eine wissensbasierte Organisation. Bielefeld.
Peters, Roger (2004). Bean Suppers – abendliche Essrunden. In: Senge, Peter et al.. Das Fieldbook zur Fünften Disziplin (4. Aufl., S. 599–601). Stuttgart.
Polt, Wolfgang & Rimser, Markus (2006). Aufstellungen mit dem Systembrett. Münster.
Prior, Manfred (2009). MiniMax-Interventionen (8. Aufl.). Heidelberg.
Probst, Gilbert J.B. & Büchel, Bettina S. T. (1998). Organisationales Lernen: Wettbewerbsvorteil der Zukunft (2. Aufl.). Wiesbaden.
Radatz, Sonja (2006). Einführung in das systemische Coaching. Heidelberg.
Reinmann-Rothmeier, Gabi & Mandl, Heinz (2002). Individuelles Wissensmanagement. Bern.
Rosenberg, Marshall B. (2006). Seminarmitschrift: Gewaltfreie Kommunikation. Admont.
Rosenberg, Marshall B. (2007). Gewaltfreie Kommunikation (6. überarb. Aufl.). Paderborn.
Rothman Jay & Friedman Victor J. (2001). Identity, Conflict, and Organizational Learning. In: Dierkes, Meinolf et al. (Hrsg.) Organizational Learning and Knowledge (S. 582–598). Oxford.
Satir, Virgina (2004). Kommunikation. Selbstwert. Kongruenz. Paderborn.

Sattelberger, Thomas (2005). Personalentwicklung in der Ära Intellektuellen Kapitals. In: Fatzer, Gerhard (Hrsg.) Nachhaltige Transformationsprozesse in Organisationen (S. 218–248). Bergisch Gladbach.
Scheich, Henning (2003): Lernen unter der Dopamindusche. In: Die Zeit. Nr. 39 (S. 38). Hamburg..
Schein, Edgar H. (2003). Organisationskultur. The Ed Schein Corporate Culture Survival Guide (2. korr. Auflage). Bergisch Gladbach.
Schmidt, Gunther (2008). Seminarmitschrift: Hypnosystemik. München.
Schulz von Thun, Friedemann (2008). Miteinander reden 3. Reinbek.
Senge, Peter (1998). Die Fünfte Disziplin. Stuttgart.
Senge, Peter et al. (2004). Das Fieldbook zur Fünften Disziplin (4. Aufl.). Stuttgart.
Siegel, Daniel (2007). Das achtsame Gehirn. Schönau.
Simon, Fritz B. (1997). Die Kunst nicht zu lernen. Heidelberg.
Simon, Fritz B. (2009a). Vom Navigieren beim Driften. Heidelberg.
Simon, Fritz B. (2009b). Gemeinsam sind wir blöd?! Heidelberg.
Sparrer, Insa (2006). Wunder, Lösung und System. Heidelberg.
Sparrer, Insa & Varga von Kibéd, Matthias (2009). Ganz im Gegenteil (6. überarb. Aufl.). Heidelberg.
Sparrer, Insa (2007). Einführung in Lösungsfokussierung und Systemische Strukturaufstellungen. Heidelberg.
Staehle, Wolfgang H. (1999). Management: Eine verhaltenswissenschaftliche Perspektive. München.
Storch, Maya (2005). Das Geheimnis kluger Entscheidungen. München.
Storch, Maya (2009a). Machen Sie doch was Sie wollen. Bern.
Storch, Maya (2009b). Mitschrift Hirnforschungssymposium. Heidelberg
Thier, Karin (2005). Storytelling – Eine narrative Managementmethode. Berlin.
Thobe, Wiltrud (2002). Externalisierung impliziten Wissens. Frankfurt.
Thomann, Christoph & Schulz von Thun, Friedemann (2003). Klärungshilfe 1 (Neuausg.). Reinbek.
Thomann, Christoph (2008a). Das Doppeln im Konfliktklärungs-Dialog. In: Schulz von Thun, Friedemann & Kumbier, Dagmar (Hrsg.): Impulse für Beratung und Therapie – Kommunikationspsychologische Miniaturen 1 (S.194–214). Reinbek.
Thomann, Christoph (2008b). Seminarmitschrift Praxis-Training: Von Schmutziger Wäsche, Weissen Westen und Roten Tüchern. Mörigen.
Von Sinner, Alex (2005). Was ist Mediation? – Versuch einer Annäherung. In: Von Sinner, Alex & Zirkler, Michael (Hrsg.) Hinter den Kulissen der Mediation (S. 18–48). Bern.
Watzke, Ed (2004). Äquilibristischer Tanz zwischen Welten. Mönchengladbach.
Watzke, Ed (2008). Wahrscheinlich hat diese Geschichte gar nichts mit Ihnen zu tun – Geschichten, Metaphern, Sprüche und Aphorismen in der Mediation (2. Aufl.). Mönchengladbach.

Weber, Susanne (2002). Netzwerk-Interventionen – Vielfalt in Organisationen und Organisationsnetzwerken gestalten. In: Weber, Susanne (Hrsg.) Vernetzungsprozesse gestalten (S. 9–37). Wiesbaden.

Wheatley, Margaret J. (2005). Finding our Way – Leadership for an Uncertain Time. San Francisco.

Wilber, Ken (2004). Eine kurze Geschichte des Kosmos. Frankfurt.

Wilk, Daniel (2008). Auf den Schultern des Windes schaukeln. Heidelberg.

Winkler, Roland et al. (2007). Wissensmanagement Forum (Hrsg.): Das Praxishandbuch Wissensmanagement – Integratives Wissensmanagement. Graz.

Bitte beachten Sie auch die folgenden Seiten.

Hauptthema: Mediation

Wilfried Kerntke

Mediation als Organisationsentwicklung

Mit Konflikten arbeiten.
Ein Leitfaden für Führungskräfte

2., aktualisierte Auflage 2009. 249 Seiten, 10 Abbildungen, kartoniert
CHF 49.– (UVP) / EUR 32.–
ISBN 978-3-258-07522-8

Mediation kann mehr
Mediation ist eine vielfach mit Erfolg eingesetzte Methode, um mit Hilfe neutraler Dritter festgefahrene Konflikte einer Lösung zuzuführen, die für alle Seiten Vorteile bringt. So werden irreparable Schäden und hohe Kosten vermieden. In vielen Konflikten sind zudem Impulskräfte für eine neue Entwicklung bereits enthalten – diese Impulse gilt es aufzunehmen, damit nicht nur der aktuelle Konflikt beigelegt wird, sondern die Organisation daraus für die Zukunft lernen kann. So wird Mediation zum Entwicklungsorientierten Konfliktmanagement und kann zum Ausgangspunkt von Veränderungsprozessen einer Organisation werden. «Mediation als Organisationsentwicklung» richtet sich an Führungskräfte – in dem Buch werden alle entscheidungsrelevanten Punkte des Entwicklungsorientierten Konfliktmanagements beschrieben. Insofern ist es auch ein Anleitungsbuch. Es unterstützt vor allem darin, den Start, den Auftrag zu einem Mediationsverfahren auf Seiten der Unternehmung gut auf den Weg zu bringen.
Mit der Erläuterung und Diskussion der Hintergründe fördert es die Selbständigkeit der Auftraggebenden gegenüber den externen Mediatoren. Arbeitsblätter zu ausgewählten Themen unterstützen diese Selbständigkeit. Modelle für die Implementierung von Konfliktberatung vermitteln eine längerfristige Perspektive. Eine Fallstudie macht schließlich das Verfahren anschaulich und zeigt kritische Punkte. Dr. Kerntke war vier Jahre Vorsitzender des deutschen Bundesverbandes Mediation und ist heute CoPräsident von Worldwide Negotiation, einem internationalen Netzwerk von Vermittlern in Wirtschaftskonflikten. *www.inmedio.de*

Haupt **Haupt Verlag** Bern·Stuttgart·Wien
verlag@haupt.ch·www.haupt.ch

Hauptthema: Konfliktmanagement

Friedrich Glasl

Konfliktmanagement

Ein Handbuch für Führungskräfte, Beraterinnen und Berater

Organisationsentwicklung in der Praxis. Band 2
9. aktualisierte und ergänzte Auflage 2010. 529 Seiten,
39 Grafiken, 13 Tabellen, gebunden
CHF 108.00 (UVP) / € 69.–
ISBN 978-3-258-07556-3

In Zeiten grosser Veränderung müssen Unternehmen mit Spannungen, Reibungen und Gegensätzen umgehen können. Führungskräfte und Verwaltungsräte brauchen deshalb fundierte Kenntnisse und Fähigkeiten der Konfliktbewältigung. Friedrich Glasls bewährtes Handbuch entwirft ein wissenschaftlich abgestütztes, umfassendes Modell zur Diagnose und Behandlung von Konflikten, das sich auch in der Praxis vielfach bewährt hat. Ohne Zweifel eines der besten Bücher zum Thema.

Stimmen zu früheren Auflagen

«Gleich vorweg: Endlich ist die Neuauflage dieses Handbuches mit wesentlichen Verbesserungen wieder lieferbar. Das Standwerk möchten wir nämlich allen Trainern, Weiterbildenden, Beratern und Personalentwicklern ganz besonders ans Herz legen...»
(Deutsche Bibliothek)

«It is really a brilliant book – I know of no other that covers this field so thoroughly and impressively. I learnt a lot from reading it – and there are not many books in German that I manage to get through to the end of! I am sure it has already become the standard text in the German language.» *(Prof. Dr. Daniel Jones)*

«Das Buch bietet dem theoretisch orientierten Leser eine umfassende Orientierung über den Wissens- und Erfahrungsstand. Wegen seiner gründlichen Beschäftigung mit dem Phänomen «Konflikt» muss das Buch bereits heute zu den Standardwerken der deutschsprachigen Konfliktforschung gezählt werden.» *(Management Forum)*

Haupt Verlag Bern · Stuttgart · Wien
verlag@haupt.ch · www.haupt.ch

Verlag Freies Geistesleben Stuttgart
www.geistesleben.com